時間 20分	とく点
合かく 40点	50点

標準レベル 1 ひょうと　グラフ

算数①

1 ５人が　もって　いる　えんぴつの　本数《ほんすう》を　しらべました。○　｜つは　えんぴつ　｜本を　あらわします。**といに　答《こた》えましょう。**（1つ5点）

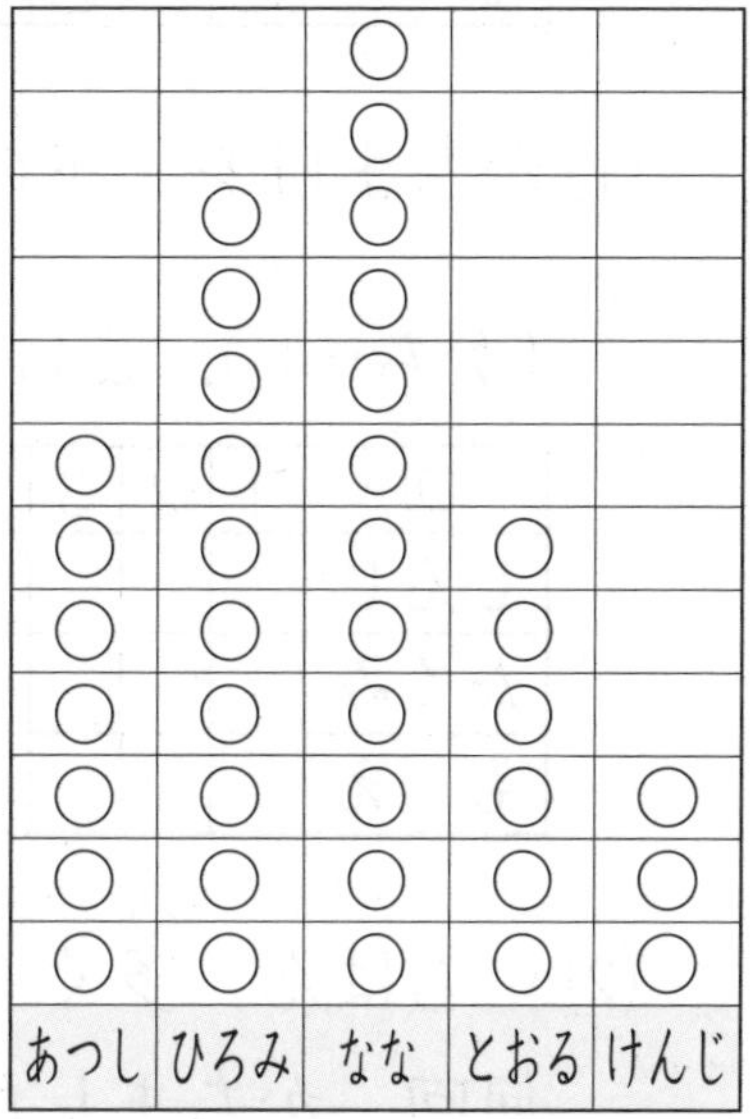

(1) あつしくんより　多《おお》いのは　だれと　だれですか。

(2) ななさんは　けんじくん　より　何本《なんぼん》　多いですか。

(3) あつしくんと　とおるくんを　あわせると　何本ですか。

(4) ５人の　えんぴつは　ぜんぶで　何本ですか。

2 クラスで　すきな　色《いろ》を　しらべて　［　　］に書《か》きました。色の　数《かず》を　ひょうに　かき
また，○を　つかって　グラフに　あらわしま

青　ピンク　青　みどり　ピンク　黄《き》　黄
黄　みどり　黒《くろ》　黄　みどり　黄　ピンク
ピンク　ピンク　赤　ピンク　ピンク　青
みどり　青　黄　みどり　黒　ピンク　赤

（ひょう10点・グラフ10点）

色	青	赤	黄	みどり	ピンク	黒
数						

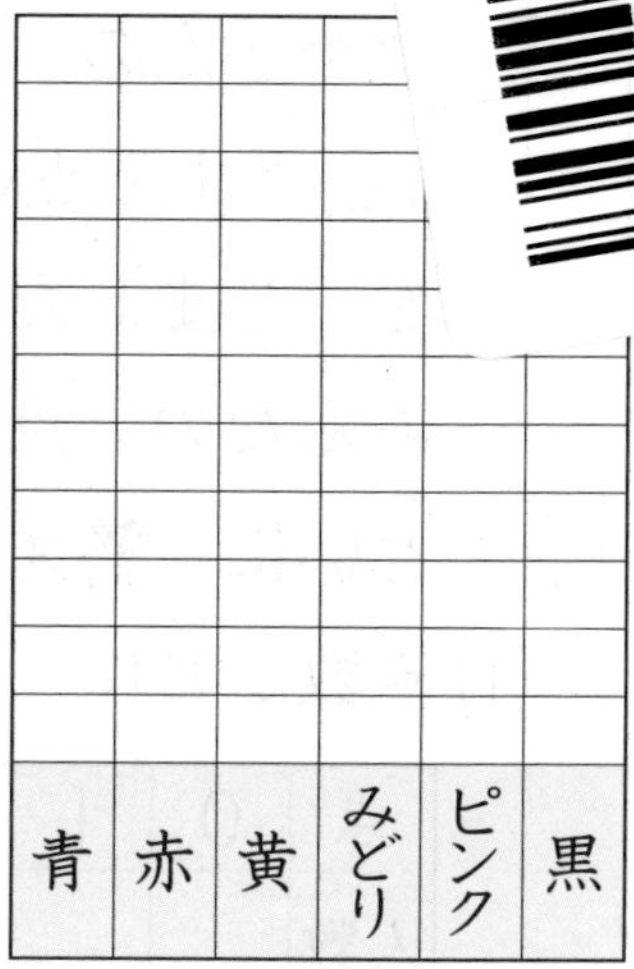

3 右の　グラフは　だいきくんの　クラスで　｜学きに　休んだ　日数を　しらべた　ものです。７日より　多く　休んだ　人は　いません。**といに　答えましょう。**

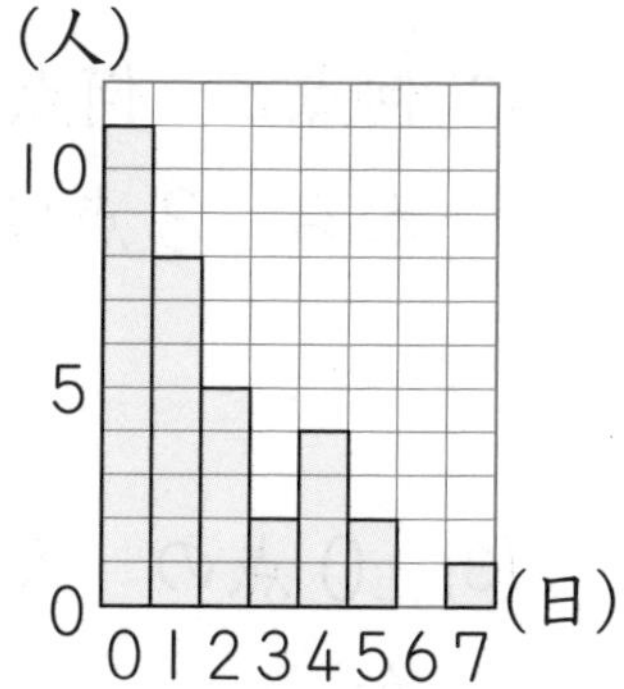

（1つ5点）

(1) ｜日も　休まなかった　人は　何人ですか。

(2) ３日より　多く　休んだ　人は　何人ですか。

上級レベル 2 算数②

ひょうと グラフ

時間 20分	とく点
合かく 35点	50点

1 ゆかさんの クラスで 10点《てん》まん点の テストを しました。[ ]は みんなの 点数《すう》です。

といに 答《こた》えましょう。

10	5	7	10	10	10	8	10
9	7	9	10	5	8	10	5
9	10	8	6	9	7	10	9
10	5	4	10	8	10	6	8

(1) 点数ごとに 下の ひょうに まとめましょう。(10点)

点	0	1	2	3	4	5	6	7	8	9	10
人数											

(2) 何《なん》点と 何点の 人数が 同《おな》じですか。ただし 0点から 3点は かんがえません。(6点)

[ ]

(3) 10点の 人は 6点の 人より 何人 多《おお》いですか。(6点)

[ ]

(4) 合《ごう》かく点は 8点です。何人 合かく しましたか。(6点)

[ ]

2 しんじくん，たくみくん，もえさんの 3人で じゃんけんを 10回《かい》 しました。**といに 答えましょう。**

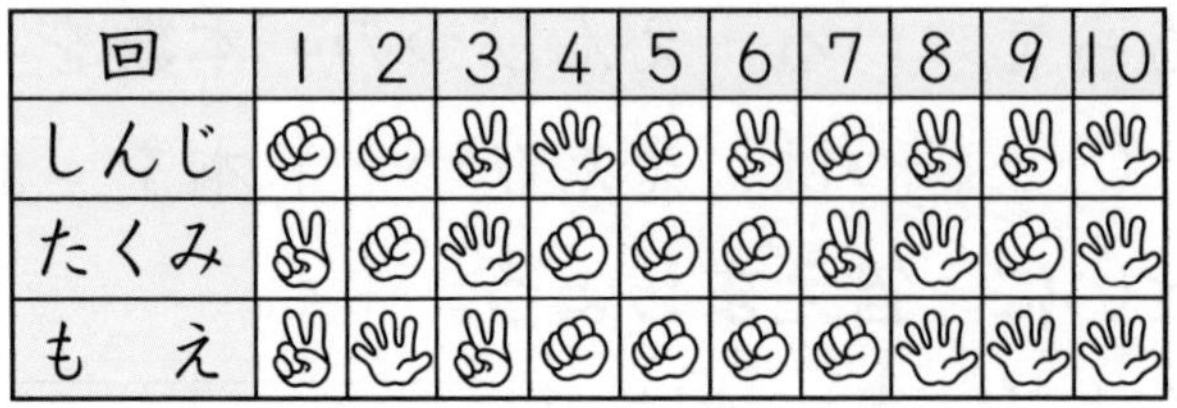

(1) かちまけを 下の ひょうに まとめましょう。(10点)

(かち…○，まけ…×，あいこ…△)

回	1	2	3	4	5	6	7	8	9	10
しんじ										
たくみ										
も え										

(2) いちばん 多《おお》く かった 人は だれですか。また 何回 かちましたか。(6点)

[ ]

(3) 3人は はじめに 10点ずつ もって います。かつと 1点 ふえ，まけると 1点 へります。あいこの ときは そのままです。もえさんは 何点に なりましたか。(6点)

[ ]

標準レベル 3 時こくと 時間

時間 20分	とく点
合かく 40点	50点

1 時計《とけい》の あらわす 時《じ》こくを 答《こた》えましょう。(1つ3点)

(1)

(2)

(3)

2 □に あてはまる 数《かず》を 書《か》きましょう。(1つ3点)

(1) 1 時間《じかん》は □ 分《ぷん》です。

(2) 1 日は □ 時間です。

(3) 1 時間 15 分は □ 分です。

(4) 午前《ごぜん》 7 時から 午前 11 時までは □ 時間です。

(5) 午前 9 時から 午後《ごご》 2 時までは □ 時間です。

3 時計の はりを かきましょう。(1つ4点)

(1) 2 時

(2) 8 時 30 分

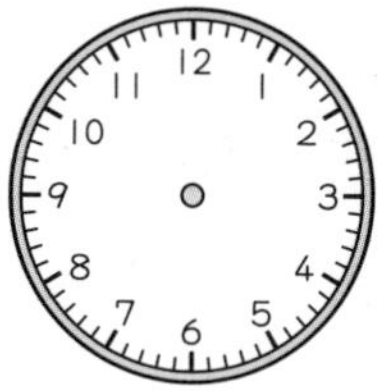

(3) 3 時 50 分

4 つぎの 時こくを 答えましょう。(1つ5点)

(1)

から 3 時間 たった 時こく。

(2)

から 30 分 たった 時こく。

5 けいたくんは 午前 10 時 25 分の バスに のりました。まみさんは その 15 分後の バスに のります。**まみさんは 午前何時何分の バスに のりますか。**(4点)

算数

時間 20分	とく点
合かく 35点	50点

上級レベル 4 時こくと　時間

算数④

1 時計《とけい》の　あらわす　時こくを　答《こた》えましょう。（1つ3点）

(1)

(2)

(3)

2 □に　あてはまる　数《かず》を　書《か》きましょう。（1つ3点）

(1) 3 時間《じかん》は □ 分《ぷん》です。

(2) 1 時間 30 分は □ 分です。

(3) 7 時 25 分から　8 時 5 分まで □ 分　あります。

(4) 4 時 23 分の　45 分前《まえ》は □ 時 □ 分です。

(5) 午前《ごぜん》 10 時 45 分の　3 時間 30 分後《ご》は

午後《ごご》 □ 時 □ 分です。

3 時間の　計算《けいさん》を　しましょう。（1つ4点）

(1) 3 時間 15 分＋2 時間 35 分＝ □

(2) 9 時間 47 分＋4 時間 28 分＝ □

(3) 6 時間 2 分－3 時間 8 分＝ □

4 ゆみさんは　午後 1 時 40 分から　45 分　本を　読《よ》み，10 分　休けいしたあと　しゅくだいを　しました。　しゅくだいが　おわったのは　午後 3 時 5 分です。**といに　答えましょう。**（1つ4点）

(1) 本を　読みおわったのは　午後何時何分《なんじなんぷん》ですか。

□

(2) しゅくだいを　していた時間は　何分ですか。

□

5 いつもは　家《いえ》から　25 分　歩《ある》いて　午前 8 時 10 分に　学校に　つくのですが，けさは　家を　出るのが　8 分　おそく　なって　しまいました。**午前何時何分に　家を　出ましたか。**（6点）

□

時間 20分	とく点
合かく 40点	50点

標準レベル 5 たし算の ひっ算 (1)

算数⑤

1 たし算《ざん》を　しましょう。(1つ2点)

(1)
```
  23
+34
```
(2)
```
  38
+51
```
(3)
```
  47
+19
```
(4)
```
  26
+48
```
(5)
```
  54
+27
```
(6)
```
  39
+56
```

2 たし算を　しましょう。(1つ2点)

(1) 37+8　　(2) 6+83

(3) 52+45　　(4) 27+61

(5) 47+13　　(6) 35+48

(7) 69+21　　(8) 34+57

3 赤い　りんごが　27こ，青い　りんごが　33こ　あります。りんごは　ぜんぶで　何《なん》こ　ありますか。(5点)

□

4 54円の　けしゴムを　1こ　買《か》いました。まだ　36円　のこって　います。はじめに　何円　もって　いましたか。(5点)

□

5 よしとくんは　弟《おとうと》より　37まい　多《おお》く　カードを　もって　います。弟の　カードが　29まいの　とき，よしとくんの　もっている　カードは　何まいですか。(6点)

□

6 1組《くみ》の　花だんには　48本の　花が　ありますが，となりの　2組の　花だんより　15本　少《すく》なく　なって　います。2組の　花だんには　何本の　花が　ありますか。(6点)

□

1回 20回 40回 60回 80回 100回 120回 GOAL

シール

べん強した日
〔　月　日〕

時間 20分	とく点
合かく 35点	50点

上級レベル **6**

算数⑥

たし算の ひっ算 (1)

1 たし算《ざん》を しましょう。(1つ2点)

(1)
　43
+39

(2)
　38
+52

(3)
　37
+37

(4)
　26
+68

(5)
　54
+16

(6)
　49
+48

2 たし算を しましょう。(1つ2点)

(1)
　21
　13
+32

(2)
　35
　　8
+16

(3)
　14
　40
+27

(4)
　　6
　52
+22

(5)
　57
　　5
+29

(6)
　13
　39
+38

3 □に あてはまる 数字《すうじ》を 書《か》きましょう。(1つ4点)

(1)
　5 □
+□ 3
　7 7

(2)
　4 9
+2 □
　□ 6

(3)
　1 □
+□ 6
　8 0

4 きのう 計算《けいさん》もんだいを 38だい しました。きょうは きのうより 14だい 多《おお》く しました。**といに 答《こた》えましょう。**(1つ4点)

(1) きょうは 何《なん》だい しましたか。

□

(2) きのうと きょうで あわせて 何だい しましたか。

□

5 ゆきさんの 妹《いもうと》は おはじきを 26こ もって います。ゆきさんが 自分《じぶん》の おはじきを 12こ 妹に あげると，ふたりの おはじきが 同《おな》じ こ数に なります。**ふたりの もっている おはじきは あわせて 何こですか。**(6点)

□

1回 20回 40回 60回 80回 100回 120回 GOAL

シール

べん強した日 〔 月 日〕

時間 20分	とく点
合かく 40点	50点

標準レベル **7** 算数⑦

ひき算の ひっ算 (1)

1 ひき算《ざん》を しましょう。(1つ2点)

(1) $\begin{array}{r} 78 \\ -\ 36 \\ \hline \end{array}$　(2) $\begin{array}{r} 65 \\ -\ 61 \\ \hline \end{array}$　(3) $\begin{array}{r} 92 \\ -\ 42 \\ \hline \end{array}$

(4) $\begin{array}{r} 52 \\ -\ 18 \\ \hline \end{array}$　(5) $\begin{array}{r} 74 \\ -\ 27 \\ \hline \end{array}$　(6) $\begin{array}{r} 88 \\ -\ 59 \\ \hline \end{array}$

2 ひき算を しましょう。(1つ2点)

(1) 55−30　(2) 46−16

(3) 74−7　(4) 83−5

(5) 60−25　(6) 31−14

(7) 63−56　(8) 91−19

3 あわせて 100に なる 数《かず》を □に 書《か》きましょう。(1つ2点)

(1) 75 と □　(2) 19 と □

(3) 33 と □　(4) □ と 42

4 としやくんは カードを 62まい もって います。弟《おとうと》は 25まい もって います。**としやくんは 弟より 何《なん》まい 多《おお》く もって いますか。**(4点)

□

5 72人が ハイキングに 行《い》きました。女の人は 34人です。**男の人は 何人ですか。**(5点)

□

6 きのう 57ページまで 読《よ》んだ 本の つづきを きょう 84ページまで 読みました。**きょうは 何ページ 読みましたか。**(5点)

□

算数

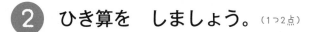

上級レベル 8 算数⑧

ひき算の ひっ算 (1)

時間	とく点
20分	
合かく 35点	50点

1 ひき算《ざん》を　しましょう。(1つ2点)

(1)
```
  42
- 14
```

(2)
```
  53
- 28
```

(3)
```
  80
- 41
```

(4)
```
  77
- 39
```

(5)
```
  91
- 67
```

(6)
```
  66
- 38
```

2 ひき算を　しましょう。(1つ2点)

(1) 35−17　　(2) 81−33

(3) 67−28　　(4) 72−45

(5) 90−21−43

(6) 82−55+25

(7) 67+24−36

3 □に　あてはまる　数字《すうじ》を　書《か》きましょう。(1つ4点)

(1)
```
  7 □
- □ 2
-----
  3 3
```

(2)
```
  □ 5
- 4 □
-----
  2 6
```

(3)
```
  9 6
- □ □
-----
  5 9
```

4 みかんが　70こ　あります。なみさんが　33こ　もらい，弟《おとうと》は　なみさんより　15こ　少《すく》なく　もらいます。**みかんは　何《なん》こ　のこりますか。**(6点)

□

5 ある　お店《みせ》で　青い　ノートと　赤い　ノートを　売《う》って　います。きのうは　赤が　48さつ，青が　52さつ　売れました。きょうは　きのうより　赤は　15さつ　多《おお》く，青は　3さつ　少なく　売れました。**きょう　赤い　ノートは　青いノートより　何さつ　多く　売れましたか。**(6点)

□

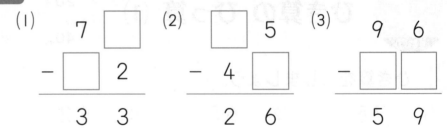

時間 20分	とく点
合かく 40点	50点

標準レベル 9 長さ(1)

算数⑨

1 下の ものさしを 見て 長《なが》さを 書《か》きましょう。(1つ3点)

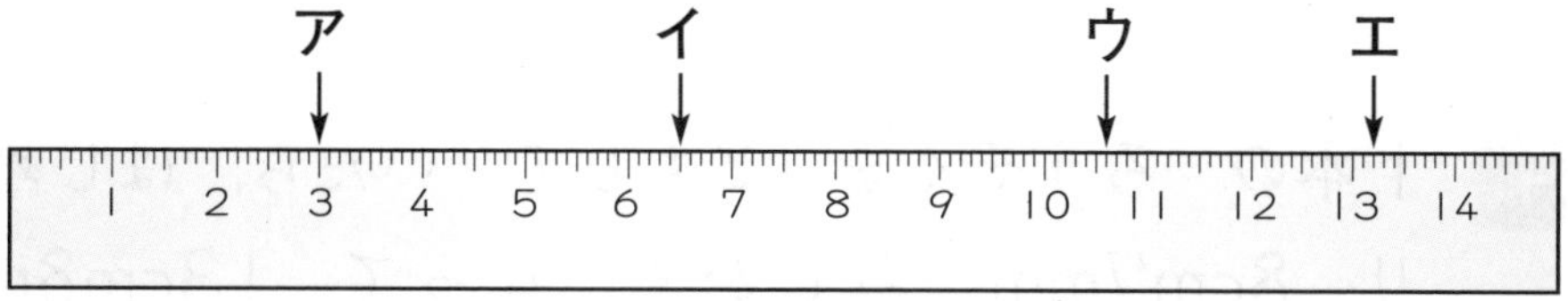

(1) 左の はしから エまでの 長さ □cm □mm

(2) アから ウまでの 長さ □cm □mm

(3) イから エまでの 長さ □cm □mm

2 □に あてはまる 数《かず》を 書きましょう。(1つ3点)

(1) 7cm は □mm です。

(2) 4cm6mm は □mm です。

(3) 120mm は □cm です。

(4) 10cm4mm は □mm です。

(5) 321mm は □cm □mm です。

3 □に あてはまる 数を 書きましょう。(1つ4点)

(1) 5cm6mm より 8mm 長い 長さは
□cm □mm です。

(2) 12cm7mm より 4cm みじかい 長さは
□cm □mm です。

(3) 4cm より 7cm3mm 長い 長さは
□cm □mm です。

(4) 6cm の 2 つぶんと 3cm の 1 つぶんを あわせた 長さは □cm です。

4 ずかんの あつさは 7cm6mm, じしょの あつさは 5cm8mm です。**本だなに ならべると あわせて 何《なん》cm 何 mm に なりますか。**(5点)

□

5 かんと びんが ならんで 立って います。かんの 高《たか》さは 12cm6mm, びんの 高さは 20cm4mm です。**びんは かんより 何 cm 何 mm 高いですか。**(5点)

□

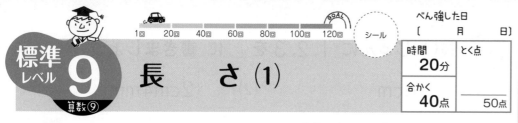

上級レベル 10 長　さ (1)

算数⑩

時間 20分	とく点
合かく 35点	50点

1 ア，イ，ウの　せんの　長《なが》さは　何《なん》cm 何 mm ですか。（1つ3点）

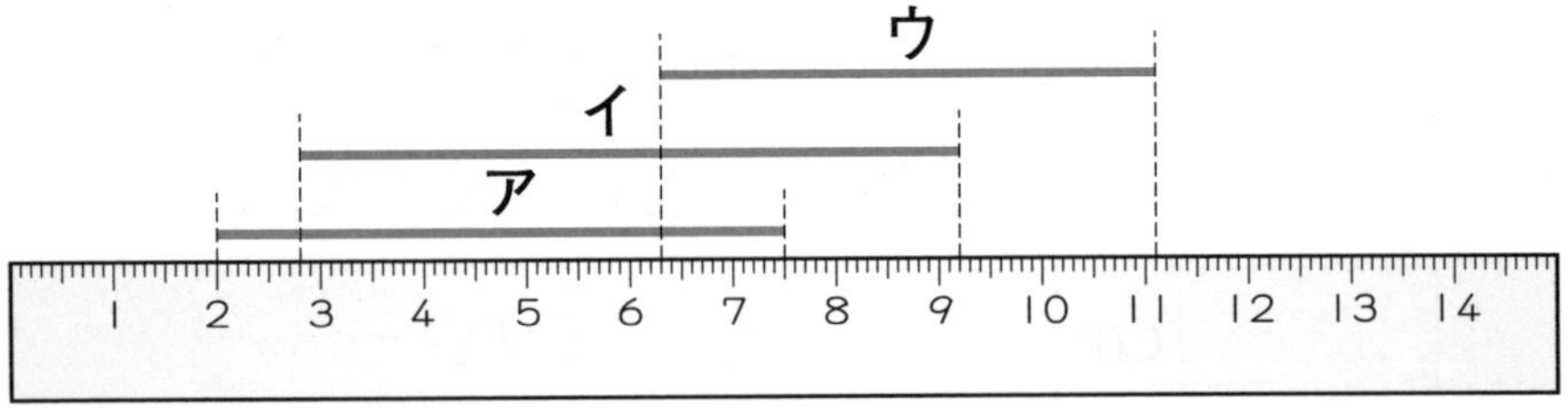

ア □cm □mm

イ □cm □mm

ウ □cm □mm

2 □に　あてはまる　数《かず》を　書《か》きましょう。（1つ3点）

(1) 256mm=□cm □mm

(2) 3cm6mm+28mm=□cm □mm

(3) 165mm−7cm8mm=□cm □mm

(4) 48cm+36mm=□cm □mm

(5) 7cm−5cm6mm−7mm=□mm

3 長い じゅんに 1, 2, 3 を □に 書きましょう。（1つ4点）

(1) □ 6cm
□ 17mm
□ 11cm5mm

(2) □ 2cm4mm
□ 12cm
□ 42mm

4 1本の　ろうそくを　ともして　いたら，はじめより　8cm7mm　みじかく　なって　13cm8mm に　なって　いました。**はじめは　何 cm 何 mm ありましたか。**（6点）

□

5 80cm の　テープから　16cm の　テープを　2本と　38mm の　テープを　1本　切《き》りとります。**のこりの　テープは　何 cm 何 mm ですか。**（6点）

□

6 57cm の　赤いひもと　43cm の　白い　ひもを　むすびます。**むすび目に　それぞれから　3cm6mm ずつ　つかうと　むすんだ　ひもの　長さは　何 cm 何 mm に　なりますか。**（6点）

□

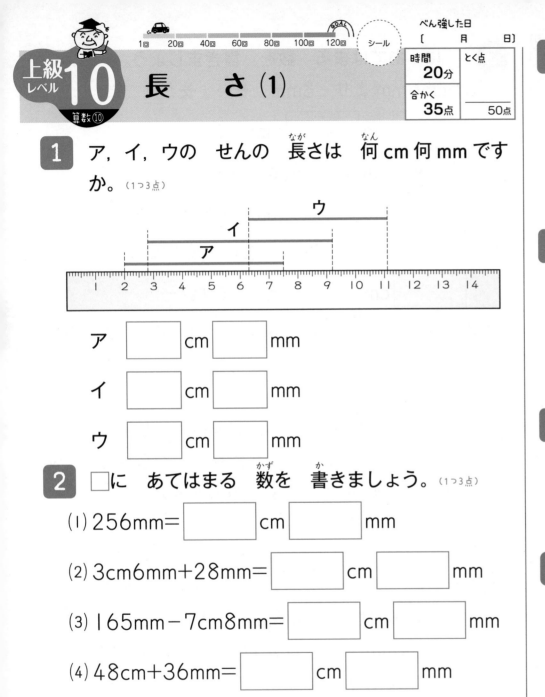

時間 20分	とく点
合かく 40点	50点

標準レベル 11 （　）の　ある　しき

1 計算《けいさん》を　しましょう。（1つ2点）

(1) 38＋16＋9　　(2) 38＋(16＋9)

(3) 38－16－9　　(4) 38－(16－9)

(5) 38－16＋9　　(6) 38－(16＋9)

(7) 38＋16－9　　(8) 38＋(16－9)

2 □に　あてはまる　数《かず》を　書《か》きましょう。（1つ2点）

(1) 27＋□＝42　　(2) □＋27＝42

(3) 42－□＝27　　(4) □－42＝27

(5) 28＋65＋35＝28＋□＝□

(6) 65＋28＋35＝(65＋□)＋28＝□

(7) 72－34－16＝72－(□＋16)＝□

(8) 72－16－34＝72－□＝□

3 計算の　しきが　正しければ　○，まちがいなら　×を　つけましょう。（1つ3点）

(1) 132－76－24＝132－(76＋24)＝132－100＝32　□

(2) 152－76－24＝152－(76－24)＝152－52＝100　□

4 （　）の　ある　しきを　書き，答《こた》えも　出しましょう。（1つ4点）

(1) お店《みせ》で　130円の　あめと　110円の　お茶《ちゃ》を　買《か》いました。300円　はらうと　おつりは　いくらですか。

（しき）□　　（答え）□

(2) 妹《いもうと》は　シールを　35まい　もって　います。さちさんは　妹より　10まい　多《おお》く，るみさんは　さちさんより　3まい　多く　もって　います。るみさんは　何《なん》まい　もって　いますか。

（しき）□　　（答え）□

(3) ちゅう車場《しゃじょう》に　自《じ》どう車が　43台《だい》　とまって　いました。8台　出て　いき，6台　入って　くると　何台に　なりますか。

（しき）□　　（答え）□

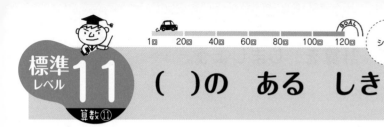

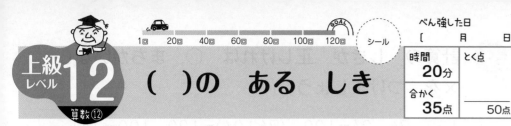

時間 20分	とく点
合かく 35点	50点

上級レベル 12 (　)の　ある　しき

算数⑫

1 つぎの　計算《けいさん》を　しましょう。(1つ2点)

(1) 64＋27−45　　(2) 56＋(35−17)

(3) 47＋(23＋18)　　(4) 83−55＋18

(5) 93−(36＋26)　　(6) 78−35−23

(7) 56−(70−43)　　(8) 57＋37−17

2 □に　あてはまる　数《かず》を　書《か》きましょう。(1つ2点)

(1) 34＋57−□＝13

(2) □−(41−6)＝24

(3) 65＋□−45＝37

(4) □＋(28＋19)＝82

(5) 28＋(42−□)＝54

3 くふうして　計算を　しましょう。(1つ3点)

(1) 67＋78＋22

(2) 203−78−22

4 (　)の　ある　しきを　書き，答《こた》えも　出しましょう。(1つ6点)

(1) 赤，青，白の　おはじきが　あります。赤は　80こ　あり，青は　赤より　13こ　少《すく》なく，白は　青より　7こ　少なく　なって　います。白は　何《なん》こ　ありますか。

(しき)□　(答え)□

(2) きょうから　本を　読《よ》みます。きょう　35ページ　読み，あしたは　きょうより　10ページ　多《おお》く　読むと　あわせて　何ページ　読めますか。

(しき)□　(答え)□

(3) ひでくんは　カードを　70まい，弟《おとうと》は　40まい　もって　います。ひでくんが　弟に　18まい　あげると，弟は　ひでくんより　何まい　多く　なりますか。

(しき)□　(答え)□

時間	とく点
20分	
合かく 40点	50点

標準レベル 13 水の　かさ

1 □に　あてはまる　数《かず》を　書《か》きましょう。（1つ2点）

(1) 1L=□dL　(2) 60dL=□L

(3) 1L=□mL　(4) 4000mL=□L

(5) 1dL=□mL　(6) 500mL=□dL

(7) 36dL=□L□dL

(8) 2460mL=□L□mL

(9) 7L3dL=□dL

(10) 8L200mL=□mL

2 □に　あてはまる　数を　書きましょう。（1つ3点）

(1) 7L+3L=□L　(2) 2L+7dL=□dL

(3) 600mL−250mL=□mL

(4) 1L−300mL=□mL

3 かさが　多《おお》い　ほうに　○を　つけましょう。（1つ2点）

(1) □5L　□20dL

(2) □4L　□5000mL

(3) □300mL　□70dL

4 水が　8dL　入って　いる　やかんが　あります。**といに　答《こた》えましょう。**（1つ4点）

(1) 3dL　つかうと　何《なん》dLの　水が　のこりますか。

□

(2) (1)の　あとで　水を　つぎたしたら　1L2dLに　なりました。何dLの　水を　つぎたしましたか。

□

5 ひろしくんの　水とうには　500mL，けんたくんの　水とうには　400mLの　水が　入って　います。ひろしくんは　300mL，けんたくんは150mL　水を　のみました。**のこって　いる　水の　かさは　どちらが　何mL　多《おお》いですか。**（4点）

□

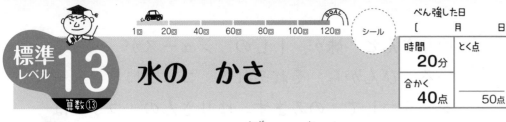

時間 20分	とく点
合かく 35点	50点

上級レベル 14 水の　かさ

算数⑭

1 □に　あてはまる　数《かず》を　書《か》きましょう。（1つ3点）

(1) 7L=□dL　　(2) 450dL=□L

(3) 3L5dL=□mL

(4) 2L+3dL=□dL

(5) 5L4dL+1L8dL=□L□dL

(6) 6L−4dL=□L□dL

(7) 400mL+3dL=□mL

(8) 8L7dL+4000mL=□L□mL

2 かさが　多《おお》い　じゅんに　1，2，3を　□に　書きましょう。（1つ4点）

(1)	(2)	(3)
□ 7L	□ 1800mL	□ 5L
□ 40dL	□ 56dL	□ 590mL
□ 5000mL	□ 2L	□ 52dL

3 ゆりさんと　妹《いもうと》が，1Lの　ジュースが　入って　いる　びんから　それぞれの　コップに　ジュースを　うつして　のみます。ゆりさんの　コップは　1ぱい　200mL，妹の　コップは　1ぱい　150mL　入ります。といに　答《こた》えましょう。（1つ4点）

(1) はじめに　1ぱいずつ　のみました。あわせて　何《なん》mL　のみましたか。

□

(2) つづいて　もう　1ぱいずつ　のみました。びんに　のこって　いる　ジュースは　何mLですか。

□

4 水が　6L　入って　いる　青い　バケツと，3L　入って　いる　赤い　バケツが　あります。まず，青い　バケツの　水を　1L5dL　くみ出しました。つぎに　赤い　バケツから　青い　バケツに　8dL　うつしました。青い　バケツの　水は　赤い　バケツより　何L何dL　多《おお》く　なって　いますか。（6点）

□

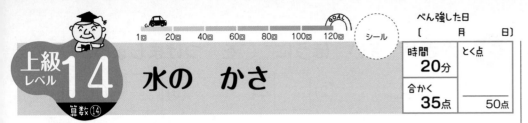

1回　20回　40回　60回　80回　100回　120回　GOAL

シール

べん強した日 〔　　月　　日〕

時間	とく点
20分	
合かく 40点	50点

標準レベル 15 たし算の ひっ算 (2)

算数⑮

1 たし算《ざん》を しましょう。（1つ2点）

(1) 57 + 34

(2) 48 + 83

(3) 123 + 72

(4) 176 + 81

(5) 362 + 58

(6) 856 + 45

2 たし算を しましょう。（1つ2点）

(1) 145 + 324

(2) 572 + 236

(3) 325 + 467

(4) 264 + 246

(5) 607 + 156

(6) 493 + 309

3 答《こた》えが 大きい ほうに ○を つけましょう。

（1つ5点）

(1) □ 218＋342　□ 167＋403

(2) □ 434＋471　□ 383＋527

4 赤，白，青の 3つの 組《くみ》に わかれて うんどう会《かい》を しました。赤が 227人，白が 228人，青が 225人です。**といに 答《こた》えましょう。**（1つ5点）

(1) 赤と 白を あわせると 何人《なんにん》ですか。

□

(2) 3つの 組を あわせると 何人ですか。

□

5 えい画《が》かんに おとなが 156人と こどもが 215人 すわって いますが，まだ 29人ぶんの せきが あいて います。**せきは ぜんぶで いくつ ありますか。**（6点）

□

算数

たし算の ひっ算 (2)

時間 20分	とく点
合かく 35点	50点

1 たし算《ざん》を しましょう。(1つ2点)

(1) $\begin{array}{r} 135 \\ +434 \\ \hline \end{array}$　(2) $\begin{array}{r} 673 \\ +135 \\ \hline \end{array}$　(3) $\begin{array}{r} 236 \\ +358 \\ \hline \end{array}$

(4) $\begin{array}{r} 383 \\ +327 \\ \hline \end{array}$　(5) $\begin{array}{r} 605 \\ +348 \\ \hline \end{array}$　(6) $\begin{array}{r} 205 \\ +497 \\ \hline \end{array}$

2 たし算を しましょう。(1つ4点)

(1) $\begin{array}{r} 152 \\ 320 \\ +274 \\ \hline \end{array}$　(2) $\begin{array}{r} 436 \\ 167 \\ +383 \\ \hline \end{array}$　(3) $\begin{array}{r} 218 \\ 56 \\ +429 \\ \hline \end{array}$

3 □に あてはまる 数字《すうじ》を 書《か》きましょう。(1つ4点)

(1) $\begin{array}{rccc} & 2 & 3 & \square \\ + & \square & 6 & 5 \\ \hline & 9 & \square & 2 \end{array}$

(2) $\begin{array}{rccc} & 3 & \square & 4 \\ & \square & 5 & 8 \\ + & 3 & 2 & \square \\ \hline & 8 & 0 & 7 \end{array}$

4 東町《ひがしまち》には 男の人が 356人，女の人が 375人 すんで います。西町《にしまち》には 男の人が 278人，女の人が 249人 すんで います。**といに 答《こた》えましょう。**(1つ6点)

(1) 東町に すんで いる 人は ぜんぶで 何人《なんにん》ですか。

□

(2) 西町に 新《あたら》しく 47人 ひっこして くると，西町は ぜんぶで 何人に なりますか。

□

5 ふみやくんと 弟《おとうと》は カードを たくさん もって います。ふみやくんが 弟に 38まい あげると ふみやくんの カードは 277まいに なりました。ふみやくんが もう 21まい 弟に あげると，ふみやくんと 弟の カードの 数《かず》が 同《おな》じに なりました。**ふたり あわせて 何まい カードを もって いますか。**(6点)

□

標準レベル 17 ひき算の ひっ算 (2)

1 ひき算《ざん》を しましょう。（1つ2点）

(1) $\begin{array}{r} 87 \\ -\ 54 \\ \hline \end{array}$　(2) $\begin{array}{r} 181 \\ -\ 36 \\ \hline \end{array}$　(3) $\begin{array}{r} 118 \\ -\ 87 \\ \hline \end{array}$

(4) $\begin{array}{r} 144 \\ -\ 77 \\ \hline \end{array}$　(5) $\begin{array}{r} 590 \\ -\ 68 \\ \hline \end{array}$　(6) $\begin{array}{r} 856 \\ -\ 59 \\ \hline \end{array}$

2 ひき算を しましょう。（1つ2点）

(1) $\begin{array}{r} 879 \\ -535 \\ \hline \end{array}$　(2) $\begin{array}{r} 483 \\ -136 \\ \hline \end{array}$　(3) $\begin{array}{r} 726 \\ -534 \\ \hline \end{array}$

(4) $\begin{array}{r} 508 \\ -125 \\ \hline \end{array}$　(5) $\begin{array}{r} 864 \\ -268 \\ \hline \end{array}$　(6) $\begin{array}{r} 603 \\ -549 \\ \hline \end{array}$

3 答《こた》えが 大きい ほうに ○を つけましょう。

（1つ5点）

(1) □ 419−182
□ 661−426

(2) □ 772−287
□ 927−432

4 ちょ金ばこに 100円玉が 6まいと 10円玉が 32まい 入って います。380円 とり出すと のこりは 何円《なんえん》に なりますか。（4点）

□

5 ボトルに 900mL お茶《ちゃ》を いれて 出かけました。といに 答《こた》えましょう。（1つ6点）

(1) 10時《じ》に 250mL のみました。ボトルの お茶は 何mLに なりましたか。

□

(2) 12時に お茶を のんだら のこりが 280mL に なって いました。12時に のんだのは 何mLですか。

□

算数

1回 20回 40回 60回 80回 100回 120回 GOAL

シール

べん強した日〔　　月　　日〕

時間 20分	とく点
合かく 35点	50点

上級レベル 18 ひき算の ひっ算 (2)

算数⑱

1 ひき算《ざん》を しましょう。（1つ2点）

(1)
```
  732
- 503
```

(2)
```
  617
- 156
```

(3)
```
  926
- 837
```

(4)
```
  401
- 165
```

(5)
```
  724
- 239
```

(6)
```
  803
- 308
```

2 ひき算を しましょう。（1つ4点）

(1) 950−606−163

(2) 852−258−528

3 □に あてはまる 数《かず》を 書《か》きましょう。（1つ4点）

(1)

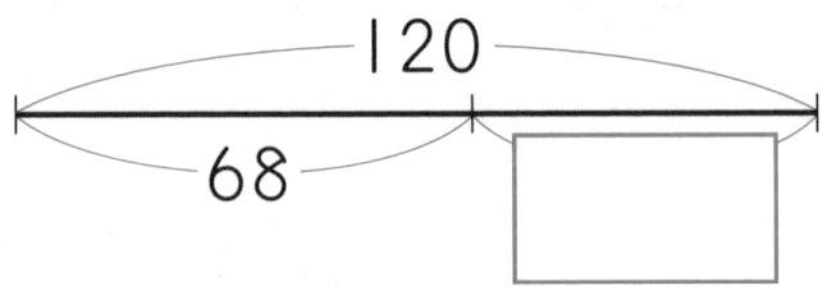

(2)

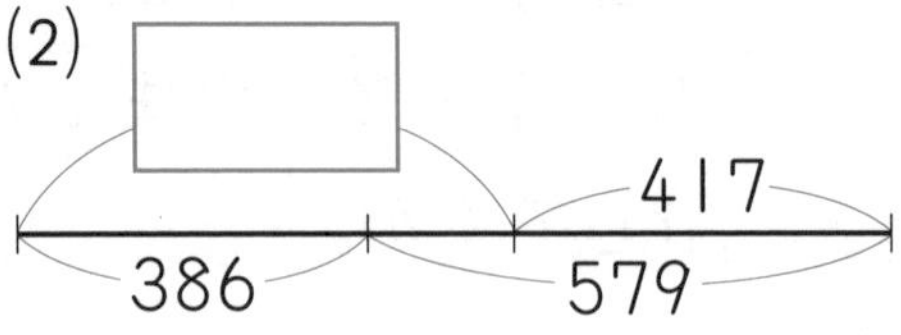

4 □に あてはまる 数字《すうじ》を 書きましょう。（1つ5点）

(1)
```
  6 3 □
- □ 5 9
    □ 2
```

(2)
```
  5 □ □
- □ 6 8
  1 3 5
```

5 工場《こうじょう》で ねじを つくって います。月曜《よう》に 370こ，火曜に 325こ，水曜には 月曜より 45こ 多《おお》く つくりました。**水曜に つくった こ数は 火曜より 何《なん》こ 多いですか。**（6点）

□

6 のぶくんの 家《いえ》から 小学校まで 920m あります。とちゅうに としくんの 家が あります。のぶくんの 家から としくんの 家までは 345mです。のぶくんが 小学校に 行《い》く とちゅう，学校まであと 90mの ところで としくんに 会《あ》いました。**会った ところは としくんの 家から 何mの ところですか。**（6点）

□

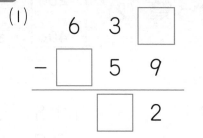

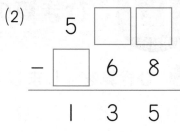

時間	とく点
20分	
合かく 40点	50点

標準レベル 19 かけ算(1)

算数⑲

1 かけ算《ざん》を　しましょう。（1つ1点）

(1) 2×4　　(2) 3×6

(3) 4×7　　(4) 5×8

(5) 6×3　　(6) 7×5

(7) 8×8　　(8) 9×2

2 □に　あてはまる　数《かず》を　書《か》きましょう。（1つ2点）

(1) 2の　3ばいは　□　です。

(2) 5の　4ばいは　□　です。

(3) 3の　□　ばいは　24です。

(4) 8の　□　ばいは　56です。

(5) □　の　5ばいは　45です。

(6) □　の　6ばいは　36です。

3 □に　あてはまる　数を　書きましょう。（1つ4点）

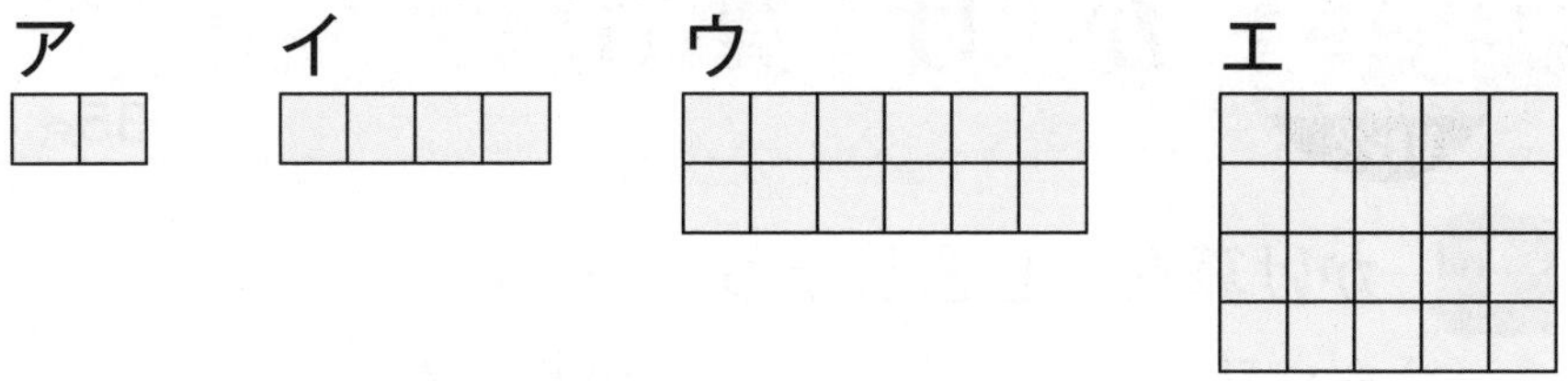

(1) イは　アの　□　ばいです。

(2) ウは　イの　□　ばいです。

(3) エは　イの　□　ばいです。

4 しきと　答《こた》えを　書きましょう。（1つ6点）

(1) えんぴつを　1人　4本ずつ　5人に　くばりました。ぜんぶで　何本《なんぼん》の　えんぴつを　くばりましたか。

（しき）□　（答え）□

(2) 6人で　1つの　はんを　つくると　ちょうど　4つの　はんが　できました。ぜんぶで　何人　いますか。

（しき）□　（答え）□

(3) ボタンが　3こずつ　7れつ　ならんで　います。あわせて　何この　ボタンが　ありますか。

（しき）□　（答え）□

算数

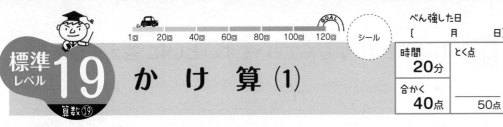

上級レベル20 かけ算(1)

時間 20分	とく点
合かく 35点	50点

1 かけ算《ざん》を　しましょう。(1つ1点)

(1) 6×7　　(2) 9×4

(3) 7×8　　(4) 5×6

(5) 8×5　　(6) 9×9

2 □に　あてはまる　数《かず》を　書《か》きましょう。(1つ4点)

(1) 4×6 と　□　×3は　同《おな》じ　答《こた》えです。

(2) 7×5 は　7×□　より　7　大きく　なります。

(3) 8×□　は　8×5より　8　小さく　なります。

3 □に　あてはまる　数を　書きましょう。(1つ3点)

(1) 4×□=36　　(2) □×5=30

(3) 7×□=49+7

(4) □×8=72−8

4 おはじきが　ならんで　います。といに　答《こた》えましょう。(1つ5点)

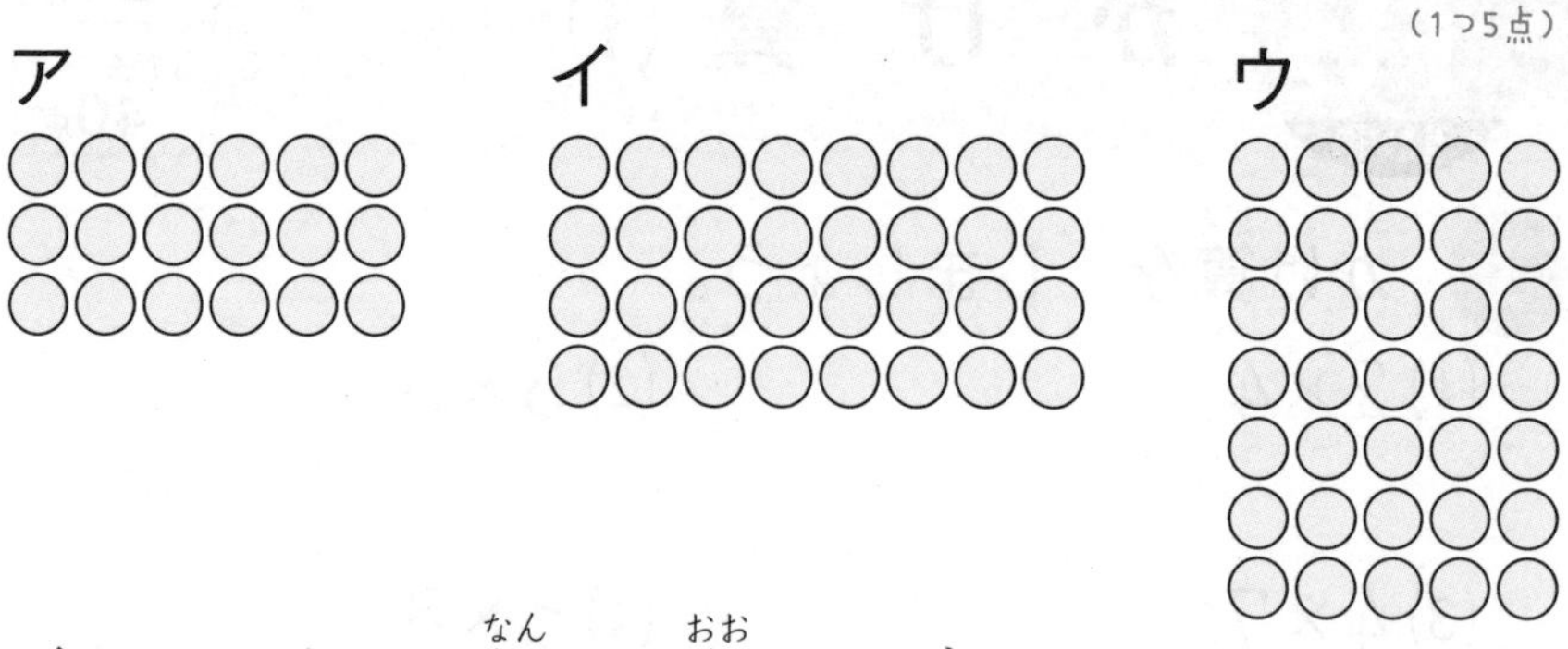

(1) イは　アより　何《なん》こ　多《おお》い　ですか。

□

(2) ア，イ，ウ　ぜんぶで　何こ　ありますか。

□

5 しきと　答えを　書きましょう。(1つ5点)

(1) 1さつ　3cmの　あつさの　本を　6さつ　かさねると　何cmに　なりますか。

(しき) □　(答え) □

(2) 7人に　5こずつ　おかしを　くばろうと　したら　4こ　たりませんでした。おかしは　何こ　ありますか。

(しき) □　(答え) □

時間 20分	とく点
合かく 40点	50点

標準レベル 21 かけ算(2)

1 かけ算《ざん》を　しましょう。(1つ2点)

(1) 3×8　　(2) 30×8

(3) 8×30　　(4) 40×6

(5) 60×4　　(6) 9×70

(7) 50×2　　(8) 6×50

2 □に　あてはまる　数《かず》を　書《か》きましょう。(1つ2点)

(1) 4の　3ばいは □ です。

(2) 40の　3ばいは □ です。

(3) 5×6=30　だから　50×6=□　です。

(4) 8×5=40　だから　80×5=□　です。

(5) 20×□=120

(6) 9×□=540

3 まん中の　数と　まわりの　数を　かけましょう。(1つ5点)

(1)

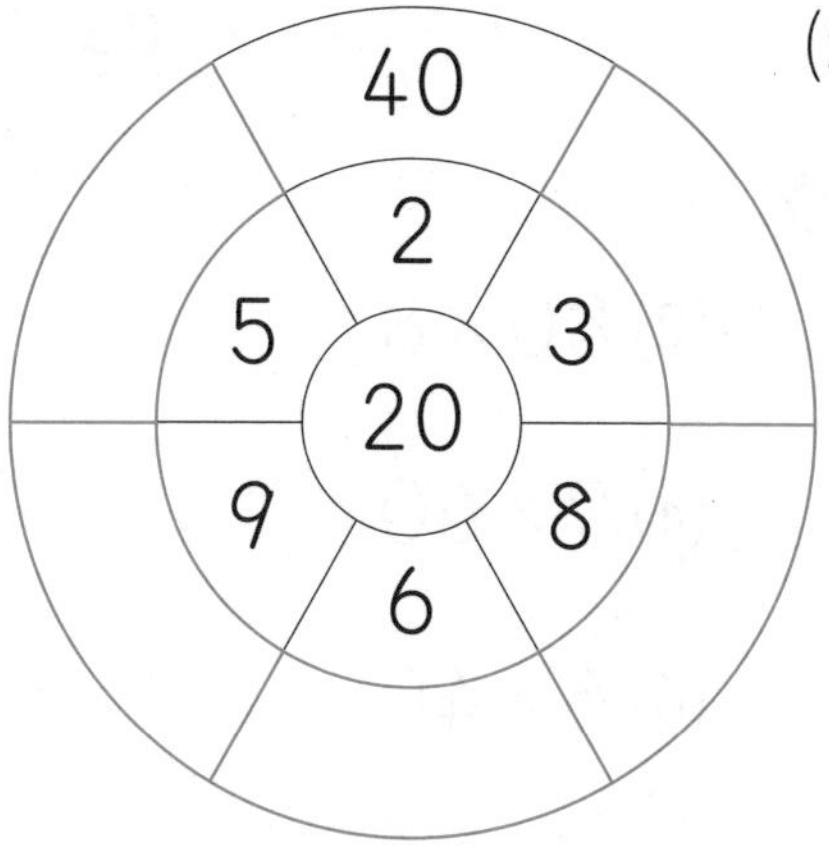

(2)

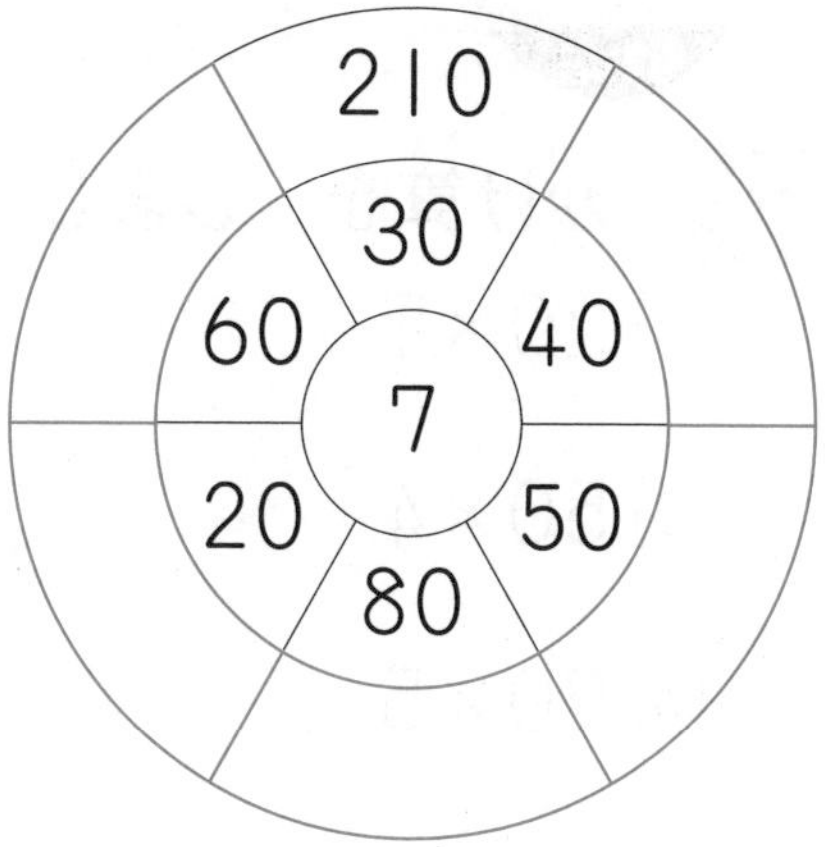

4 しきと　答《こた》えを　書きましょう。(1つ4点)

(1) 1ふくろに　30こずつ　あめが　入って　います。6ふくろでは　ぜんぶで　何《なん》こ　あめが　ありますか。

(しき) □　(答え) □

(2) 1日に　50円ずつ　7日　つづけて　ちょ金すると　あわせて　何円　ちょ金　できますか。

(しき) □　(答え) □

(3) 30人に　1人　4まいずつ　紙《かみ》を　くばります。ぜんぶで　何まい　紙を　くばりましたか。

(しき) □　(答え) □

算数

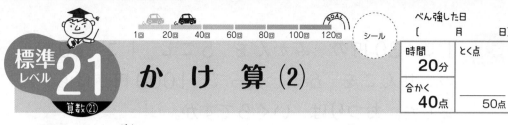

かけ算(2)

1 かけ算《ざん》を　しましょう。(1つ2点)

(1) 20×7　　(2) 80×8

(3) 50×4　　(4) 7×60

(5) 90×5　　(6) 6×40

(7) 60×6　　(8) 2×50

2 □に　あてはまる　数《かず》を　書《か》きましょう。(1つ2点)

(1) 20×□=60

(2) 4×□=240

(3) □×5=150

(4) 60×7は　60×□より　60　大きく　なります。

(5) 80×□は　80×5より　80　小さく　なります。

(6) 70×7に　□を　たすと　560に　なります。

3 1こ　30円の　みかんを　5こと　1こ　80円の　りんごを　6こ　買《か》って，1000円　はらいました。**おつりは　いくらですか。**(6点)

4 2mの　ひもから　みじかい　ひもを　7本と，その　5ばいの　長《なが》さの　ひもを　3本　切《き》りとりました。みじかい　ひもは　1本　8cmです。**といに　答《こた》えましょう。**(1つ4点)

(1) 切りとった　ひもは　あわせて　何《なん》cmですか。

(2) のこった　ひもの　長さは　何cmですか。

5 ビー玉を　8つの　ふくろに　60こずつ　つめると　20こ　あまりました。**といに　答えましょう。**(1つ4点)

(1) ビー玉は　ぜんぶで　何こ　ありますか。

(2) 1ふくろ　70こずつに　するには　ビー玉が　たりません。あと　何こ　あれば　よいですか。

1回 20回 40回 60回 80回 100回 120回 GOAL

シール

べん強した日 〔　　月　　日〕

時間 20分	とく点
合かく 40点	50点

標準レベル 23 かけ算の　きまり

算数㉓

1 □に　あてはまる　数《かず》を　書《か》きましょう。（1つ2点）

(1) 7×5＝5×□＝35

(2) 60×8＝□×60＝480

(3) 2×4×7＝□×7＝56

(4) 6×5×7＝□×7＝210

(5) 3×5×6＝3×□＝90

(6) 4×7＋9＝□＋9＝37

(7) 80×3＋80＝80×□＝320

2 □に　あてはまる　数を　書きましょう。（1つ2点）

(1) 6→8→□→□→14

(2) 28→□→42→49→□

(3) □→16→20→□→28

3 計算《けいさん》を　しましょう。（1つ2点）

(1) 4×2×7

(2) 3×3×3

(3) 6×5×4

(4) 20×5×7

(5) 30×2×5

(6) 2×40×4

(7) (24＋36)×8

4 答《こた》えが　つぎの　数に　なる　九九を　ぜんぶ　書きましょう。（1つ4点）

(1) 16 □

(2) 24 □

5 3本ずつ　ペンを　いれた　ふくろを　8つずつ　はこに　つめると，はこが　ちょうど　5こ　できました。といに　答《こた》えましょう。（1つ4点）

(1) ふくろは　いくつ　ありますか。

□

(2) ペンは　何本《なんぼん》　ありますか。

□

算数

1回 20回 40回 60回 80回 100回 120回 GOAL

シール

べん強した日 [　月　日]

時間 20分	とく点
合かく 35点	50点

上級レベル 24 かけ算の　きまり

算数㉔

1 計算《けいさん》を　しましょう。(1つ2点)

(1) 2×4×9　　(2) 5×6×7

(3) 40×(3×2)　　(4) 8×(6×5)

(5) 40×(3+2)　　(6) (9+21)×9

2 □に　あてはまる　数《かず》を　書《か》きましょう。(1つ2点)

(1) 8×8×5=8×□=□

(2) 5×7×4=7×□=□

(3) 60×3×3=60×□=□

(4) 3×40×5=3×□=□

3 計算を　しましょう。(1つ2点)

(1) 9×6×5　　(2) 7×40+30

(3) 7×30+40　　(4) 7×(40+30)

4 九九の　ひょうから　9ます　ぬき出しました。□に　あてはまる　数を　書きましょう。(1つ5点)

(1)

	16	
15		
	24	

(2)

		35
	36	
35		

5 2dL　入る　小カップと　その　3ばい　入る　大カップで　水そうの　水を　くみ出します。大カップで　4回《かい》　くみ出すと　のこりは　小カップの　ちょうど　2回ぶんに　なりました。**はじめに　何《なん》L何dL　入って　いましたか。**(6点)

□

6 九九の　ひょうで　2の　だんの　数と　5の　だんの　数を　かけるには，つぎの　れいの　ように　くふう　できます。

・れい　12×15=(2×6)×(5×3)=(2×5)×(6×3)
=10×18=180

同《おな》じ　やりかたで　16×35を　計算しましょう。(6点)

□

時間 20分	とく点
合かく 40点	50点

標準レベル 25 たし算の ひっ算 (3)

算数㉕

1 たし算《ざん》を　しましょう。（1つ2点）

(1) 1400 ＋3200　(2) 5300 ＋3700　(3) 7260 ＋1340

(4) 2850 ＋4570　(5) 6080 ＋ 920　(6) 3140 ＋1965

2 たし算を　しましょう。（1つ3点）

(1) 3262 ＋5036　(2) 1875 ＋4118　(3) 5674 ＋2785

(4) 2859 ＋3824　(5) 4384 ＋1657　(6) 6931 ＋2069

3 □に　あてはまる　数字《すうじ》を　書《か》きましょう。（1つ3点）

(1)
　3 7 6 □
＋□ 1 5 5
　6 □ □ 8

(2)
　□ 7 □ 4
＋5 □ 6 □
　7 8 9 0

4 ある日　ゆう園地《えんち》に　きた　人は　子どもが　3620人，おとなが　4735人でした。ぜんぶで　何人《なんにん》が　きましたか。（6点）

□

5 工場《こうじょう》で　つくった　自《じ》どう車《しゃ》の　数《かず》を　しらべました。8月は　2480台《だい》　つくり，9月は　8月より　1250台　多《おお》く　つくりました。といに　答《こた》えましょう。（1つ4点）

(1) 9月には　何台　つくりましたか。

□

(2) 8月と　9月で　あわせて　何台　つくりましたか。

□

算数

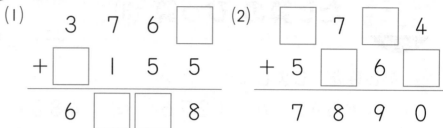

たし算の ひっ算 (3)

べん強した日 〔　　月　　日〕

時間 20分	とく点
合かく 35点	50点

1 たし算《ざん》を　しましょう。（1つ2点）

(1)
```
  864
+ 136
```
(2)
```
 1276
+2387
```
(3)
```
 4809
+3999
```
(4)
```
 1357
+7654
```
(5)
```
  941
+5169
```
(6)
```
 6728
+2687
```

2 たし算を　しましょう。（1つ3点）

(1)
```
 1543
 2306
+4138
```
(2)
```
 3714
 2832
+2927
```
(3)
```
 1768
 2687
+3876
```

3 □に　あてはまる　数《かず》を　書《か》きましょう。（1つ3点）

(1) □+5678=10000

(2) 40+□+7+6000=6847

(3) 999+1999+2999=□

4 □に　あてはまる　数字《すうじ》を　書きましょう。（1つ3点）

(1)
```
  □ 9 1 7
+ 6 □ 8 □
---------
  8 0 □ 6
```
(2)
```
  3 6 □ 9
  □ 8 0 □
+ 1 □ 6 4
---------
  7 2 5 1
```

5 くつと　かばんを　買《か》いに　いくと，くつは　かばんより　1728円　安《やす》くて　3888円でした。といに　答《こた》えましょう。（1つ4点）

(1) かばんの　ねだんは　何円《なんえん》ですか。

□

(2) くつと　かばんを　買って　10000円　はらうと，おつりは　いくらですか。

□

6 くふうして　つぎの　たし算を　しましょう。（6点）

2804+1750+1455+1250+196+1545

□

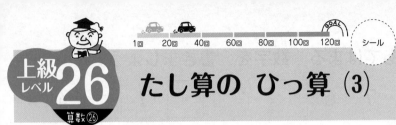

標準レベル 27

ひき算の ひっ算 (3)

時間 20分	とく点
合かく 40点	50点

算数㉗

1 ひき算《ざん》を しましょう。（1つ2点）

(1) 5900 − 3200　(2) 7200 − 4500　(3) 6460 − 4780

(4) 4000 − 2630　(5) 2310 − 470　(6) 8639 − 3204

2 ひき算を しましょう。（1つ2点）

(1) 4875 − 1536　(2) 6081 − 2845　(3) 5033 − 3052

(4) 7206 − 878　(5) 3579 − 2580　(6) 3294 − 1328

3 □に あてはまる 数《かず》を 書《か》きましょう。（1つ5点）

(1)
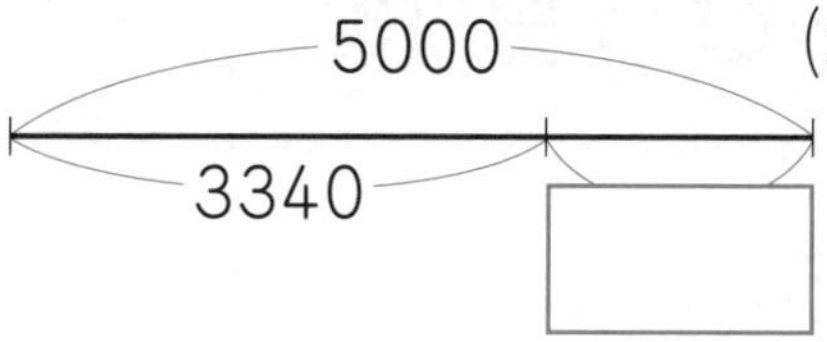

(2)
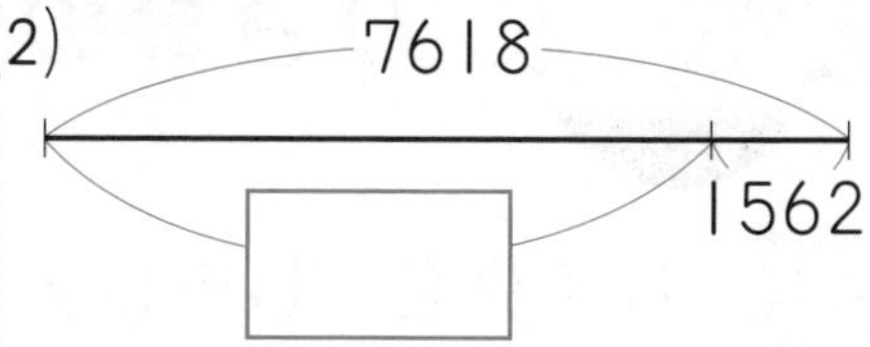

4 3人で ゲームを しました。とく点《てん》は あきらくんが 6500点，かずきくんが 7620点，さとしくんが 5780点です。**といに 答《こた》えましょう。**

（1つ5点）

(1) あきらくんは かずきくんより 何点《なんてん》 少《すく》ないですか。

(2) かずきくんは さとしくんより 何点 多《おお》いですか。

5 ゆりなさんが 今月《こんげつ》 1268円 ちょ金したら これまでと あわせて 8192円に なりました。**これまでは いくら ちょ金して いましたか。**（6点）

算数

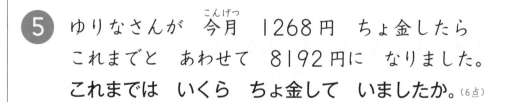

時間 20分	とく点
合かく 35点	50点

上級レベル 28 ひき算の ひっ算 (3)

算数㉘

1 ひき算《ざん》を しましょう。(1つ2点)

(1) 1000 − 632

(2) 4373 − 2735

(3) 6100 − 3827

(4) 9724 − 8835

(5) 8021 − 1936

(6) 7005 − 5098

2 ひき算を しましょう。(1つ3点)

(1) 10000−4321

(2) 8976−3052−1426

(3) 8976−(3052−1426)

3 □に あてはまる 数《かず》を 書《か》きましょう。(4点)

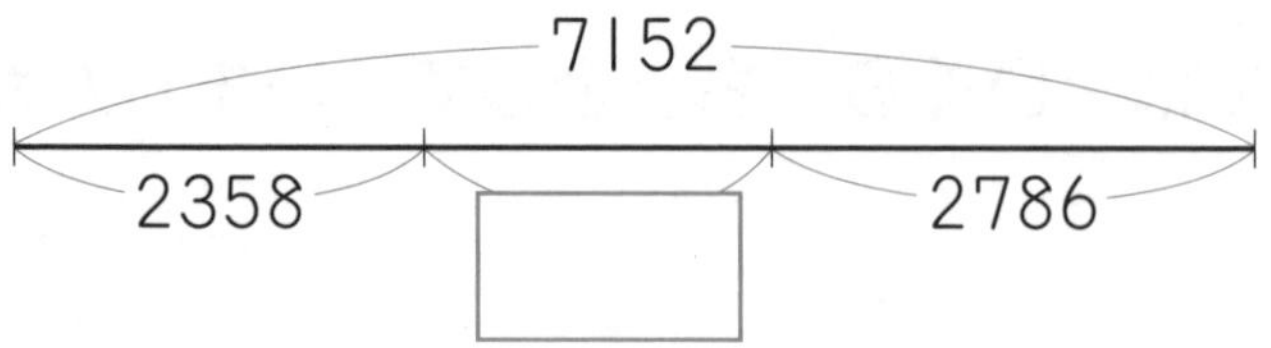

4 計算《けいさん》を しましょう。(1つ3点)

(1) 5240−2760+1240

(2) 9×700−(2760+1240)

(3) 6543−3456−789

5 ことし 北町《きたまち》に すんで いる 人は きょ年より 1087人 ふえて 7265人，南町《みなみまち》に すんで いる 人は きょ年より 314人 ふえて 7151人です。といに 答《こた》えましょう。(1つ5点)

(1) きょ年 北町に すんで いた 人は 何人《なんにん》ですか。

(2) きょ年 すんで いた 人の 数を くらべると，北町と 南町では 何人 ちがいますか。

6 60+30−40 は 60−40+30 と 計算しても 同《おな》じ 答えに なります。くふうして つぎの 計算を しましょう。(6点)

3768+4876−1768−1876

時間 20分	とく点
合かく 40点	50点

1000までの 数

1 □に あてはまる 数《かず》を 書《か》きましょう。（1つ3点）

(1) 100を 5こと 10を 6こと 1を 8こ あわせた 数は □ です。

(2) 100を 7こと 1を 2こ あわせた 数は □ です。

(3) 10を 38こ あわせた 数は □ です。

(4) 八百四を 数字《すうじ》で 書くと □ です。

2 大きい じゅんに 1, 2, 3を □に 書きましょう。（1つ3点）

(1) □ 275
□ 527
□ 572

(2) □ 六百三十二
□ 七百二十
□ 六百九

3 □に あてはまる 数を 書きましょう。（1つ3点）

(1) 30+4+600= □

(2) 3+400+ □ =463

4 □に あてはまる 数を 書きましょう。（1つ3点）

(1) 200 → 300 → □ → □ → 600

(2) 660 → □ → 700 → 720 → □

(3) 800 → 770 → □ → 710 → □

5 1まい 10円の 画用紙《がようし》を 7まいと 1本 100円の 色《いろ》えんぴつを 4本 買《か》いました。あわせて いくらに なりますか。（5点）

□

6 [3] [6] [8] の 3まいの カードを ならべて 3けたの 数を つくります。といに 答《こた》えましょう。（1つ4点）

(1) いちばん 大きい 数は 何《なん》ですか。

□

(2) 2ばんめに 大きい 数は 何ですか。

□

(3) 400に いちばん 近《ちか》い 数は 何ですか。

□

時間 20分	とく点
合かく 35点	50点

上級レベル30 1000までの　数

1 □に　あてはまる　数《かず》を　書《か》きましょう。（1つ4点）

(1)

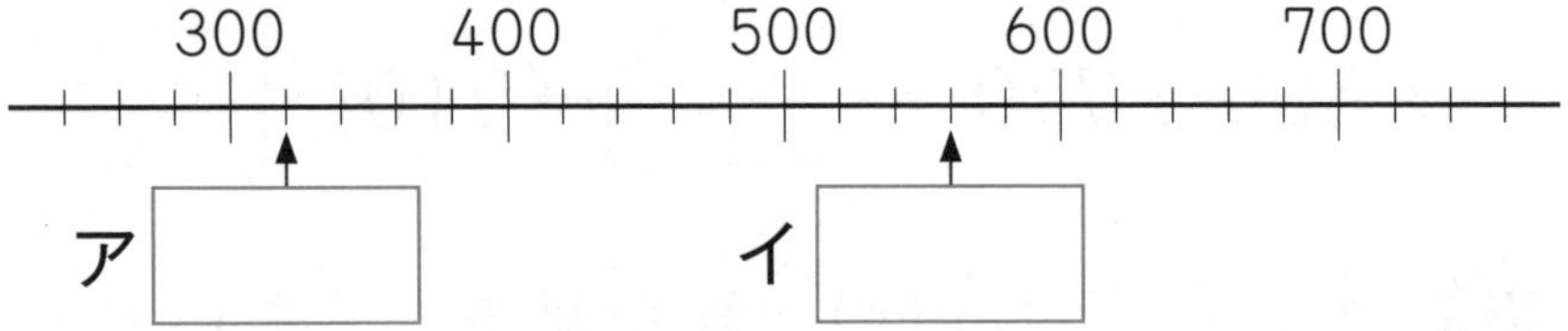

(2)

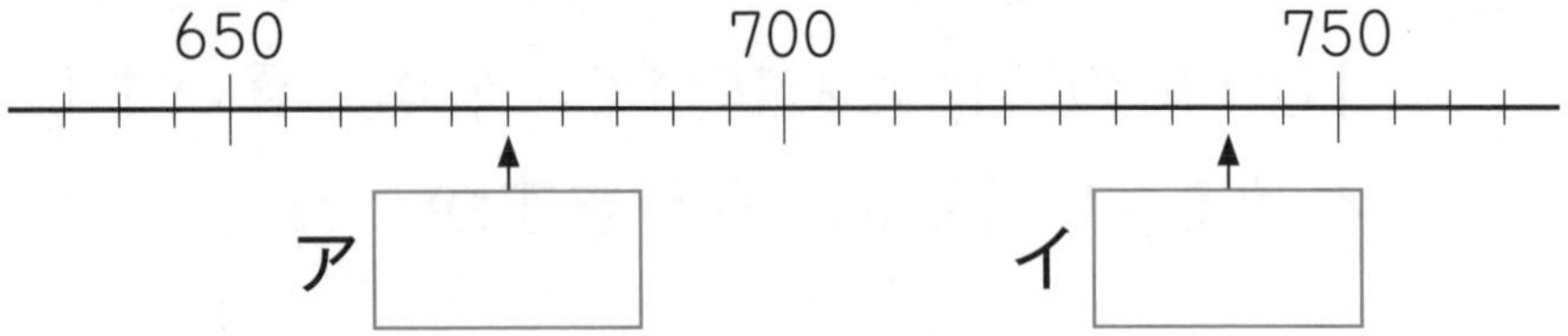

2 □に　あてはまる　数を　書きましょう。（1つ3点）

(1) 100を　2こと　10を　46こ　あわせた　数は □ です。

(2) 100を　3こと　10を　7こと　1を　32こ　あわせた　数は □ です。

3 大きい じゅんに 1，2，3を □に 書きましょう。（1つ4点）

(1) □879　□897　□908

(2) □四百五十六　□四百六十　□四百六

4 □に　あてはまる　数を　書きましょう。（1つ5点）

(1) □→981→□→975→972

(2) □→□→468→579→690

5 400より　7　小さい　数と　300より　7　大きい　数が　あります。2つの　数を　あわせると　いくつに　なりますか。（6点）

□

6 みなみさんの　ちょ金ばこには　100円玉が　4まいと　1円玉が　28まい，弟《おとうと》の　ちょ金ばこには　100円玉が　2まいと　10円玉が　24まい　入って　いました。といに　答《こた》えましょう。（1つ6点）

(1) どちらが　何円《なんえん》　多《おお》く　ちょ金して　いますか。

□

(2) みなみさんは　自分《じぶん》の　1円玉　20まいを　弟の　10円玉　2まいと　とりかえました。弟の　ちょ金ばこの　100円玉，10円玉，1円玉は　あわせて　何まいに　なりましたか。

□

1回 20回 40回 60回 80回 100回 120回 GOAL

シール

べん強した日
〔　月　日〕

標準レベル 31

算数㉛

10000までの　数

時間 20分	とく点
合かく 40点	50点

1 □に　あてはまる　数《かず》を　書《か》きましょう。（1つ3点）

(1) 10000は　1000を　□　こ　あつめた　数です。

(2) 1000を　3こと　100を　2こと　10を　6こと　1を　5こ　あわせた　数は　□　です。

(3) 1000を　8こと　10を　3こと　1を　7こ　あわせた　数は　□　です。

(4) 1000を　4こと　10を　9こ　あわせた　数は　□　です。

(5) 100を　26こ　あわせた　数は　□　です。

(6) 五千六十二を　数字《すうじ》で　書くと　□　です。

2 大きい　じゅんに　1, 2, 3を　□に　書きましょう。（1つ4点）

(1)
□ 4532
□ 5342
□ 5324

(2)
□ 9590
□ 9509
□ 9905

3 □に　あてはまる　数を　書きましょう。（1つ3点）

(1) 4500 → 5500 → □ → 7500 → □

(2) □ → 2800 → 3000 → □ → 3400

(3) 9920 → □ → 9880 → 9860 → □

4 1本　100円の　色《いろ》えんぴつ　8本と　1まい　10円の　画用紙《がようし》　7まいと　1つ　1000円の　がくぶちを　3つ　買《か》いました。**あわせて　いくらに　なりますか。**（5点）

□

5 3 5 7 9 の　4まいの　カードを　ならべて　4けたの　数を　つくります。**といに　答《こた》えましょう。**（1つ5点）

(1) いちばん　大きい　数は　何《なん》ですか。

□

(2) 2ばんめに　小さい　数は　何ですか。

□

算数

上級レベル32 10000までの 数

1 □に あてはまる 数《かず》を 書《か》きましょう。(1つ4点)

(1)

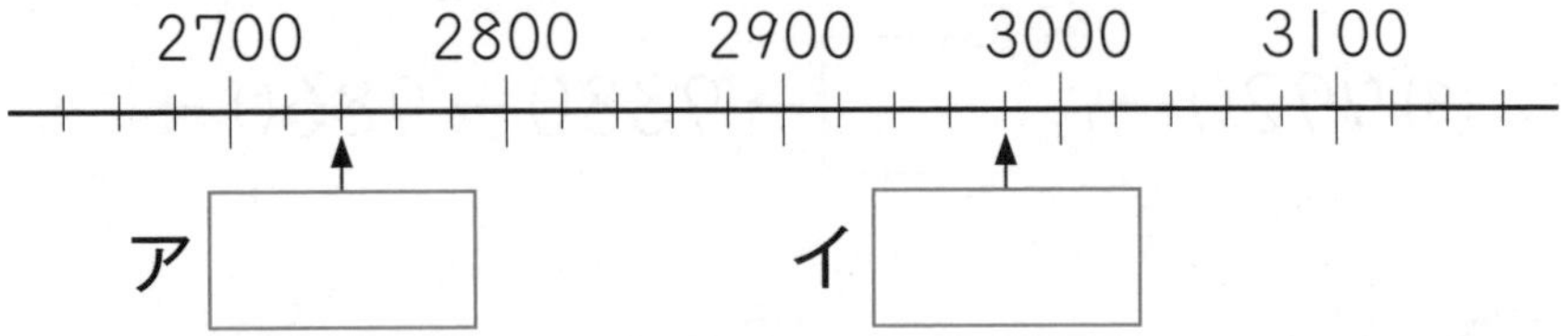

(2)

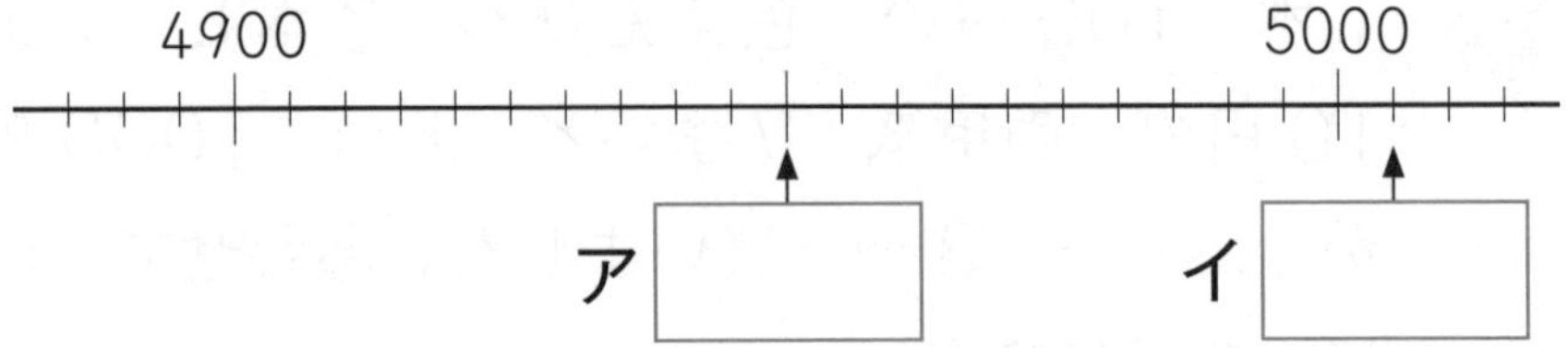

2 □に あてはまる 数を 書きましょう。(1つ3点)

(1) 100を □ こ あつめると 3000に なります。

(2) 1000を 2こと 100を 18こと 10を 46こ あわせると □ に なります。

(3) 五千二十八 ＋ 六百＝□

(4) 10×10×10×10−1＝□

(5) 7000より 7 小さい 数は □ です。

3 □に あてはまる 数を 書きましょう。(1つ3点)

(1) 1600→□→□→7300→9200

(2) 9999→8889→□→□→5559

(3) □→8775→8900→9025→□

4 計算《けいさん》を しましょう。(1つ3点)

(1) 2345＋1234

(2) 10000−11

(3) 600×5

(4) 3×4×500−(100×12−12)

5 ちょ金ばこを あけたら 1000円さつが 3まいと 100円玉が 27まいと 10円玉が 58まい 入って いました。ぜんぶで いくら 入って いましたか。(6点)

□

標準レベル 33 長さ(2)

時間 20分	とく点
合かく 40点	50点

1 図《ず》を 見て 長《なが》さを 答《こた》えましょう。(1つ3点)

(1) アから イまでの 長さ □cm

(2) アから エまでの 長さ □m□cm

(3) イから ウまでの 長さ □cm

(4) ウから エまでの 長さ □m□cm

2 □に あてはまる 数《かず》を 書《か》きましょう。(1つ2点)

(1) 1m=□cm (2) 700cm=□m

(3) 3m50cm=□cm

(4) 4m5cm=□cm

3 長い じゅんに 1, 2, 3 を □に 書きましょう。(1つ3点)

(1) □8m □90cm □30m

(2) □10m □98cm □9m5cm

(3) □77cm □7m7cm □107cm

4 長さの 計算《けいさん》を しましょう。(1つ3点)

(1) 2m+3m20cm=□m□cm

(2) 7m80cm−4m30cm=□m□cm

(3) 6m50cm+2m70cm=□m□cm

(4) 5m−1m40cm=□m□cm

(5) 4m×6=□m

5 家《いえ》から 小学校に 行《い》く とちゅうに しんごうが あります。家から しんごうまで 280m, しんごうから 小学校までは 470m です。家から小学校までは 何《なん》m ですか。(6点)

□

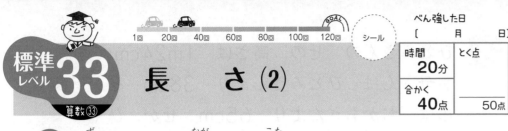

べん強した日 〔　　月　　日〕

時間 20分	とく点
合かく 35点	／50点

長　さ (2)

1 長《なが》さの　計算《けいさん》を　しましょう。（1つ3点）

(1) 3m60cm＋4m75cm＝□m□cm

(2) 6m30cm−80cm＝□m□cm

(3) 260cm＋1m50cm＝□m□cm

(4) 10m−265cm＝□m□cm

(5) 3m×4＝□cm

2 □に　あてはまる　数《かず》を　書《か》きましょう。（1つ4点）

(1) 10m−1cm＝□cm

(2) 2m70cm＋□m□cm＝7m5cm

(3) □cm−3m65cm＝1m85cm

3 長い　じゅんに　1，2，3を　□に　書きましょう。（4点）

□4m3cm　□43cm　□430cm

4 ひとみさんの　せの　高《たか》さは　1m24cmです。お母《かあ》さんは　ひとみさんより　38cm　せが　高く，弟《おとうと》は　おかあさんより　65cm　せが　ひくい　そうです。**といに　答《こた》えましょう。**（1つ4点）

(1) 弟の　せの　高さは　何《なん》cmですか。

□

(2) 3人の　せの　高さを　あわせると　何m何cmに　なりますか。

□

5 4mの　テープから　60cmの　テープを　3本　切《き》りとりました。**のこりは　何m何cmですか。**（5点）

□

6 けんじくんは　1分間《ぷんかん》に　60m　歩《ある》きます。家《いえ》から　えきに　行《い》くのに　8分　歩くと　「えきまで250m」という　かんばんが　ありました。**けんじくんの　家から　えきまで　何m　ありますか。**（6点）

□

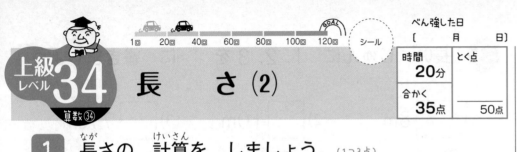

標準レベル 35　三角形と　四角形

時間	とく点
20分	
合かく 40点	50点

1 あてはまる　形《かたち》を　ぜんぶ　えらびましょう。（1つ5点）

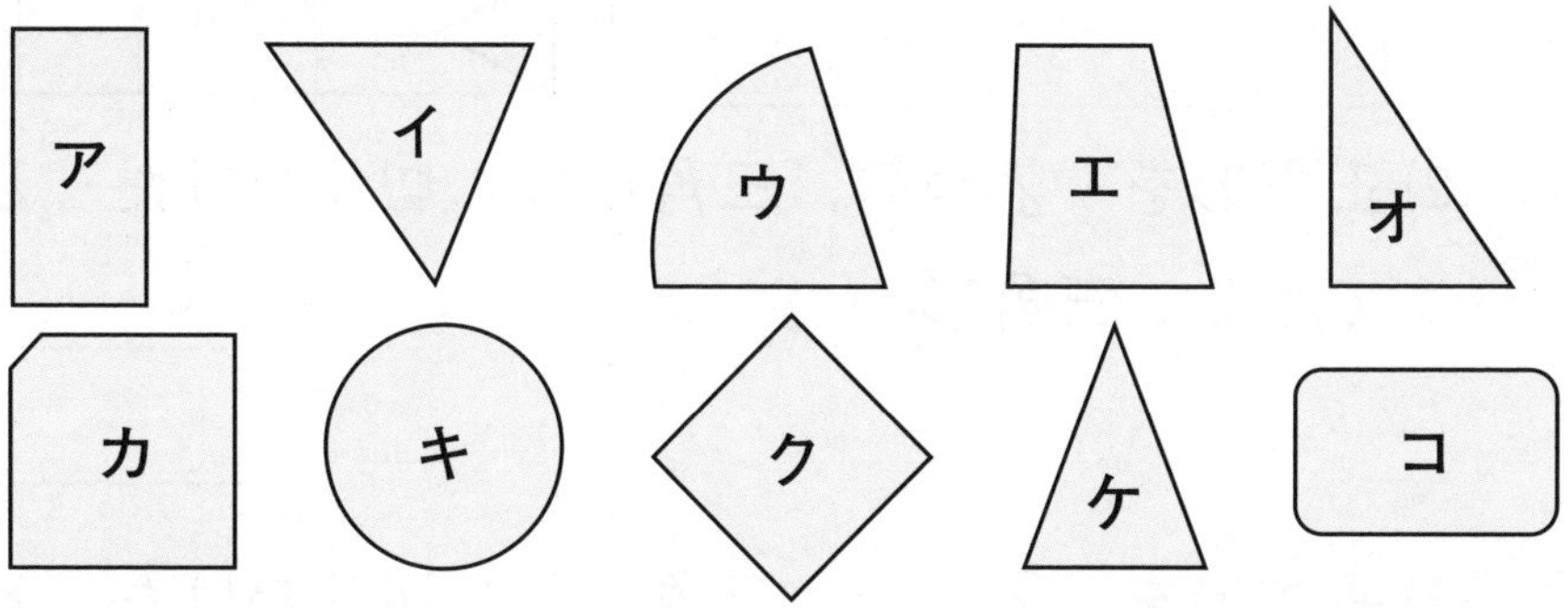

(1) 三角形《さんかくけい》　□

(2) 四角形《しかくけい》　□

2 □に　あてはまる　数《かず》を　書《か》きましょう。（1つ5点）

(1) 三角形には　へんが　□　本　あります。

(2) 四角形には　ちょう点《てん》が　□　こ　あります。

(3) 1つの　へんの　長《なが》さが　5cm の　正方形《せいほうけい》の，まわりの　長さは　□　cm　です。

3 三角形や　四角形を　2つに　切《き》りわけて　ばらばらに　おきました。といに　答《こた》えましょう。（1つ5点）

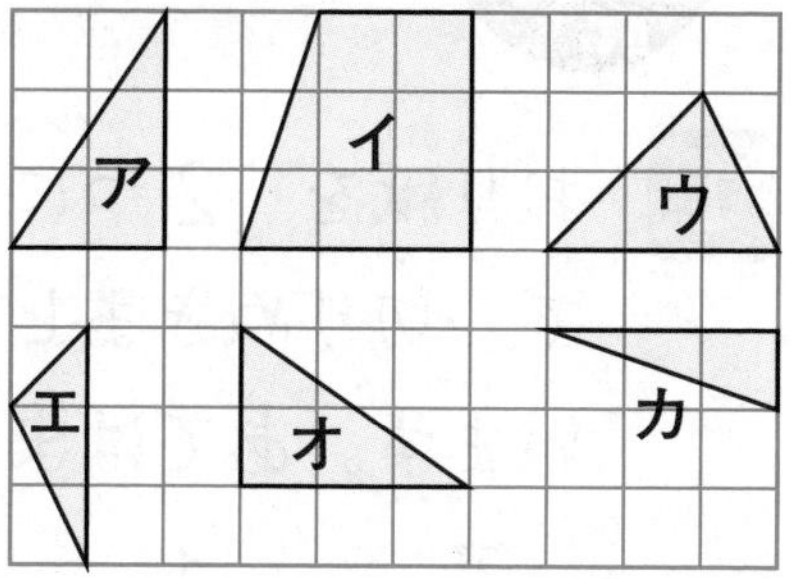

(1) 正方形《せいほうけい》を　2つに　切ると　□　と　□　に　なります。

(2) 長方形《ちょうほうけい》を　2つに　切ると　□　と　□　に　なります。

(3) 直角三角形《ちょっかくさんかくけい》を　2つに　切ると　□　と　□　に　なります。

4 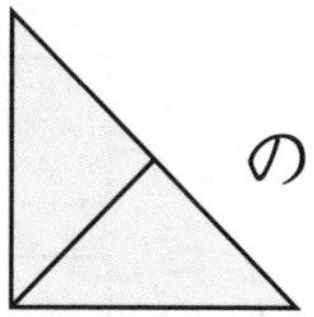 の 中には 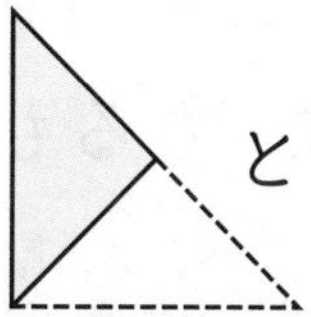 と 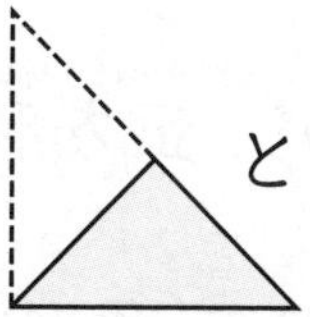 と 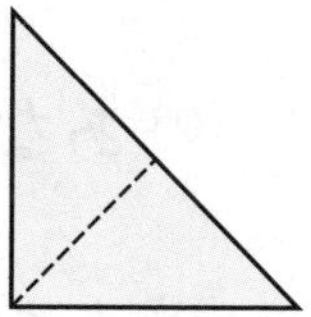 の　3つの　三角形が　あります。つぎの　図《ず》には　それぞれ　三角形が　何《なん》こ　ありますか。（1つ5点）

(1)

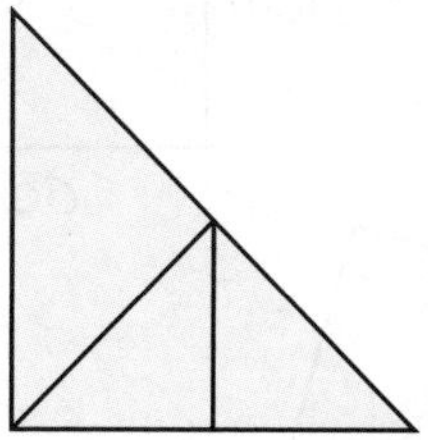

□

(2)

□

算数

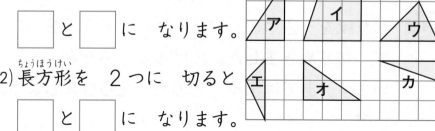

三角形と　四角形

べん強した日 〔　　月　　日〕

時間 20分	とく点
合かく 35点	50点

1 おり紙《がみ》を　2つに　おり，黒《くろ》い　ところを　はさみで　切《き》りぬきました。広《ひろ》げると　あなが　あいています。**あてはまる　ものを　えらびましょう。**（1つ5点）

ア　イ　ウ　エ　オ

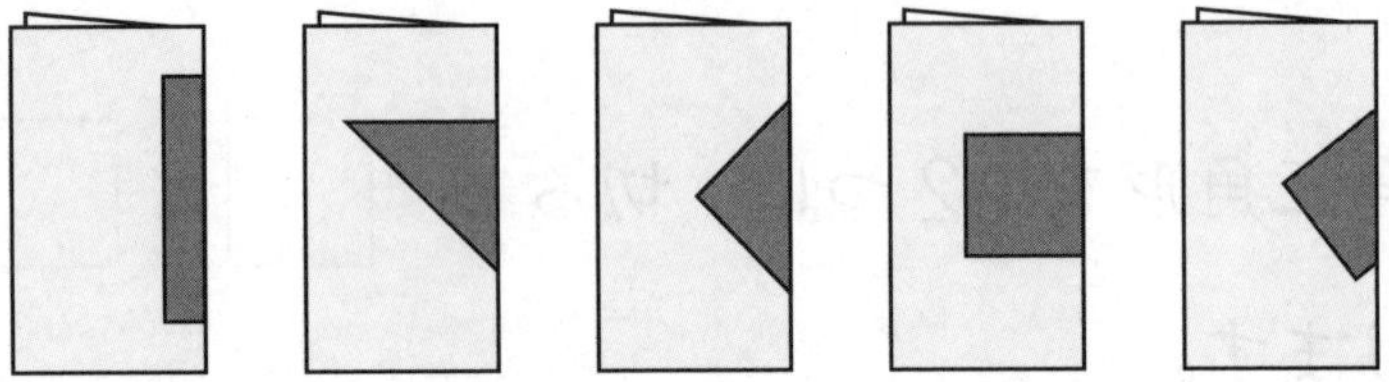

(1) あなが　三角形《さんかくけい》に　なるもの

(2) あなが　正方形《せいほうけい》に　なるもの

(3) あなが　三角形でも　四角形《しかくけい》でも　ないもの

2 右の　図《ず》の　直角三角形《ちょっかくさんかくけい》を　2つ　ぴったり　くっつけた　形《かたち》の　まわりの　長《なが》さは　何《なん》cm　ですか。（1つ4点）

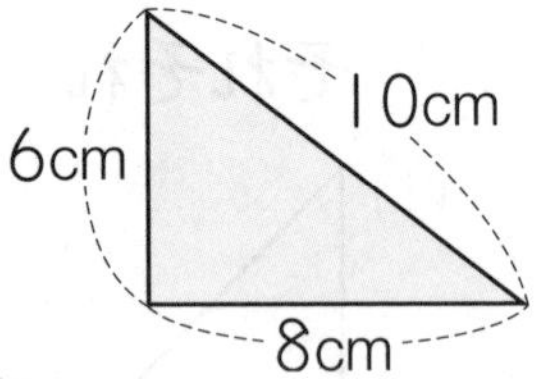

(1)

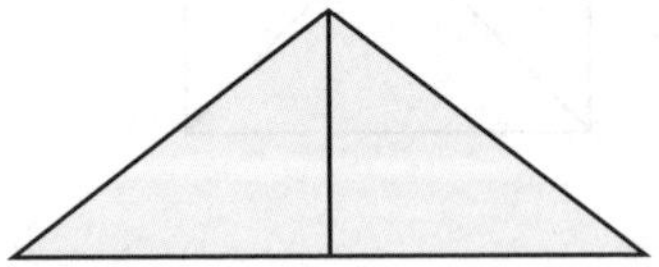

(2)

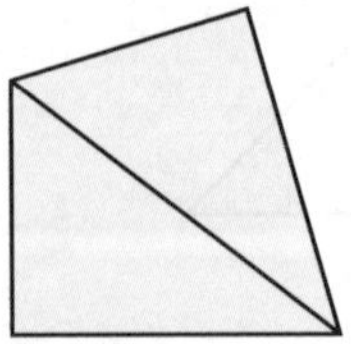

3 あてはまる　形を　ぜんぶ　えらびましょう。（1つ5点）

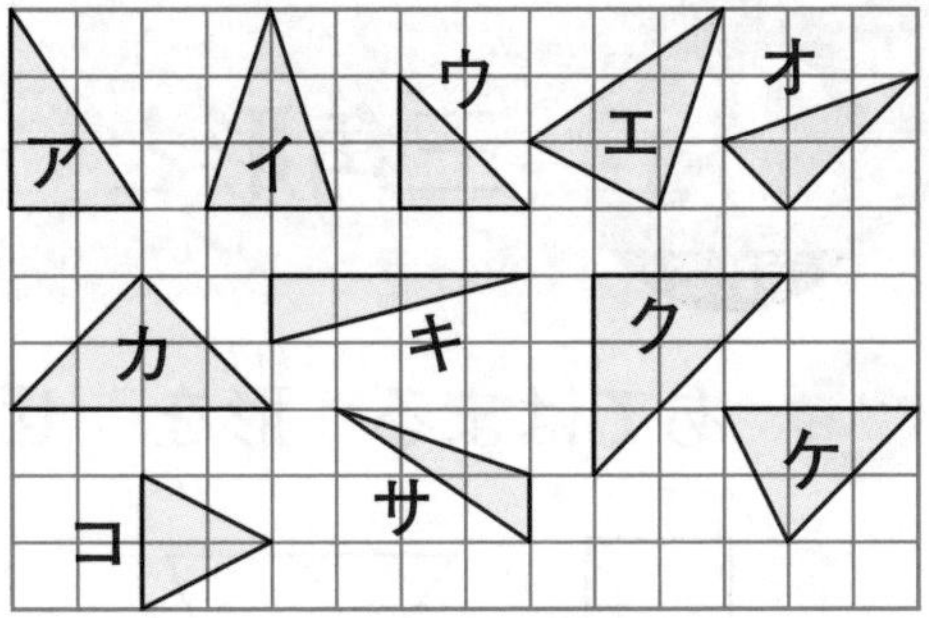

(1) 直角三角形

(2) 正方形を　2つの　三角形に　切りわけた　ときに　できる　三角形

(3) 長方形《ちょうほうけい》を　2つの　三角形に　切りわけた　ときに　できる　三角形

4 右の　図の　中に　いろいろな　大きさの　三角形が　あります。**つぎの　大きさの　三角形は　何こ　ありますか。**（1つ6点）

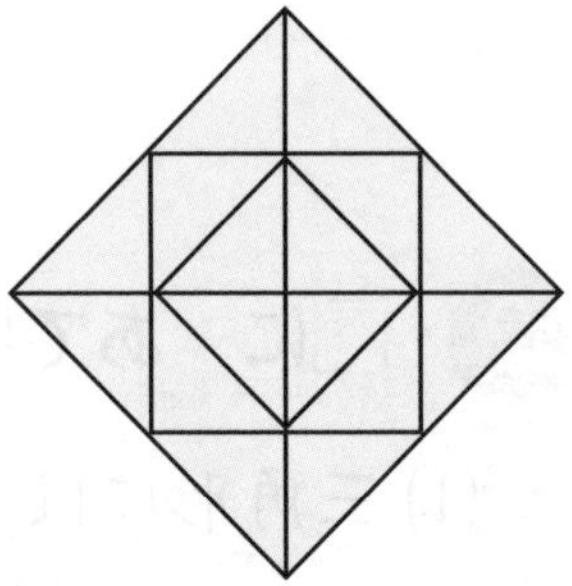

(1) 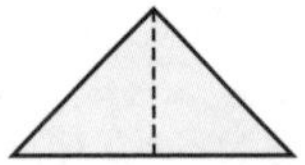 と　同《おな》じ　大きさ

(2) 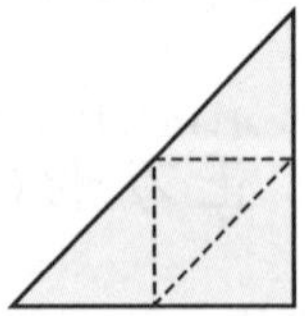 と　同じ大きさ

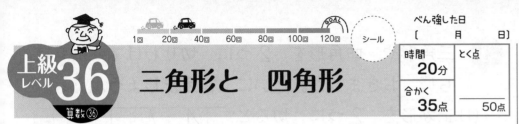

1回 20回 40回 60回 80回 100回 120回 GOAL

シール

べん強した日
〔　　月　　日〕

標準レベル 37 長方形と　正方形, 分数

算数㊲

時間 20分	とく点
合かく 40点	50点

1 長方形《ちょうほうけい》と　正方形《せいほうけい》を　えらびましょう。（1つ3点）

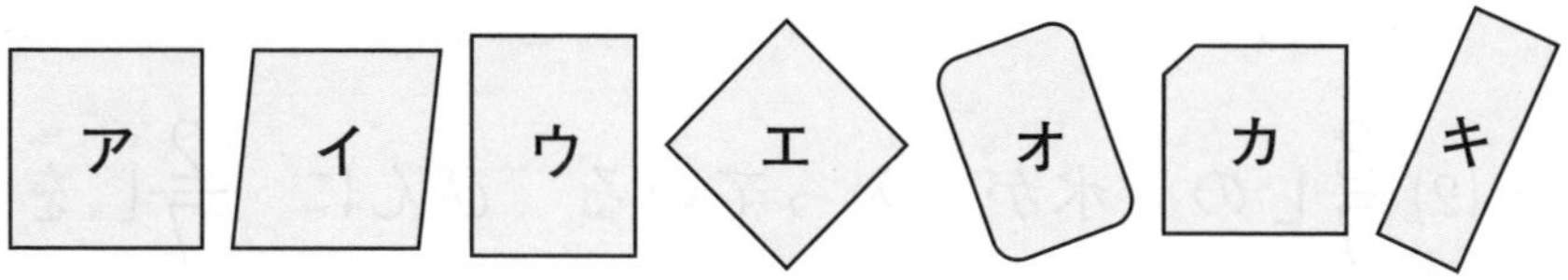

(1) 長方形　　(2) 正方形

2 青い ところは ぜんたいの 何分《なんぶん》の 1 ですか。（1つ3点）

(1)
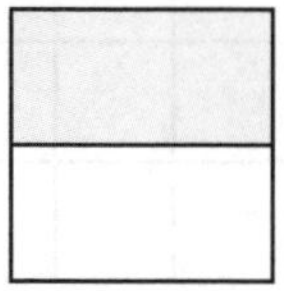
(2)
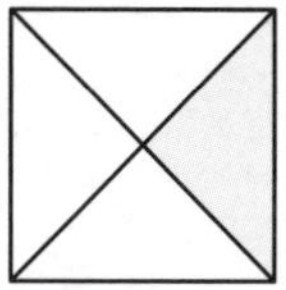
(3)
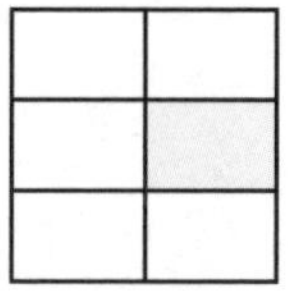

3 青い ところは ぜんたいの 何分の何ですか。（1つ3点）

(1)
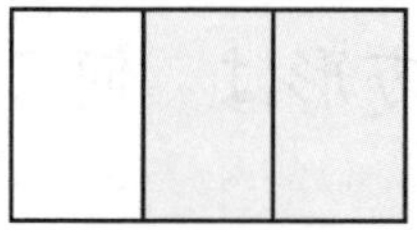
(2)
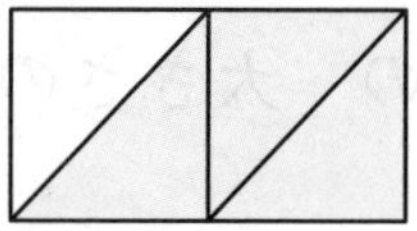
(3)
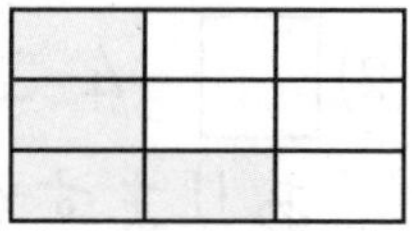

4 □に　あてはまる　分数《ぶんすう》を　書《か》きましょう。（1つ3点）

(1) $\frac{3}{5}$と　$\frac{4}{5}$では　□　が　大きい。

(2) $\frac{1}{3}$と　$\frac{1}{4}$では　□　が　大きい。

(3) $\frac{1}{9}$を　5こ　あつめると　□　に　なります。

(4) □　を　4こ　あつめると　1に　なります。

5 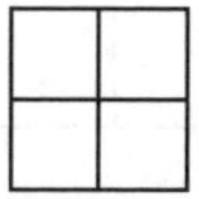には　が　4こ，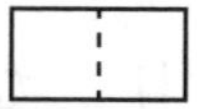が　4こ，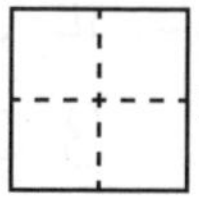が　1こ　あります。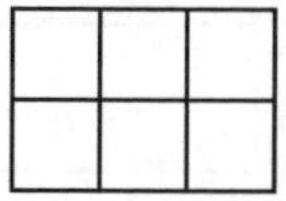の　中に　つぎの　四角《しかく》形《けい》は　何こ　ありますか。（1つ2点）

(1) …

(2) 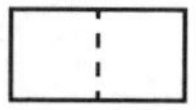…

(3) 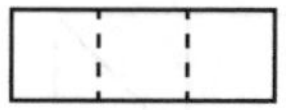…

(4) 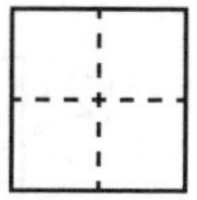…

(5) 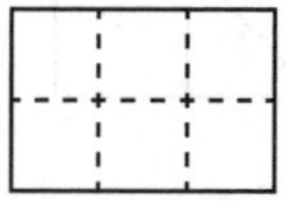…

(6) 正方形…

(7) 長方形…

算数

上級レベル 38 算数㊳

長方形と　正方形，分数

シール

べん強した日〔　月　日〕

時間 20分	とく点
合かく 35点	50点

1 □に あてはまる 数《かず》や 分数《ぶんすう》を 書《か》きましょう。（1つ4点）

(1) たて　8cm，よこ　15cm の　長方形《ちょうほうけい》の　まわりの　長《なが》さは □ cm です。

(2) 1 つの　へんの長さが □ cm の　正方形《せいほうけい》の　まわりの　長さは　28cm です。

(3) 正方形を　図《ず》の　ように　3 こ　ぴったり　ならべました。

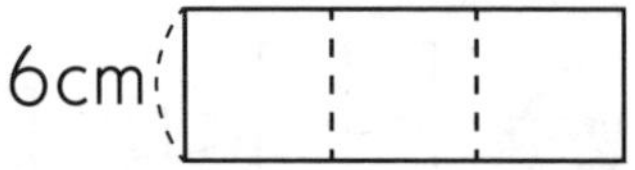

まわりの　長さは □ cm です。

(4) $\frac{1}{2}$ と　$\frac{1}{5}$ では □ が　大きい。

2 青い ところは ぜんたいの 何分《なんぶん》の何 ですか。（1つ4点）

(1)

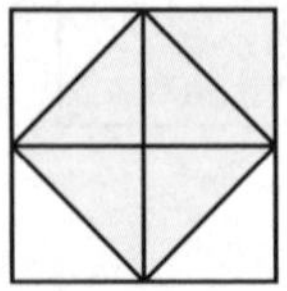

□

(2)

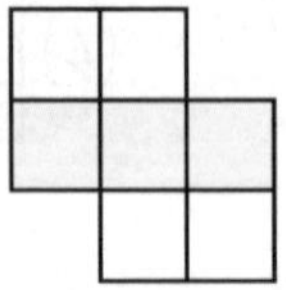

□

(3)

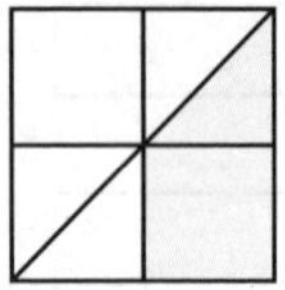

□

3 □に　あてはまる　分数を　書きましょう。（1つ5点）

(1) $\frac{8}{9}$m の　ひもから　$\frac{1}{9}$m　切《き》りとると　のこりは □ m

(2) $\frac{3}{7}$L の　水が　入っている　びんに　$\frac{2}{7}$L を　つぎたすと □ L

4 右の　図《ず》は　小さな　正方形を　ならべた　ものです。といに 答《こた》えましょう。（1つ6点）

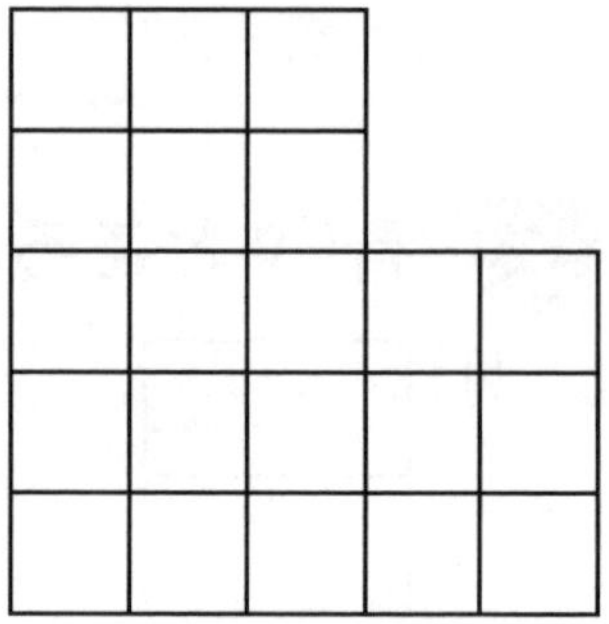

(1) 図の　中に

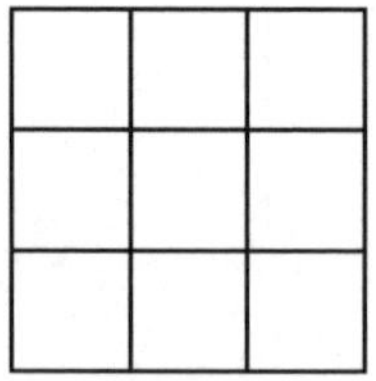

は　何こ　ありますか。

□

(2) □　4 こぶんの　大きさの　長方形は　何こ　ありますか。

□

時間	とく点
20分	
合かく 40点	50点

標準レベル 39 はこの 形

1 □に 数《かず》を 書《か》きましょう。(1つ3点)

(1) 面《めん》は □ こ あります。

(2) へんは □ 本 あります。

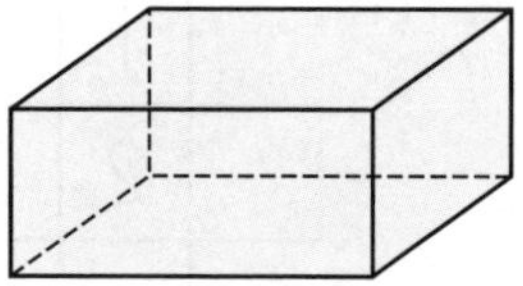

2 くみたてると はこの 形《かたち》に なる 図《ず》が 2つ あります。**どれと どれですか。**(8点)

ア

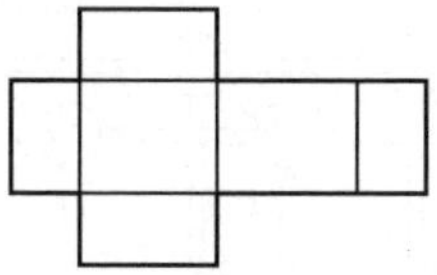

イ

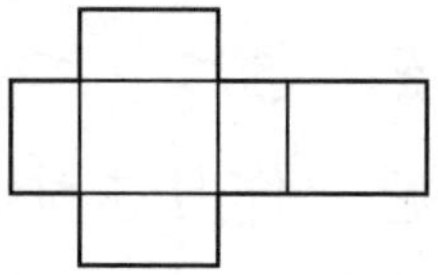

ウ

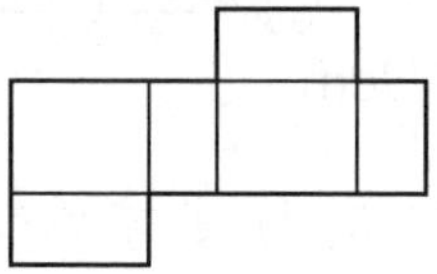

エ

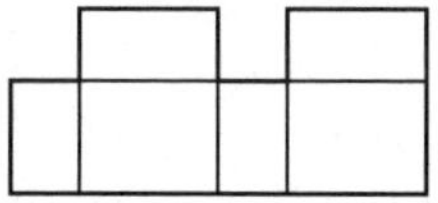

3 くみたてた とき，青い 面と むかいあう 面は どれですか。(1つ4点)

(1)

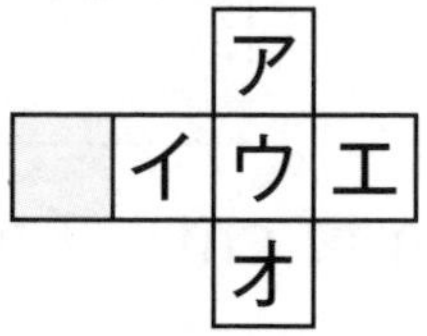

(2)

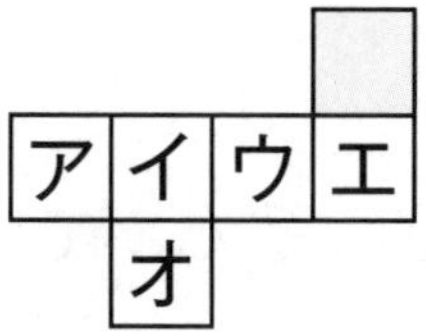

(3)

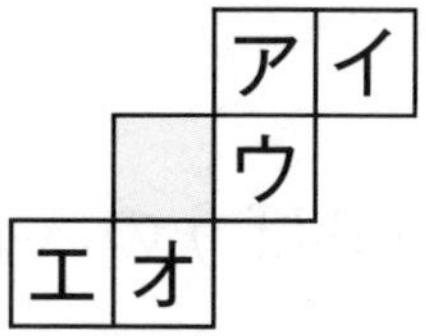

4 さいころの 形の つみ木を つみました。**何《なん》この つみ木を つかって いますか。**(1つ4点)

(1)

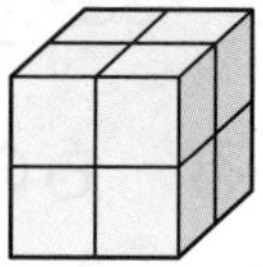

(2)

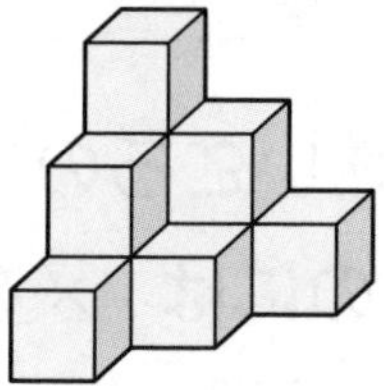

(3)

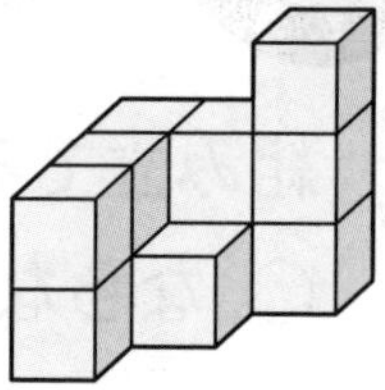

5 ねん土の 玉と 4cm の ぼうと 7cm の ぼうを つかって，右の 図のような 形を 作《つく》りました。**といに 答《こた》えましょう。**(1つ4点)

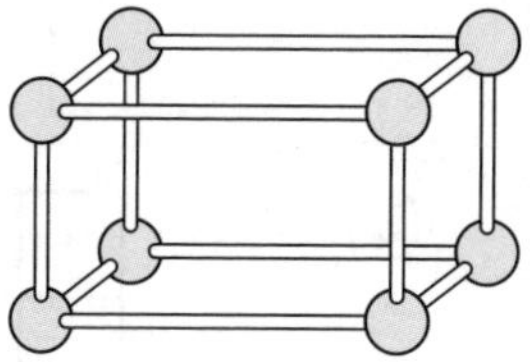

(1) 4cm の ぼうを 何本 つかいましたか。

(2) ぼうを つないだ 形の うち，長方形《ちょうほうけい》は 何こ ありますか。

(3) ぼうの 長《なが》さを ぜんぶ あわせると 何 cm に なりますか。

算数

はこの 形

時間 20分	とく点
合かく 35点	50点

1 組《く》み立てると さいころの 形《かたち》に なる ものには ○，ならない ものには ×を つけましょう。（1つ3点）

(1)
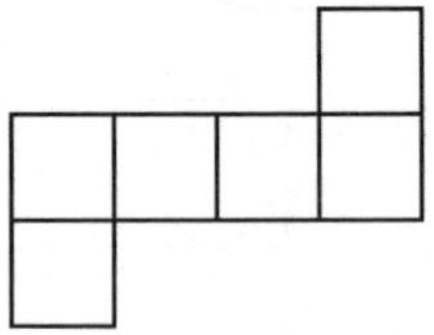
□

(2)
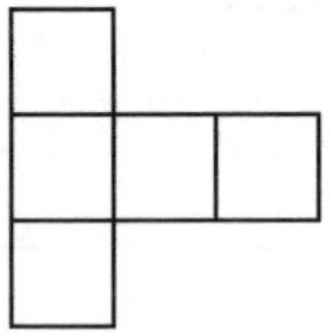
□

(3)
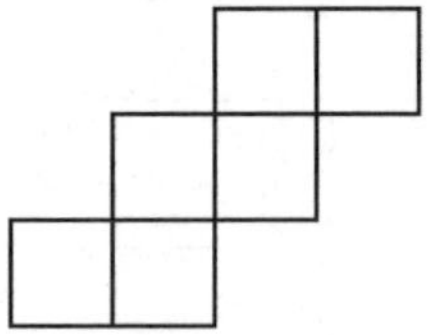
□

(4)
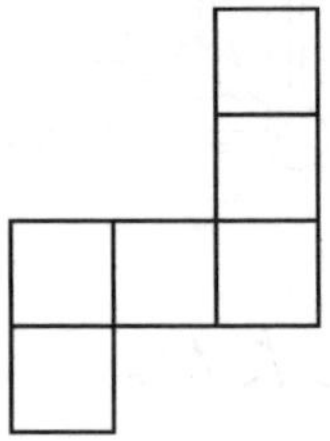
□

(5)
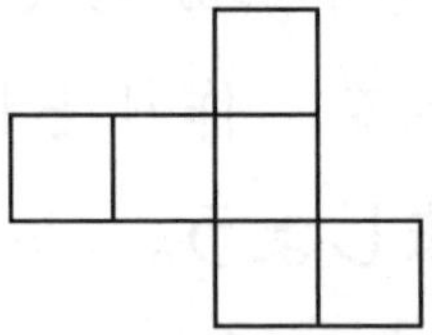
□

(6)
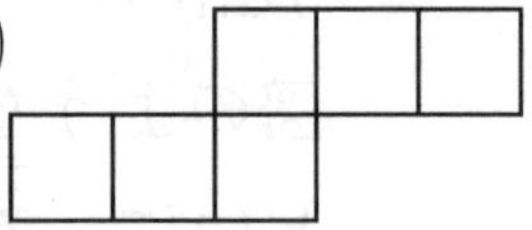
□

2 図《ず》の ような はこの 形が あります。へんの 長《なが》さを ぜんぶ あわせると，何《なん》cm に なりますか。（5点）

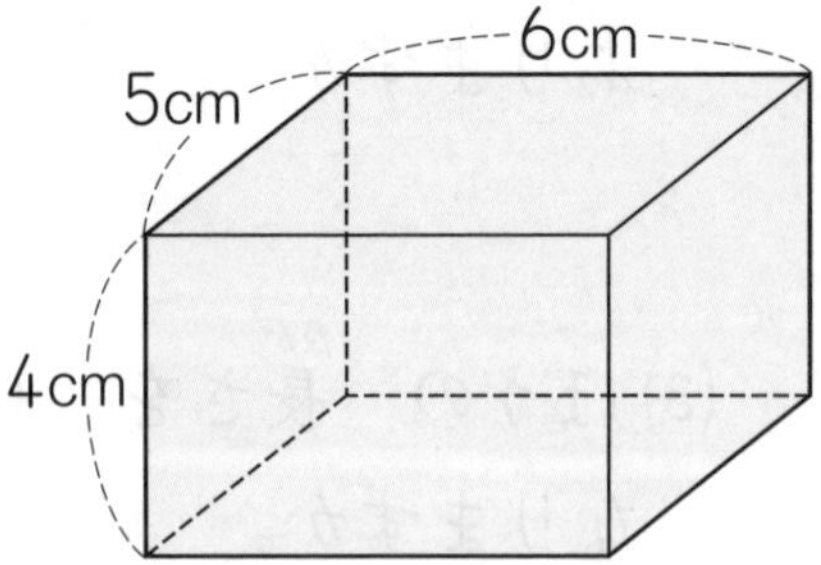

□

3 さいころは 1の 面《めん》の むかいが 6，2の 面の むかいが 5，3の 面の むかいが 4に なって います。数字《すうじ》が 書《か》いて いない 面に，あてはまる 数《かず》を 書きましょう。（1つ4点）

(1)
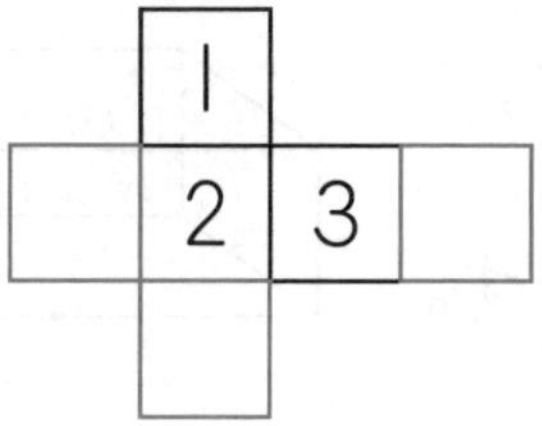

(2)
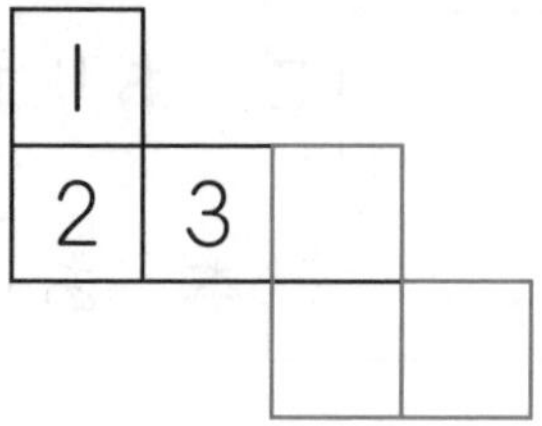

(3)
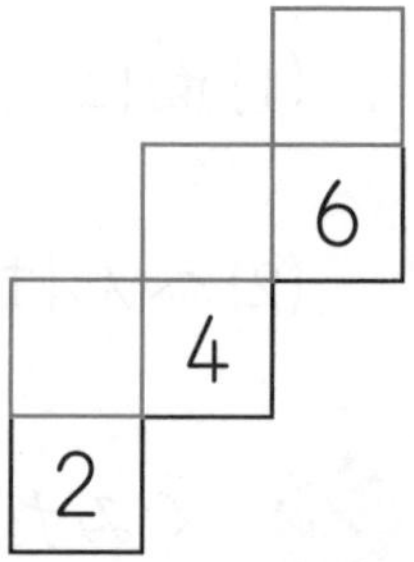

4 ねん土玉と 10cmの ぼうを つないで，さいころの 形を 3つ つなげた 形を 作《つく》ります。といに 答《こた》えましょう。（1つ5点）

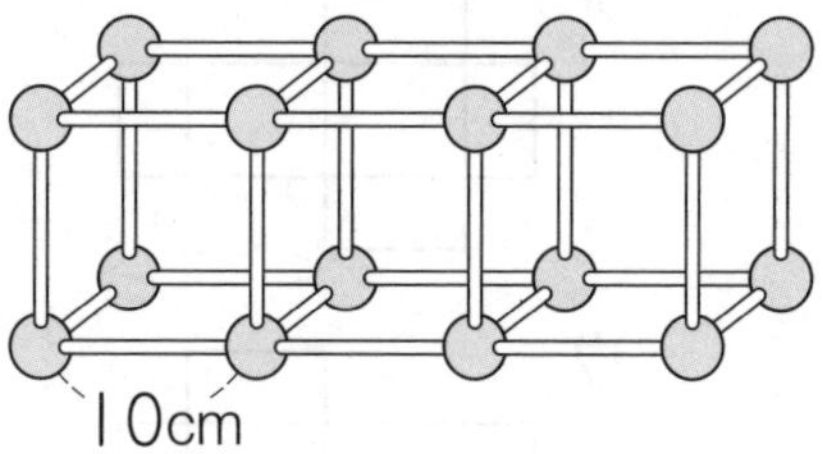

(1) ねん土玉は ぜんぶで 何こ ありますか。

□

(2) 10cmの ぼうは ぜんぶで 何本 ありますか。

□

(3) ぼうの 長さは ぜんぶで 何m何cm ですか。

□

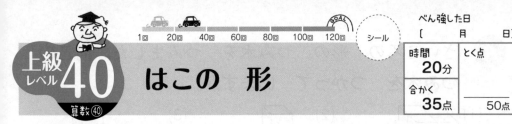

時間 20分	とく点
合かく 40点	50点

標準レベル 41 もんだいの 考え方 (1)★

★印は，発展的な問題が入っていることを示しています。

1 6が 2つで 12なので，12を 2つに 分けると 6に なります。これを，12÷2=6 という しきで 書《か》きます。□に あてはまる 数《かず》を 書きましょう。（1つ2点）

(1) 4×2=8 なので 8÷2=□ です。

(2) 9×2=18 なので 18÷2=□ です。

(3) 6×3=18 なので 18÷3=□ です。

(4) 7×5=35 なので 35÷5=□ です。

(5) 8×6=48 なので 48÷6=□ です。

2 つぎの わり算《ざん》を しましょう。（1つ2点）

(1) 6÷2　　(2) 16÷2

(3) 12÷3　　(4) 27÷3

(5) 24÷4　　(6) 32÷4

(7) 30÷5　　(8) 56÷8

3 としくんと 弟《おとうと》の もって いる えんぴつは あわせて 19本で，としくんは 弟より 3本 多《おお》く もって います。といに 答《こた》えましょう。（1つ5点）

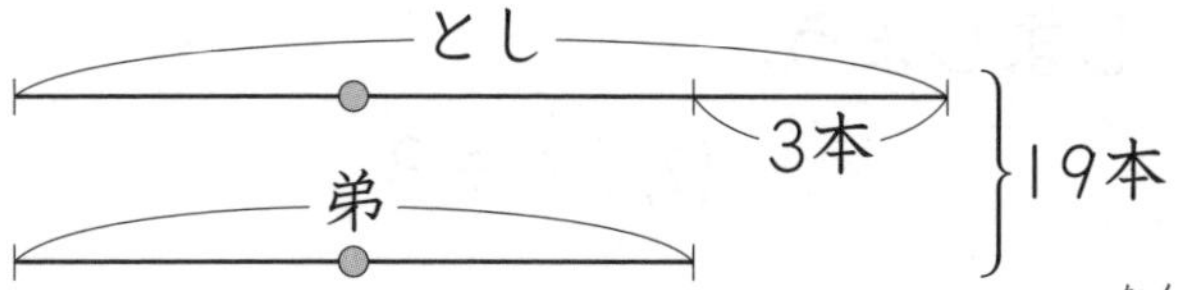

(1) 弟の えんぴつの 2つぶんは 何本《なんぼん》ですか。

□

(2) としくんは 何本 えんぴつを もって いますか。

□

4 ななさんと 妹《いもうと》の もって いる 本を あわせると 27さつで，ななさんは 妹の 2ばい 本を もって います。といに 答えましょう。（1つ7点）

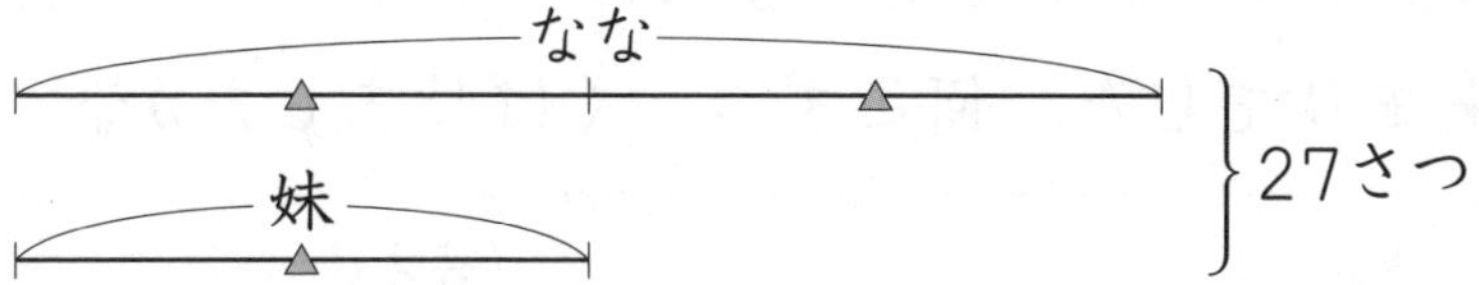

(1) 妹の 本の 何ばいが 27さつですか。

□

(2) ななさんは 何さつ 本を もって いますか。

□

シール

べん強した日
〔　　月　　日〕

時間 20分	とく点
合かく 35点	50点

上級レベル 42　もんだいの 考え方 (1)★

算数42

1 わり算《ざん》を　しましょう。(1つ2点)

(1) 14÷2　　(2) 24÷3

(3) 28÷4　　(4) 45÷5

(5) 120÷2　　(6) 180÷6

(7) 300÷6　　(8) 2400÷4

2 しきと　答《こた》えを　書《か》きましょう。(1つ5点)

(1) 36 この　みかんを　4 人で　同《おな》じ　数《かず》ずつ　わけました。1 人ぶんは　何《なん》こ　ですか。

(しき)　　(答え)

(2) 50 この　おかしを　8 人に　くばったら　2 こ　あまりました。何こずつ　くばりましたか。

(しき)　　(答え)

(3) 2m の　テープから　同じ　長《なが》さの　テープを　3 本　切《き》りとると，まだ　20cm　のこって　います。切りとった　テープ　1 本の　長さは　何 cm ですか。

(しき)　　(答え)

3 せいやくんと　弟《おとうと》は　あわせて　150 まいの　カードを　もって　います。せいやくんは　弟より　30 まい　多《おお》く　もって　います。**せいやくんは　何まい　もって　いますか。**(5点)

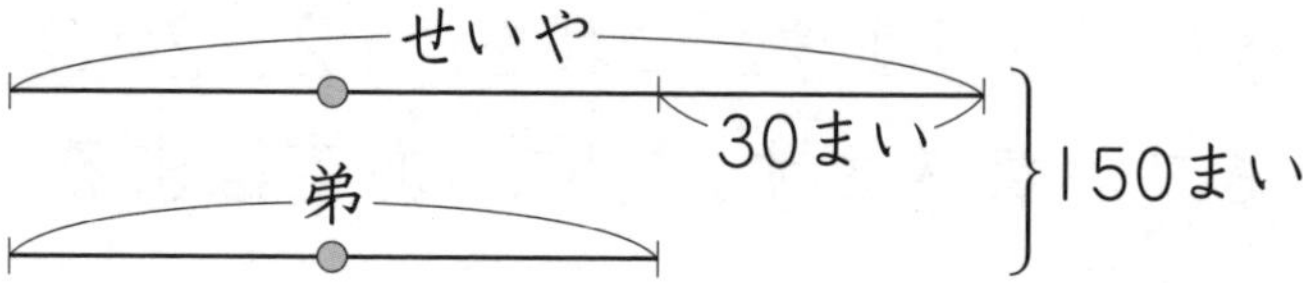

4 お店《みせ》で　売《う》れた　みかんと　りんごの　こ数《すう》は　あわせて　240 こで，みかんの　こ数は　りんごの　3 ばいでした。**みかんは　何こ　売れましたか。**(7点)

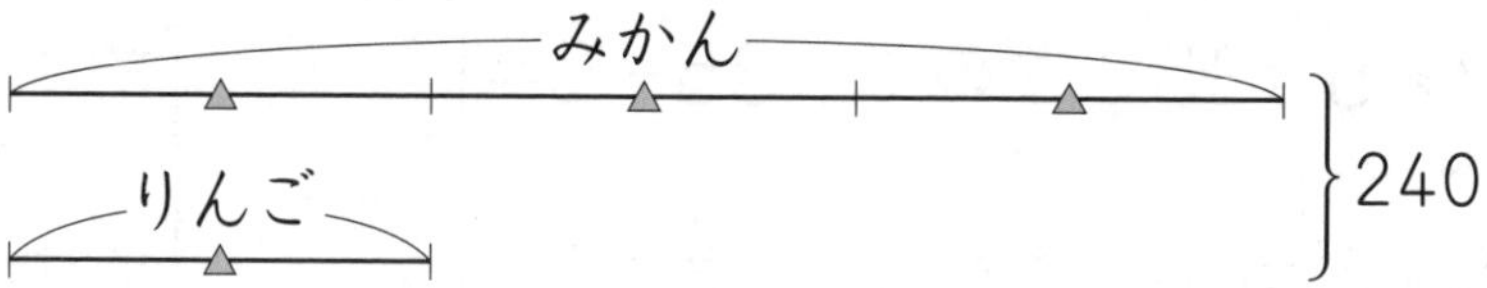

5 まわりの　長さが　48cm で，よこの　長さが　たての　長さの　2 ばいの　長方形《ちょうほうけい》が　あります。**よこの　長さは　何 cm ですか。**(7点)

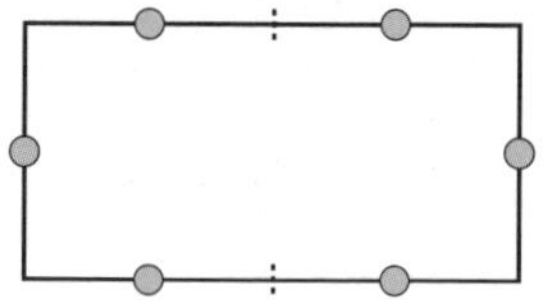

標準レベル 43 もんだいの 考え方 (2)★

時間	とく点
20分	
合かく 40点	50点

1 5人の　人が　2mおきに　立つと，となりの　人との　間《あいだ》は　5−1=4(つ)に　なります。はしから　はしまでは

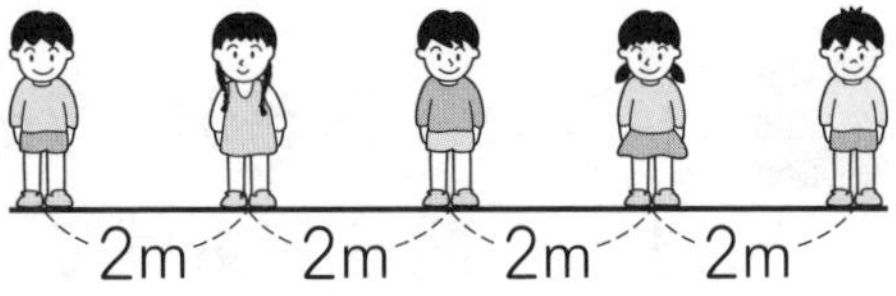

2m×4=8m です。

といに　答《こた》えましょう。

(1つ6点)

(1) 7人の 人が まっすぐ 1れつに 2mおきに 立つと，となりの 人との 間は いくつ できますか。

(2) (1)のとき，はしから　はしまで　何《なん》mですか。

(3) 10人が まっすぐ 1れつに 3mおきに 立つと，はしから はしまで 何mですか。

2 6本の　さくらの　木が　1れつに　8mおきに　立って　います。**はしから　はしまで　何m　はなれて　いますか。**(6点)

3 1本　10cmの　テープを　5まい　つなげるのに，のりしろ(2まいが　かさなる　ところ)を　2cmに　すると，のりしろは　5−1=4(つ)　できます。また　2cm×4=8cm　みじかく　なるので，つないだ　長《なが》さは　10cm×5−8cm=42cmに　なります。**といに　答えましょう。**(1つ6点)

(1) 1本 10cmの テープを 4まい つなげる とき，のりしろは いくつ できますか。

(2) (1)で のりしろを 2cmずつに すると，つないだ テープの 長さは 何cmに なりますか。

(3) のりしろを　3cmに　して　1本　20cmの　テープを　6まい　つなぐと　何cmに　なりますか。

4 まるい　池《いけ》の　まわりに　5本の　木が　4mおきに　立って　います。**池の　まわりの　長さは　何mですか。**(8点)

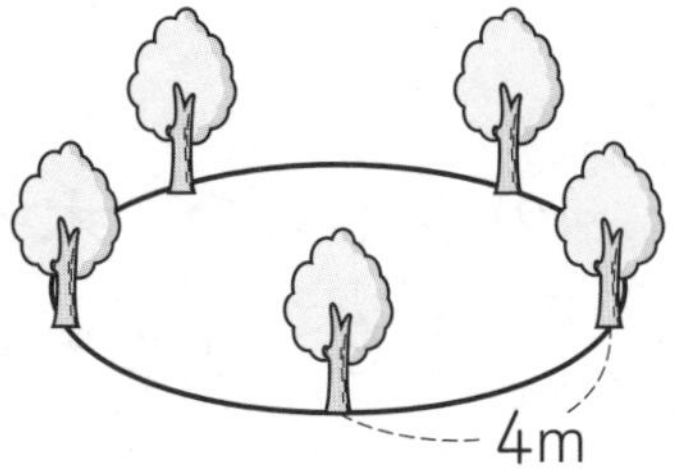

時間 20分	とく点
合かく 35点	50点

上級レベル 44 もんだいの 考え方 (2)★

算数㊹

1 5mおきに　8人の　人が　1れつに　立って　います。**といに　答《こた》えましょう。**（1つ6点）

(1) いちばん　前《まえ》から　いちばん　後《うし》ろまで　何《なん》m ありますか。

(2) 後ろの　2人が　いなく　なりました。れつの　長《なが》さは　何mに　なりましたか。

2 まっすぐな　道《みち》の　かたがわに，8mおきに　10本の　さくらの　木が　立って　います。**といに　答《こた》えましょう。**（1つ6点）

(1) さいしょの　木から　さいごの　木までは　何m ありますか。

(2) さくらの　木と　木の　間《あいだ》に　2本ずつ　もみじの　木を　うえます。もみじの　木は　何本　いりますか。

3 4mおきに　まっすぐ　1れつに　人が　ならぶと，れつの　長さは　36mに　なりました。**何人の　人が　ならんで　いますか。**（10点）

4 1台《だい》の　長さが　7mの　トラックが　4台，3mずつ　間を　あけて　1れつに　とまって　います。**といに　答えましょう。**（1つ8点）

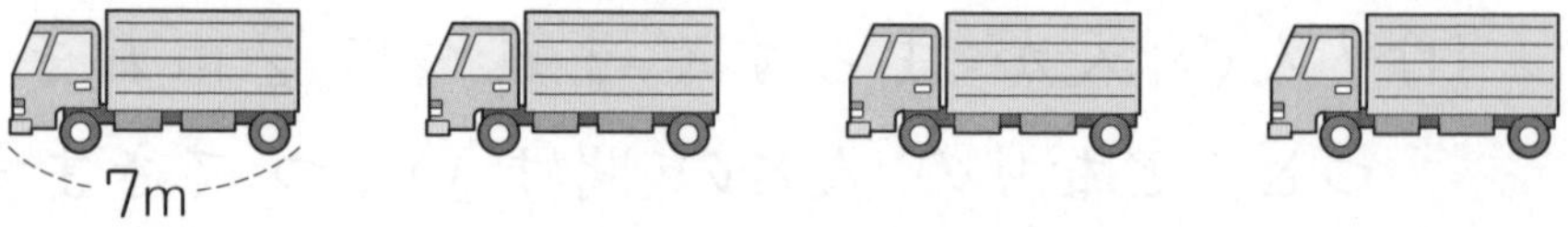

(1) 1台目の　トラックの　いちばん　前から，さいごの　トラックの　いちばん　後ろまで　何m ありますか。

(2) あとから　同《おな》じ　長さの　トラックが　3台　やって　きて，れつの　うしろに　3mずつの　間を　あけて　とまりました。れつの　長さは　何m 長くなりましたか。

45 最上級レベル 1

時間 20分	とく点
合かく 40点	50点

1 計算《けいさん》を　しましょう。（1つ3点）

(1) 357+753

(2) 484+367+33+16

(3) 1024−768

(4) 538+83−238+417

(5) 5×6×7−123

(6) 5683+2488−4794

2 □に　あてはまる　数《かず》を　書《か》きましょう。（1つ3点）

(1) 456+□=654

(2) □cm−2m5cm=117cm

(3) 7時間《じかん》35分《ふん》−□分=5時間45分

(4) 3L+□dL−4300mL=9dL

3 あゆさん，かなさん，ちかさんの　3人が　おはじきを　もって　います。かなさんが　あゆさんに　17こ　あげ，ちかさんが　かなさんに　13こ　あげると，いちばん　多《おお》く　もって　いるのは　だれで　何《なん》こ　ですか。（6点）

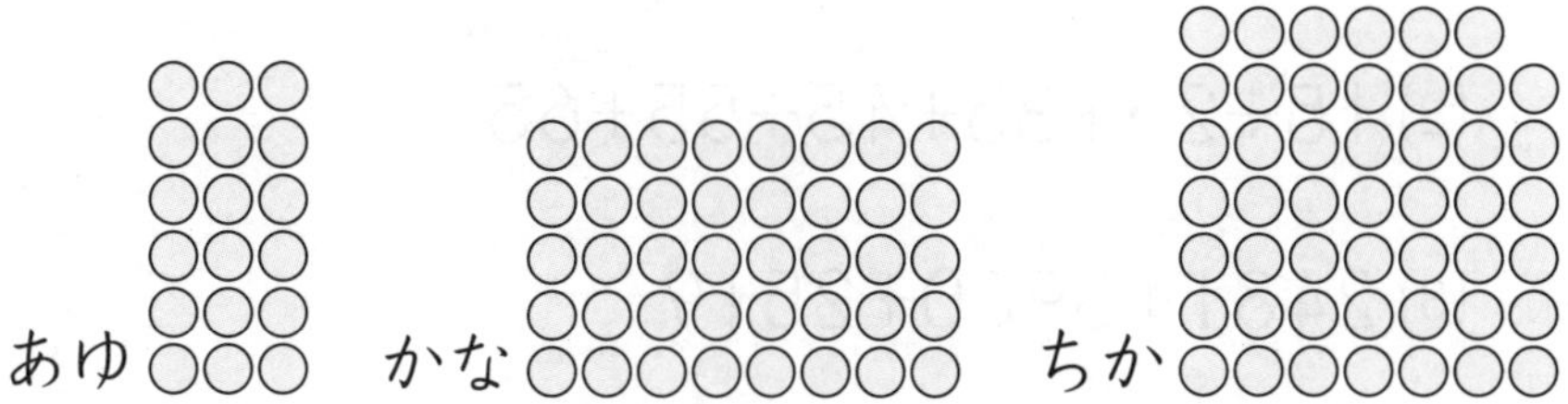

□

4 さいころは　むかいあう　めんの　目の　数を　たすと　7に　なって　います。

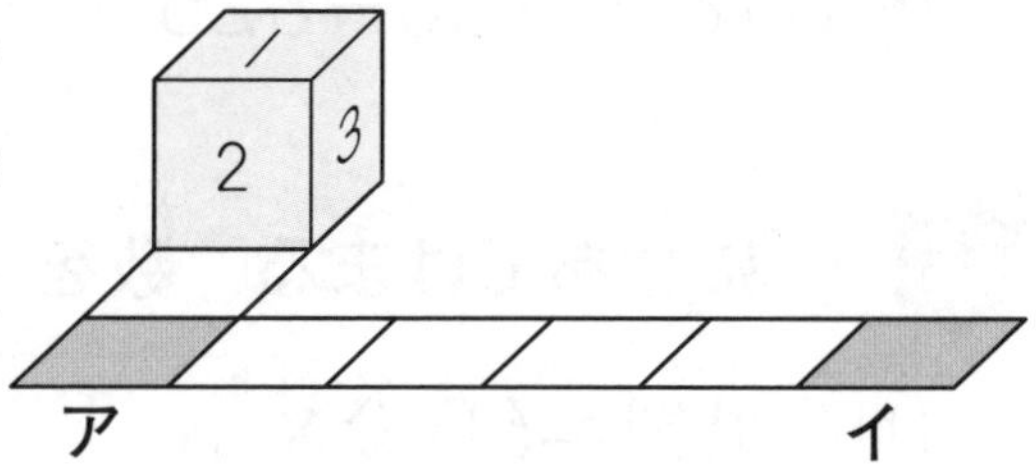

ます目に　さいころを　おき，すべらないように　ころがします。といに　答《こた》えましょう。（1つ7点）

(1) アまで　ころがした　とき，上に　なっている　目の　数は　何ですか。

□

(2) イまで　ころがした　とき，上に　なっている　目の　数は　何ですか。

□

時間	とく点
20分	
合かく	
40点	50点

46 最上級レベル ②

算数㊻

1 計算《けいさん》を　しましょう。（1つ3点）

(1) 4123－2345

(2) 15＋25＋35＋45＋55＋65

(3) 2481＋3960＋2519

(4) 400÷5×4

(5) 678＋7236－825

2 □に　あてはまる　数《かず》を　書《か》きましょう。（1つ4点）

(1) 9 時間《じかん》＝60 分《ぶん》×□＋6 時間

(2) 1000－(□＋140)＝200

(3) □m×3＝28m－1000cm

(4) 100 が □ こと　10 が　55 こで，2050 です。

(5) 25→36→□→61→75→90

3 たて，よこ，ななめの　どの　3つの　数を　たしても　同《おな》じ　数に　なるように　します。アに　入る　数は　何《なん》ですか。（5点）

〔れい〕

2	7	6
9	5	1
4	3	8

（たして 15）

61	72	17
		ア
	28	

□

4 1つの　へんの　長《なが》さが　3cm の　正方形《せいほうけい》を　10 こずつ　ならべました。といに　答《こた》えましょう。（1つ5点）

ア
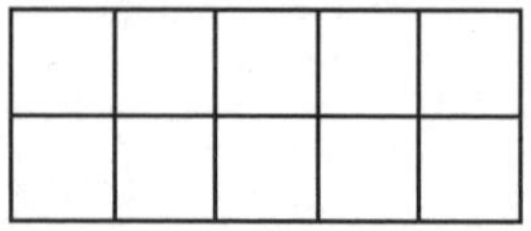

イ
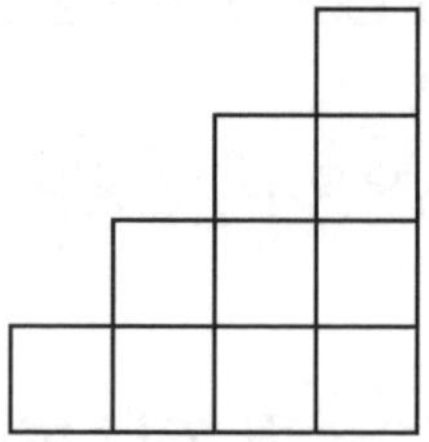

(1) アと　イの　まわりの　長さは　何 cm　ちがいますか。

□

(2) アの　中に 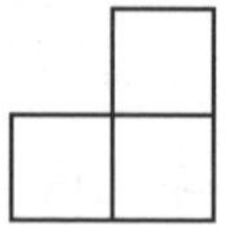 は　何こ　ありますか。
（むきが　ちがっても　かぞえます。）

□

時間 20分	とく点
合かく 40点	50点

47 最上級レベル 3

算数47

1 計算《けいさん》を しましょう。(1つ3点)

(1) 678+786+867

(2) 2861−275−725

(3) 1999+2999+3999

(4) 6×8×5−(300÷6+99)

2 はこの すみに，さいころの 形《かたち》を 図《ず》アの ように つみました。といに 答《こた》えましょう。(1つ4点)

ア　　イ

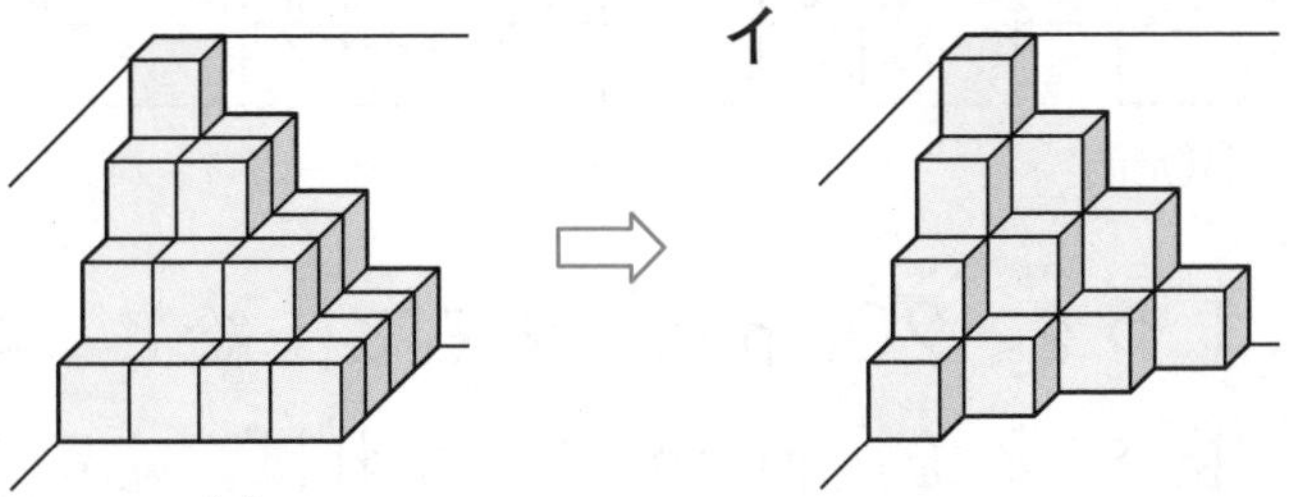

(1) アでは 何《なん》こ つんで いますか。

(2) 何こか とり出して イのように しました。何こ とり出しましたか。

3 □に あてはまる 数《かず》を 書《か》きましょう。(1つ4点)

(1) 524+386=□+473

(2) 60dL−2L□mL=3L80mL

(3) 9→16→□→36→49→64

4 1組《くみ》の 33人と 2組の 34人と 3組の 33人が，図のように 正《せい》方形《ほうけい》の 形に 同《おな》じ 間《かん》かくで ならびました。といに 答えましょう。(1つ6点)

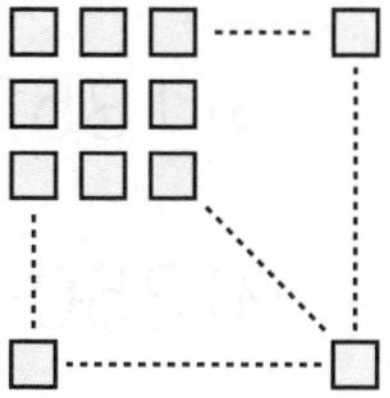

(1) 1れつに 何人が ならんで いますか。

(2) 2mおきに ならぶと，1れつの 長《なが》さは 何m ですか。

(3) いちばん 外《そと》がわの 人だけ のこって，ほかの 人は 帰《かえ》りました。何人 のこりましたか。

時間 20分	とく点
合かく 40点	50点

48 最上級レベル 4

算数㊽

1 計算《けいさん》を しましょう。(1つ3点)

(1) 473+819+658

(2) 3060−1274+4315

(3) 1357+(765−467)−357

(4) 350+325+300+275+250

(5) 60×4÷8−(60×2−91)

2 □に あてはまる 数《かず》を 書《か》きましょう。(1つ4点)

(1) □−512=1200−312

(2) $\frac{3}{4}$と $\frac{4}{5}$では □ が 大きい。

(3)

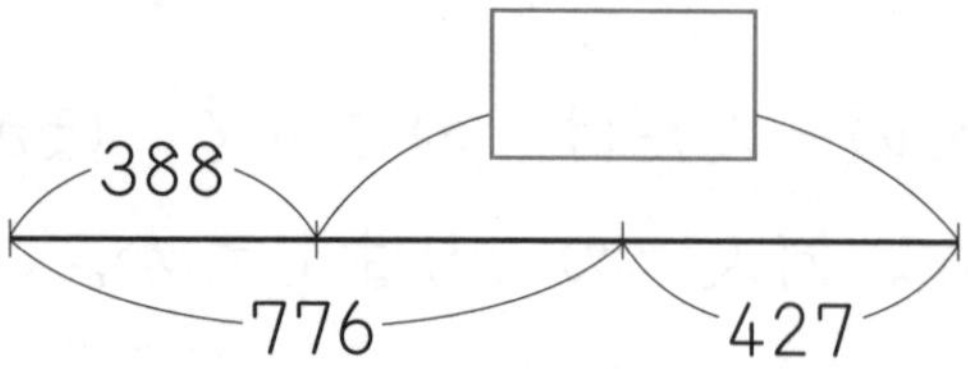

(4) たて 3cm5mm, よこ 4cm5mm の 長方形《ちょうほうけい》の

まわりの 長《なが》さは □ cm です。

3 9時《じ》35分《ふん》に 家《いえ》を 出て 公園《こうえん》まで 走《はし》り, すぐに 歩《ある》いて 家に もどると 10時15分でした。歩いた 時間《じかん》は 走っていた 時間の 4ばいです。**公園に ついたのは 9時何分ですか。**(5点)

□

4 はしから はしまで 2m70cm の けいじばんに, 1まいの よこの 長さが 30cm の 絵《え》を 6まい, 同《おな》じ 長さの 間《あいだ》(図《ず》の ←☆→)を あけて はります。はしの すきまの 長さ(図の ←○→)は どちらも 同じ 長さに します。**といに 答《こた》えましょう。**(1つ7点)

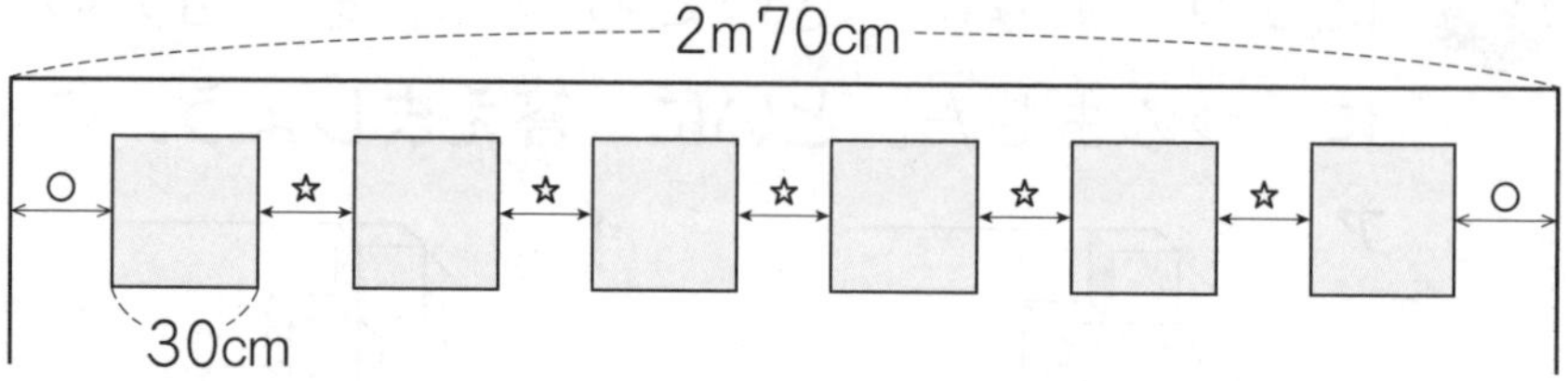

(1) ←○→ 1つを 20cm に すると, 絵と 絵の 間の 長さ ←☆→を 何 cm に すれば よいですか。

□

(2) ←☆→ 1つを 2cm に すると, ←○→ 1つの 長さを 何 cm に すれば よいですか。

□

時間 15分	とく点
合かく 35点	50点

標準レベル 49 町たんけん

生活①

1 町たんけんを　する　ときに，もって　いくと　よい　ものに　4つ　○を　つけましょう。（1つ5点）

(1) カメラ　（　　　）　(2) えんぴつ　（　　　）

(3) せかい地図《ちず》　（　　　）　(4) 虫めがね　（　　　）

(5) トランプ　（　　　）　(6) 水《すい》とう　（　　　）

2 町で　みられる，つぎの　絵《え》の　名まえを　書《か》きましょう。（1つ5点）

(1) 手紙《てがみ》や　はがきを　出すと　ゆうびんやさんが　とどけて　くれます。

（　　　　　）

(2) 電車《でんしゃ》が　来《く》ると　音が　鳴《な》って　ぼうが　下がり　道《みち》を　ふさぎます。

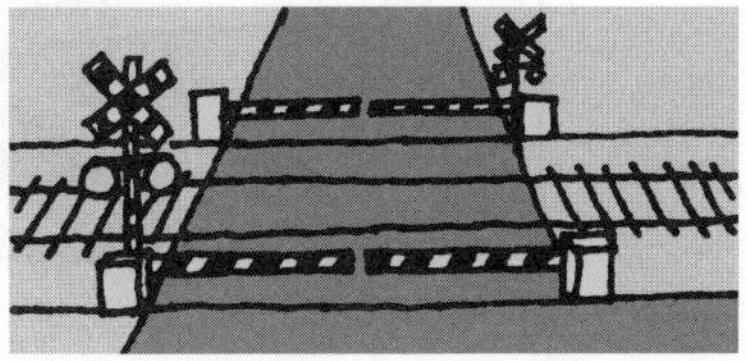

（　　　　　）

3 どの　場《ば》しょを　しょうかいして　いますか。あとから　1つずつ　えらんで，書きましょう。（1つ5点）

(1)

野《や》さいを　たくさん　売《う》って　いて，お店《みせ》の　人が　野さいに　ついて　教《おし》えて　くれたよ。

（　　　　　）

(2)

しょうぼう車が　たくさん　とまって　いたよ。しょうぼうしさんと　あく手《しゅ》を　したよ。

（　　　　　）

(3)

たなに　パンが　ならんで　いたよ。お店の　おくで　パンを　作《つく》って　いるのが　みえたよ。

（　　　　　）

(4)

しなものが　たくさん　ならんで　いたよ。おきゃくさんが　かごを　おして　いたよ。

（　　　　　）

スーパーマーケット	魚《さかな》や	やおや
しょうぼうしょ	花や	パンや

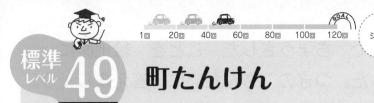

時間 15分	とく点
合かく 35点	50点

上級レベル 50 町たんけん

生活②

1 町たんけんを　する　ときに，気を　つけると　よい　ものに　○を，間《ま》ちがって　いる　ものに　×を　つけましょう。（1つ5点）

(1) ちょうさする　場《ば》しょを　先生に　教《おし》えて　もらう。
（　　　）

(2) しつもんする　ことを，先生に　考《かんが》えて　書《か》いて　もらう。
（　　　）

(3) お店《みせ》に　行《い》く　ときは，買《か》いものを　する　人の　じゃまに　ならない　ようにする。
（　　　）

(4) 気が　ついた　ことを，しゃしんに　とる。
（　　　）

(5) お店の　人の　話《はなし》を　わすれないように，メモを　とる。
（　　　）

(6) あとで　おれいの　手紙《てがみ》を　書くので，その日は，だまって　帰《かえ》る。
（　　　）

2 町たんけんで　ちょうさした　ことを　絵地図《えちず》に　まとめました。つぎの　もんだいに　答《こた》えましょう。絵地図の　中から　1つずつ　えらんで　書きましょう。（1つ5点）

(1) ようち園《えん》の　門《もん》の　ところに　あるものは　何《なん》ですか。
（　　　）

(2) 交番《こうばん》に　いる　おまわりさんの　名まえは　何ですか。
（　　　）

(3) ケーキやの　新《しん》しょうひんは　何ですか。
（　　　）

(4) うさぎ公園《こうえん》では　何《なに》が　さいて　いますか。
（　　　）

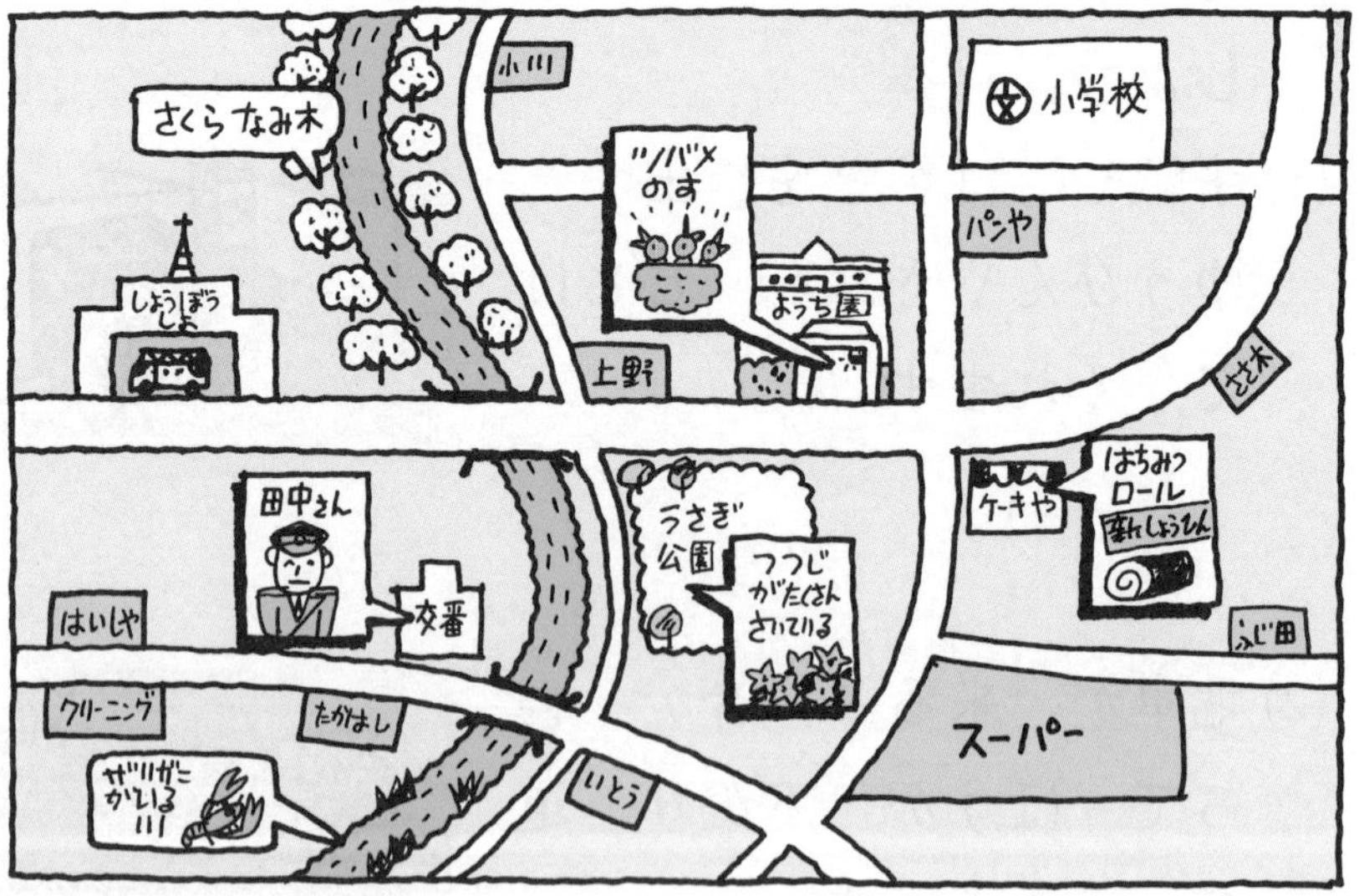

時間 15分	とく点
合かく 35点	50点

標準レベル 51 生活③

春を　みつけよう

1 つぎの　絵《え》を　みて，春《はる》に　みられる　ものに　○を，ほかの　きせつに　みられる　ものに　△を　つけましょう。（1つ5点）

(1) サクラの　花

（　　　）

(2) ヒマワリの　花

（　　　）

(3) いねかり

（　　　）

(4) 田うえ

（　　　）

2 春について　せつ明《めい》を　して　いる　文に　どちらか　1つ　○を　つけましょう。（1つ5点）

(1) 風《かぜ》が　だんだん　あたたかく　なる。（　　　）
風が　だんだん　つめたく　なる。（　　　）

(2) クリや　カキの　みが　おちて　いる。（　　　）
つくしが　生《は》えて　いる。（　　　）

(3) ヒマワリの　花が　さく。（　　　）
タンポポの　花が　さく。（　　　）

(4) モンシロチョウが　とんで　いる。（　　　）
セミが　鳴《な》いて　いる。（　　　）

3 新《あたら》しい　1年生に　学校の　あん内《ない》を　します。つぎの　もんだいに　答《こた》えましょう。（1つ5点）

(1) 音楽室《おんがくしつ》には　何《なに》が　あると　せつ明　しますか。書《か》きましょう。
（　　　　　　　　）

(2) ほけん室《しつ》は　どんな　ときに　行《い》くと　せつ明　しますか。書きましょう。
（　　　　　　　　）とき

生活

時間 15分	とく点
合かく 35点	50点

上級レベル 52 春を　みつけよう

生活④

1 春《はる》に　みられる　ものの　名まえを　あとから　えらんで，それぞれ　書《か》きましょう。（1つ5点）

(1) 大きな　木に　ピンク色《いろ》の花が　さきます。

（　　　　　　）

(2) 子どもの　日などに　よく食《た》べられる　おかしです。

（　　　　　　）

(3) 大人《おとな》に　なると　カエルにせい長《ちょう》します。

（　　　　　　）

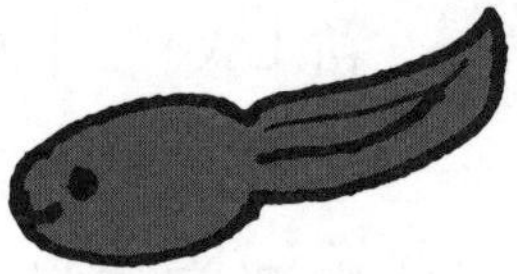

(4) 黄色《きいろ》などの　花が　たくさんさいて　います。

（　　　　　　）

なの花　おたまじゃくし　サクラ　かしわもち

2 右の　絵《え》は，春の　田んぼで　よく　みられるようすです。何《なに》を　して　いる　ようすですか。考《かんが》えて　書きましょう。（10点）

（　　　　　　　　　　　　　　　　）

3 つぎの　ア～オのうち，春では　なく，冬《ふゆ》に　みられた　ことを　2つ　えらんで，きごうで　書きましょう。（1つ10点）

（　　　　）（　　　　）

ア　チューリップが　さいて　いる。
イ　茶《ちゃ》つみが　行《おこな》われる。
ウ　家《いえ》の　のき先に　つららが　できる。
エ　小学校の　入学式《にゅうがくしき》が　ある。
オ　木から　はっぱが　すべて　おちて　いる。

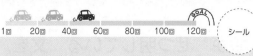

時間	とく点
15分	
合かく 35点	50点

標準レベル 53 野さいを　そだてよう

生活⑤

1 つぎの　野《や》さいの　名まえを　あとから　えらんで　書《か》きましょう。（1つ5点）

(1)

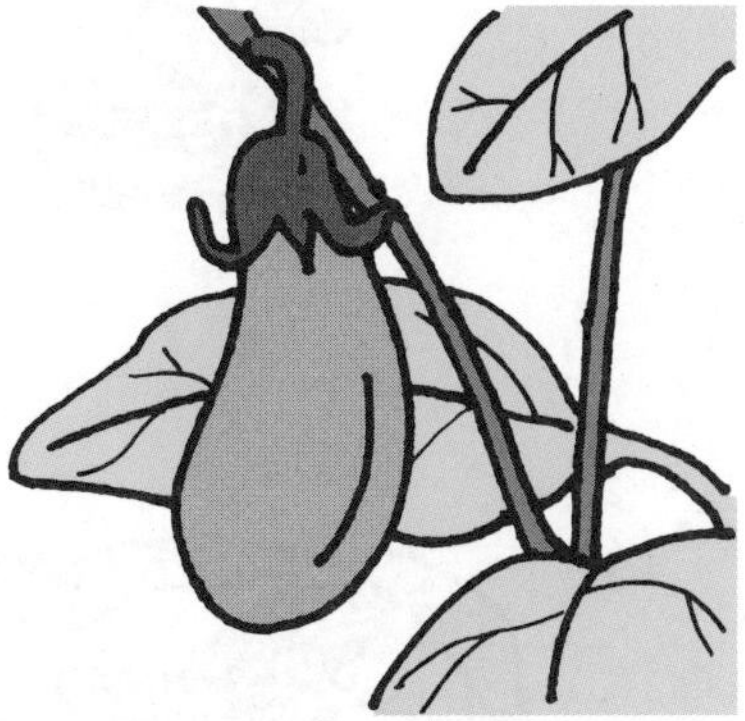

（　　　　　　）

(2)

（　　　　　　）

(3)

（　　　　　　）

(4)

（　　　　　　）

(5)

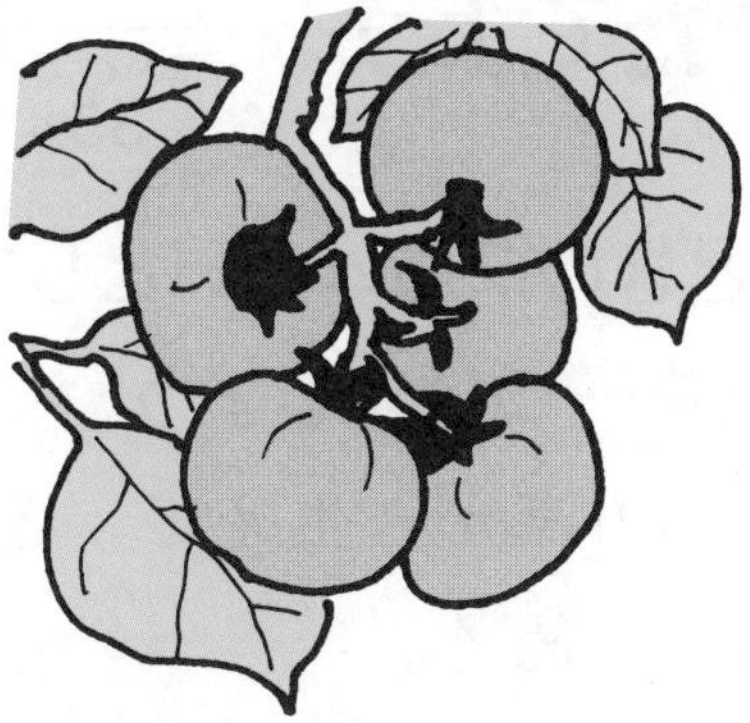

（　　　　　　）

(6)

（　　　　　　）

トマト	ナス	キュウリ
オクラ	サツマイモ	トウモロコシ

2 ナスの　なえを　うえてから　どのように　そだつでしょうか。ナスの　みが　できる　までの　ようすを　じゅん番《ばん》に　ならべましょう。（20点）

（　　　→　　　→　　　→　　　）

ア　ナスの　なえを　うえる。
イ　くきが　のびて　はっぱが　ふえる。
ウ　花が　かれて　ナスの　みが　できる。
エ　ナスの　花が　さく。

1回 20回 40回 60回 80回 100回 120回 GOAL

シール

べん強した日 〔　月　日〕

時間 15分	とく点
合かく 35点	50点

野さいを　そだてよう

1 野《や》さいを　そだてる　ときの　ちゅういとして，正しい　ものに　3つ　○を　つけましょう。（1つ10点）

(1) つるが　のびて　きたら　しちゅうを　立てる。

(　　　)

(2) 草が　生《は》えて　きたら　ぬく。

(　　　)

(3) 土が　かわいて　きたら　水を　あげる。

(　　　)

(4) 生えて　きた　わきめは　つまない。

(　　　)

2 つぎの　絵《え》が　せつ明《めい》している　文を，あとの　ア～エから　1つずつ　えらんで，きごうで　書《か》きましょう。（1つ5点）

(1)

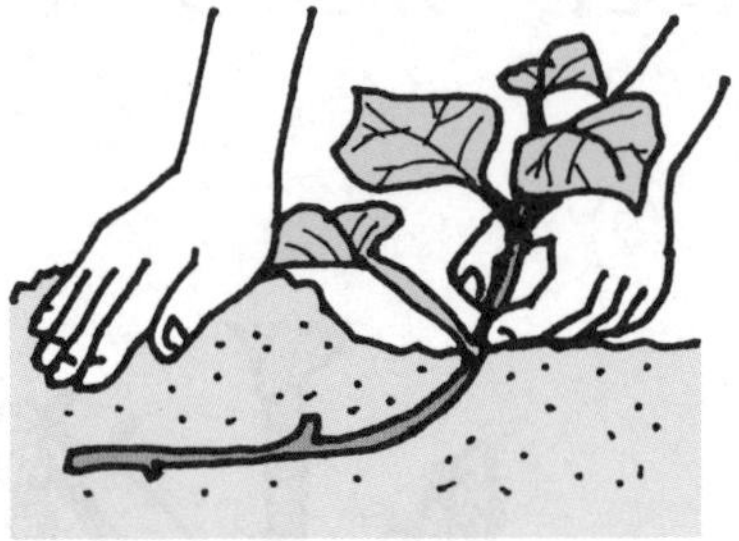

(　　　)

(2)

(　　　)

(3)

(　　　)

(4)

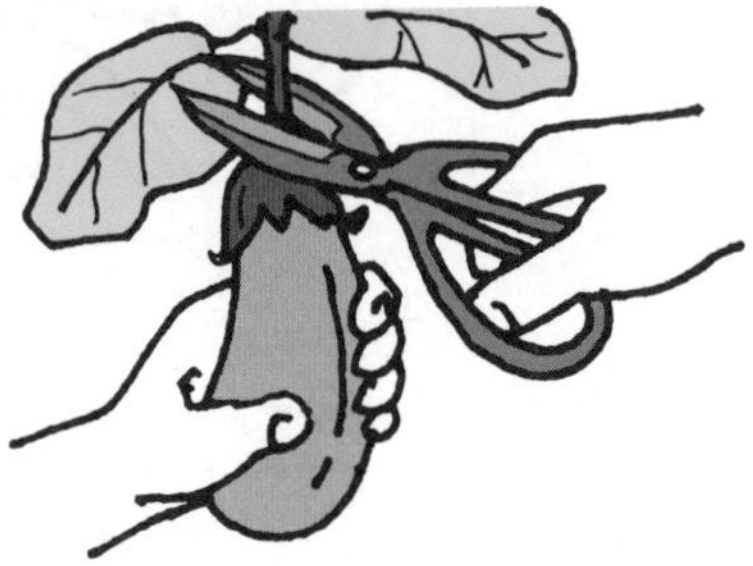

(　　　)

ア　みの　先から　切《き》る。

イ　トマトは　赤く　なってから　とる。

ウ　ねっこが　切れないように　うえる。

エ　サツマイモの　なえは，はを　土の　上に　出して　うえる。

標準レベル **55** 生活⑦

生きものを　さがそう

時間 15分	とく点
合かく 35点	50点

1 生きものを　さがしたり，そだてたり　する　ときの　ちゅういとして　正しい　ものに　○を，間《ま》ちがっている　ものに　×を　つけましょう。（1つ5点）

(1) 生きものに　さわった　あとは手を　あらう。

（　　　）

(2) 生きものを　みつけたら　すぐに　つかまえる。

（　　　）

(3) ザリガニは，水の　ない　ところで　そだてる。

（　　　）

(4) 生きものを　かう　水《すい》そうはきれいに　する。

（　　　）

(5) そだてる　前《まえ》に　何《なん》の　えさを食《た》べるか　しらべる。

（　　　）

2 つぎの　生きものは　どこで　みつかりますか。あとの　ア〜オから　1つずつ　えらんで，きごうで書《か》きましょう。（1つ5点）

(1) クワガタ

（　　　）

(2) ヤドカリ

（　　　）

(3) ダンゴムシ

（　　　）

(4) おたまじゃくし

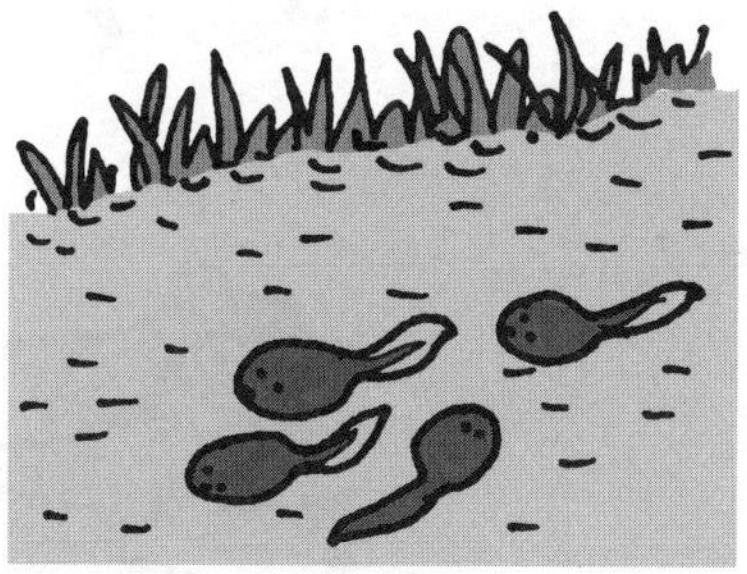

（　　　）

(5) モンシロチョウ

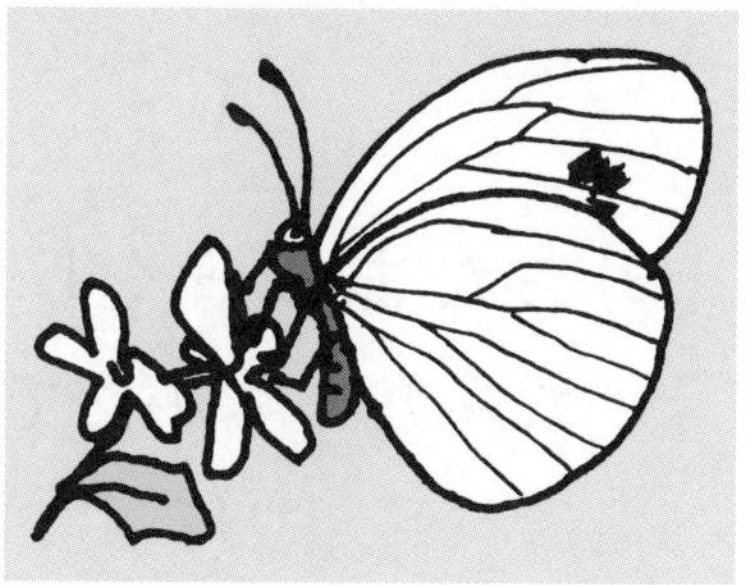

（　　　）

ア 川の　中　　イ 木の　みき
ウ 花の　上　　エ すなはま
オ 石の　下

上級レベル 56 生きものを　さがそう

生活⑧

時間 15分	とく点
合かく 35点	50点

1 つぎの　生きものの　名まえを　それぞれ　書《か》きましょう。（1つ5点）

(1) 池《いけ》の　中に　すんで　いて，大きな　はさみを　もって　います。

（　　　　　）

(2) 池の　中に　すんで　いて，大きく　なったら　トンボに　なります。

（　　　　　）

(3) おたまじゃくしが　大人《おとな》に　なった　すがたです。

（　　　　　）

(4) 雨が　ふると　元気《げんき》に　なります。大きな　からを　もって　います。

（　　　　　）

2 つぎの　ア～エの　絵《え》を，アゲハが　せい長《ちょう》する　じゅん番《ばん》に　ならべましょう。（20点）

（　　→　　→　　→　　）

ア

イ

ウ

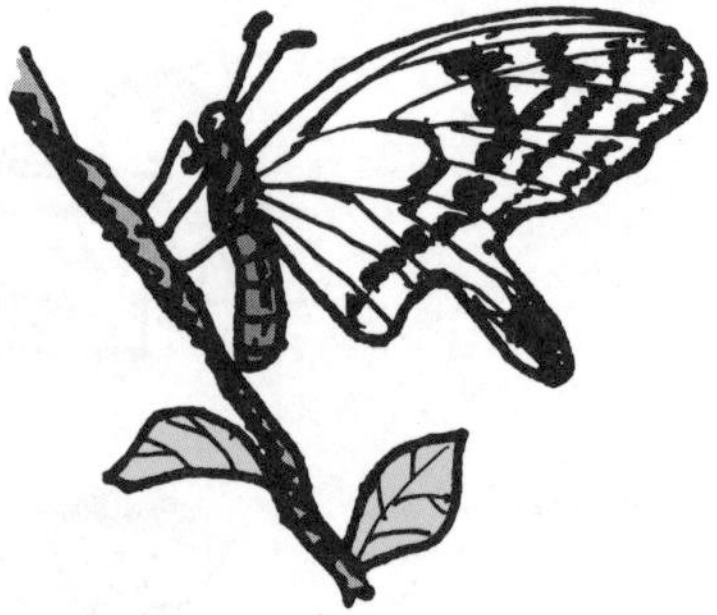

エ

3 池や　川など　水の　中では，どんな　生きものが　生活《せいかつ》を　して　いますか。生きものの　名まえを　2つ　書きましょう。（1つ5点）

（　　　　　）（　　　　　）

標準レベル 57 マナーや ルールを みに つけよう

生活⑨

時間 15分	とく点
合かく 35点	50点

1 町の 中で 気を つける ことについて，正しい ものに ○を，間《ま》ちがって いる ものに ×を つけましょう。（1つ5点）

(1) 左右《さゆう》を かく にんする。

(　　　)

(2) 電車《でんしゃ》の 中で さわぐ。

(　　　)

(3) 工《こう》じげん場《ば》に 入る。

(　　　)

(4) せきを ゆずる。

(　　　)

(5) 道《みち》に 広《ひろ》がって 歩《ある》く。

(　　　)

2 図書《としょ》かんを り用《よう》する ときに 気を つける ことを，1つ 書《か》きましょう。（5点）

(　　　　　　　　　　)

3 体《からだ》が ふじゆうな 人の ための せつびとして，あてはまる ものを，あとの ア〜エから 2つずつ えらんで，きごうで 書きましょう。（1つ5点）

(1) 目が ふじゆうな 人 (　　　)(　　　)

(2) 足が ふじゆうな 人 (　　　)(　　　)

ア

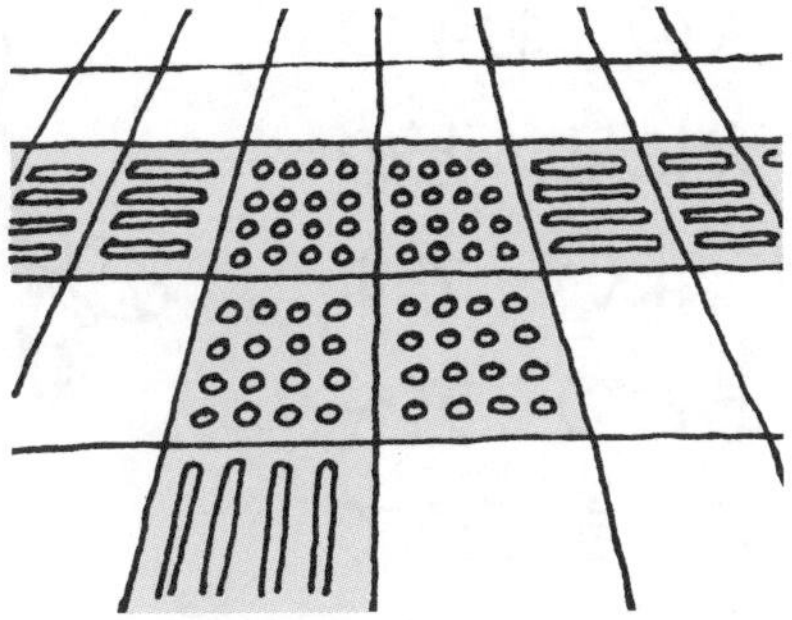

イ

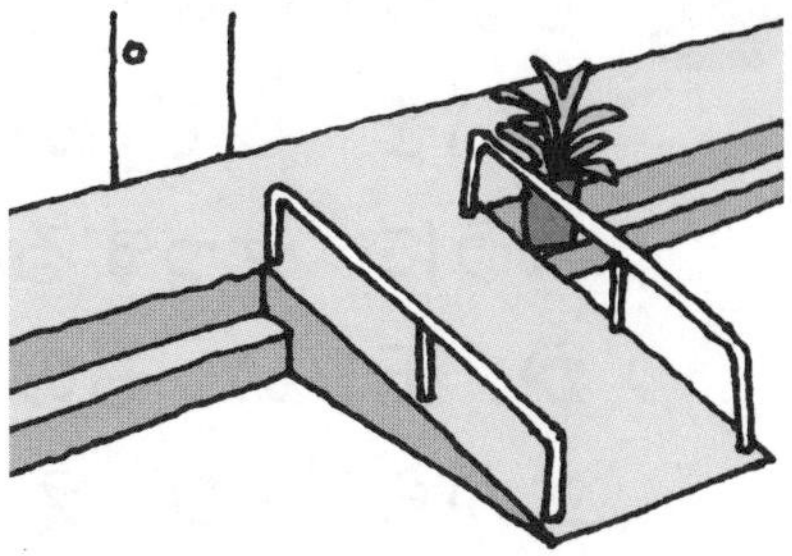

ウ

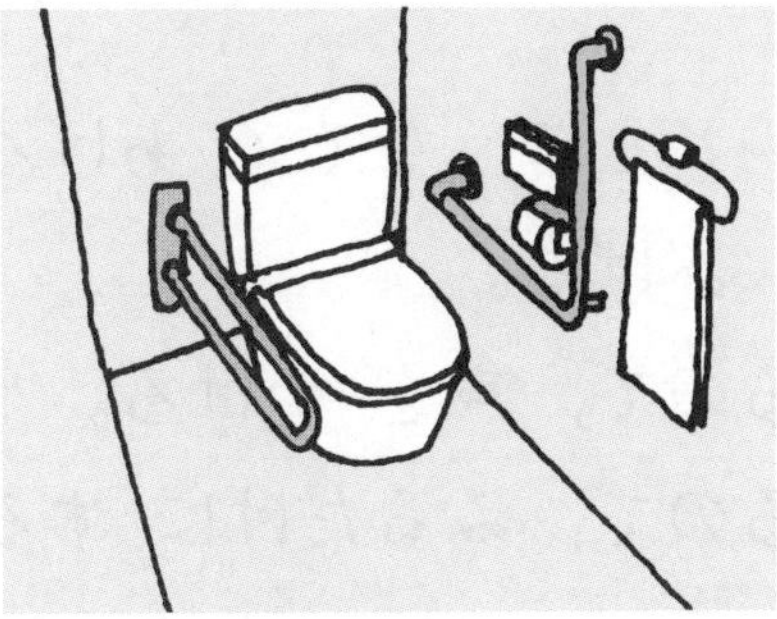

エ

上級レベル **58** 生活⑩

マナーや　ルールを みに　つけよう

べん強した日 〔　　月　　日〕

時間 15分	とく点
合かく 35点	50点

1 バスや　電車《でんしゃ》の　ゆう先ざせきには，つぎの　ような　シールが　はられています。どのような　人が　えがかれて　いるか，書《か》きましょう。（1つ5点）

①（　　　　　　　）
②（　　　　　　　）
③（　　　　　　　）
④（　　　　　　　）

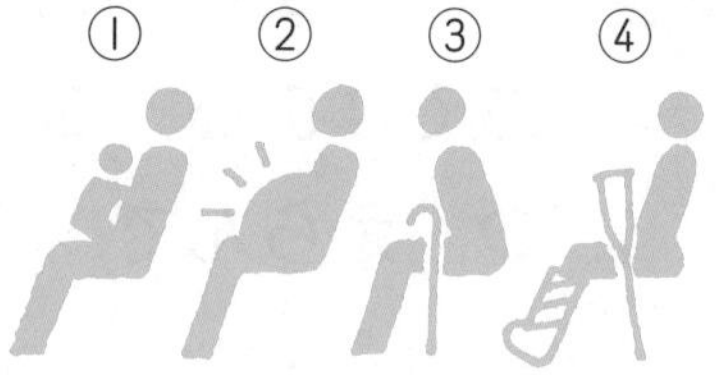

2 しょうがいを　もつ　人の　お手つだいを　して　いる　犬には，どのように　せっするのが　よい　ですか。正しい　ものを，あとの　ア～エから　1つ　えらんで，きごうで　書きましょう。（10点）

（　　　）

ア　立ち止《ど》まって　いる　ときに，なでて　あげる。
イ　ごほうびに　えさを　あげる。
ウ　しごとを　して　いるので，声《こえ》を　かける。
エ　しごとを　して　いるので，みるだけに　する。

3 つぎの　絵《え》を　電車に　のる　ときの　じゅん番《ばん》に　ならべましょう。（20点）

（　　　→　　　→　　　→　　　）

ア　切《きっ》ぷを　入れて，かいさつ口を　通《とお》る。

イ　じゅん番に　ならび，電車に　のる。

ウ　きかいに　お金を　入れて，行《い》き先までの　切ぷを　買《か》う。

エ　行き先までに　かかる　りょう金や　時間《じかん》を　しらべる。

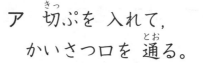

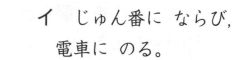

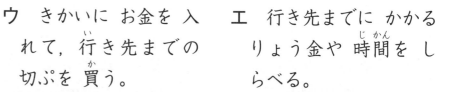

時間 15分	とく点
合かく 35点	50点

標準レベル 59 生活⑪ 夏が　きたよ

1 つぎの　生きものは　おもに　どこで　みられますか。みられる　場《ば》しょを　あとの　ア，イから　1つずつ　えらんで，きごうで　書《か》きましょう。

（1つ5点）

(1) サワガニ

（　　　　）

(2) アブラゼミ

（　　　　）

(3) クワガタ

（　　　　）

(4) メダカ

（　　　　）

ア 川の　中　　　**イ** 木の　みき

2 つぎの　絵《え》の　夏《なつ》に　みられる　しょくぶつの　名まえを　あとから　1つずつ　えらんで　書きましょう。（1つ5点）

(1)

（　　　　）

(2)

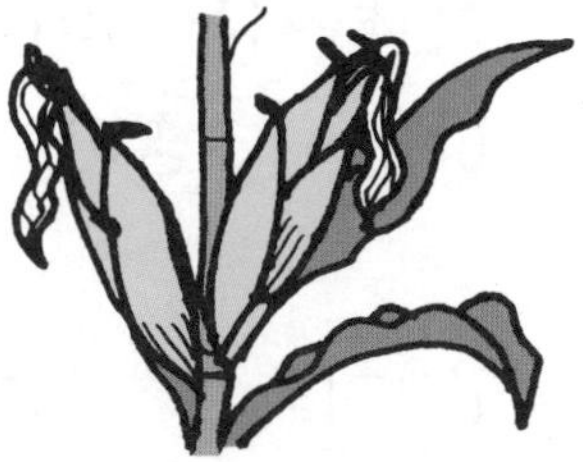

（　　　　）

(3)

（　　　　）

(4)

（　　　　）

(5)

（　　　　）

(6)

（　　　　）

アサガオ	ヒマワリ	ピーマン
ナス	トウモロコシ	アジサイ

上級レベル 60 生活⑫

夏が　きたよ

時間 15分	とく点
合かく 35点	50点

1 夏休《なつやす》みに　山に　行《い》きます。山の　すごし方《かた》に　ついて　つぎの　もんだいに　答《こた》えましょう。

（1つ5点）

(1) 山には，どのような　虫が　すんで　いますか。よく　みかけられた　ものを　2つ　書《か》きましょう。

（　　　　　）
（　　　　　）

(2) 山では，どのような　あそびが　できますか。考《かんが》えて，2つ　書きましょう。

（　　　　　）（　　　　　）

(3) 山に　行くとき，どのような　ことに　気を　つけると　よいですか。考えられる　ことを　1つ　書きましょう。

（　　　　　）

2 夏休み中の　生活《せいかつ》に　ついて，正《ただ》しい　ものに　○を，間《ま》ちがって　いる　ものに　×を　つけましょう。（1つ5点）

(1) 日中《にっちゅう》　外《そと》へは，ぼうしを　かぶり，水とうを　もって　出かける。（　　）

(2) テレビや　パソコンの　画《が》めんを　みる　ときは，みる　時間《じかん》を　きめて　おく。（　　）

(3) 学校に　行かないので，朝《あさ》は　おそく　おきる。（　　）

(4) 家《いえ》の人に，行く　場《ば》しょと　帰《かえ》る　時間，だれと　行くかを　つたえて　出かける。（　　）

(5) 近《ちか》くの　池《いけ》に，子どもだけで　ザリガニを　とりに　出かける。（　　）

標準レベル 61 うごく　おもちゃを　作ろう

生活⑬

時間 15分	とく点
合かく 35点	50点

1 つぎの　おもちゃは，何《なに》を　つかって　作《つく》られて　いますか。作るために　つかわれて　いる　ざいりょうを，あとの　ア～カから　えらんで，きごうで　書《か》きましょう。（1つ5点）

(1) 魚《さかな》つり

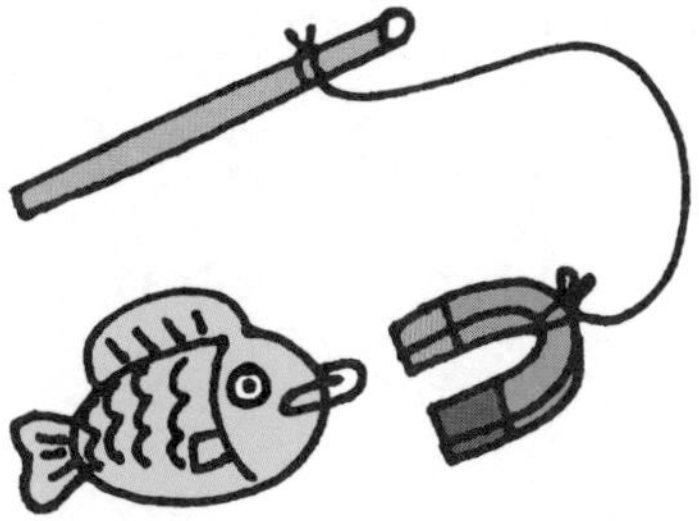

（　　　）

(2) 糸電話《いとでんわ》

（　　　）

(3) ジャンプウサギ

（　　　）

(4) とことこ車

（　　　）

(5) パッチンガエル

（　　　）

(6) 船《ふね》

（　　　）

ア 紙《かみ》コップと　わゴム　　イ ペットボトル
ウ 紙コップと　たこ糸　　エ クリップと　じ石《しゃく》
オ カップめんの　ようきと　かん電池《ち》
カ 牛《ぎゅう》にゅうパックと　わゴム

2 右の　おもちゃを　はやく　走《はし》らせたい　ときに，どのように　すれば　よいですか。2つ　○を　つけましょう。

（1つ10点）

(1) うちわを　はやく　うごかす。（　　）
(2) 風《かぜ》を　うける　ほを　大きくする。（　　）
(3) とがった　タイヤを　つける。（　　）
(4) おもりを　つける。（　　）

生活

上級レベル 62 生活⑭

うごく　おもちゃを　作ろう

時間 15分	とく点
合かく 35点	50点

1 ゆみさんは，みの　まわりの　ざいりょうを　つかって　右の　ような　車の　おもちゃを　作《つく》りました。**つぎの　もんだいに　答《こた》えましょう。**

(1) この　車を　作るのに　つかわれて　いる　ざいりょうを　2つ　書《か》きましょう。（1つ5点）

（　　　　　　　　）（　　　　　　　　）

(2) この　車を　はやく　走《はし》らせるために　どのような　くふうを　したら　よいですか。うごかし方《かた》や　ざいりょうを　考《かんが》えて　2つ　書きましょう。（1つ10点）

〔　　　　　　　　〕

〔　　　　　　　　〕

2 あきらさんは，右の　ような　魚《さかな》を　つる　おもちゃを　作りました。**つぎの　もんだいに　答えましょう。**

（1つ10点）

(1) つぎの　**ア～ウ**のうち　じ石《しゃく》の　つりざおで　つれなかった　ものが　ありました。つれなかった　ものを　１つ　えらんで，きごうで　書きましょう。

（　　　）

ア

イ

ウ

(2) (1)で　えらんだ　ものが　つれなかったのは　なぜだと　思《おも》いますか。考えて　書きましょう。

〔　　　　　　　　〕

1回 20回 40回 60回 80回 100回 120回 GOAL

シール

べん強した日 〔　月　日〕

標準レベル 63 生活⑮

秋が　きたよ
冬が　きたよ

時間 15分	とく点
合かく 35点	50点

1 つぎの　絵《え》は，秋《あき》と　冬《ふゆ》の　どちらに　よく　みられる　もの　ですか。それぞれ　きせつを　書《か》きましょう。（1つ5点）

(1) ススキ

（　　　　）

(2) トンボ

（　　　　）

(3) サツマイモ

（　　　　）

(4) カキ

（　　　　）

(5) カモ

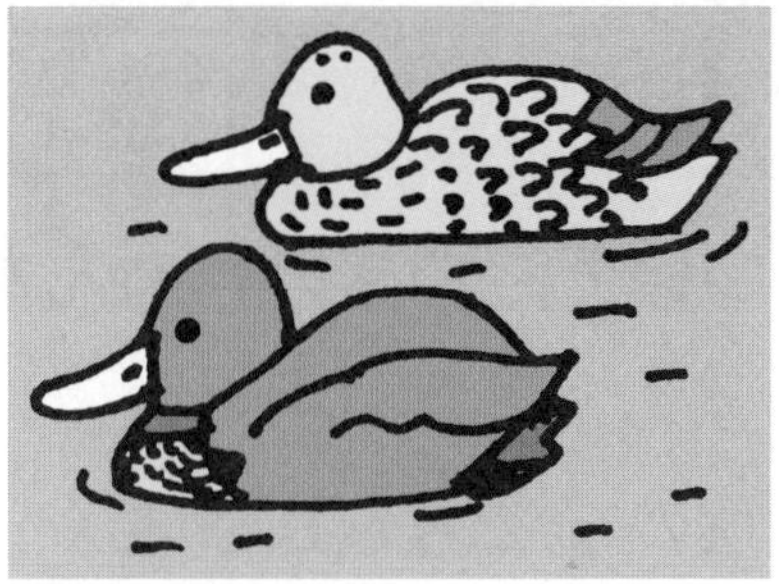

（　　　　）

(6) ツバキ

（　　　　）

2 つぎの　サクラの　木は，春《はる》・夏《なつ》・秋・冬の　どの　きせつの　ものですか。それぞれ　きせつを　書きましょう。（1つ5点）

(1)

（　　　　）

(2)

（　　　　）

(3)

（　　　　）

(4)

（　　　　）

生活

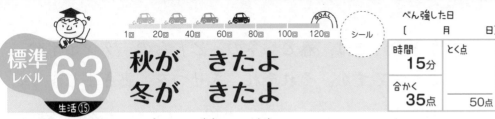

シール

べん強した日 〔　　月　　日〕

時間 15分	とく点
合かく 35点	50点

上級レベル 64

生活⑯

秋が　きたよ
冬が　きたよ

1 きせつの　ちがいに　ついて，つぎの　もんだいに　答《こた》えましょう。

(1) つぎの　絵《え》は　夏《なつ》と　秋《あき》の　どちらに　よく　みられる　ようすですか。それぞれ　きせつを　書《か》きましょう。（1つ5点）

① 入道雲《にゅうどうぐも》と　ヒマワリばたけ

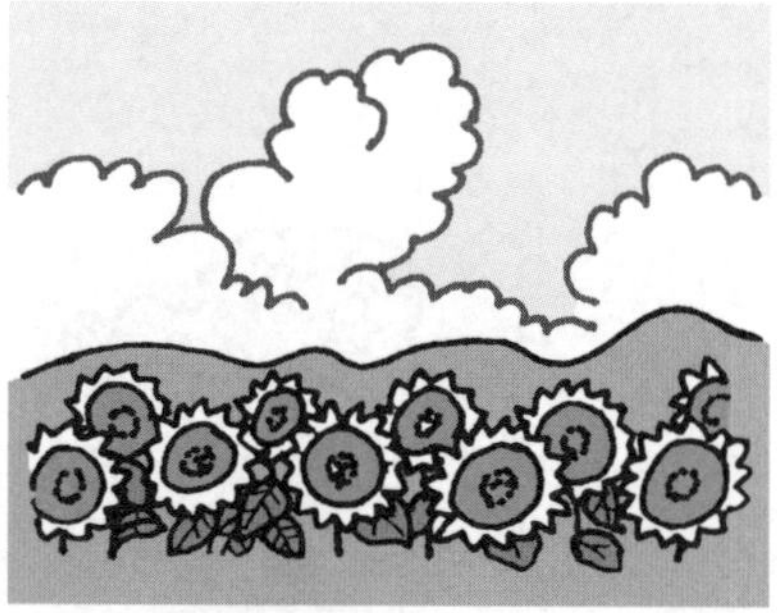

（　　　　　）

② うろこ雲と　ススキばたけ

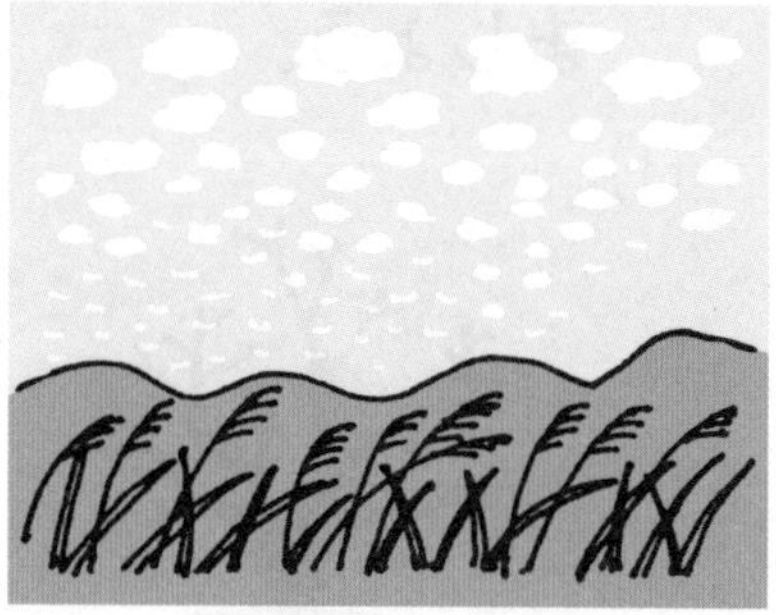

（　　　　　）

(2) (1)のように　考《かんが》えたのは　なぜですか。①，②の　きせつを　書いた　理《り》ゆうを　どちらか　１つ　書きましょう。（10点）

〔　　　　　　　　　　〕

(3) つぎの　絵は，春《はる》と　冬《ふゆ》の　どちらの　タンポポの　ようすですか。それぞれ　きせつを　書きましょう。（1つ5点）

①

（　　　　　）

②

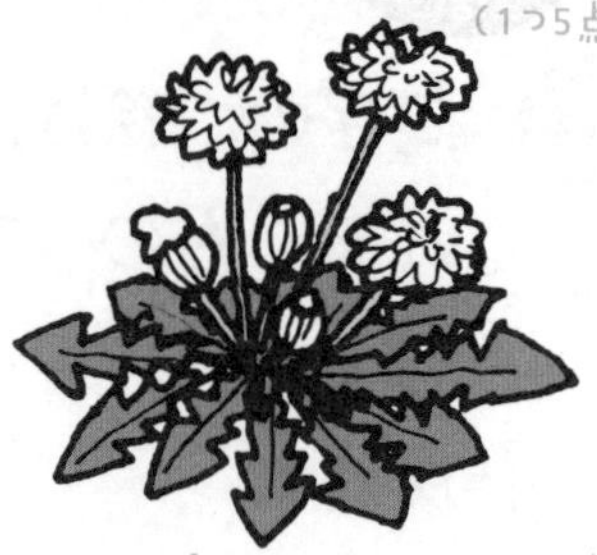

（　　　　　）

(4) (3)のように　考えたのは　なぜですか。①，②の　きせつを　書いた　理ゆうを　どちらか　１つ　書きましょう。（10点）

〔　　　　　　　　　　〕

2 学校や　家《いえ》，公園《こうえん》で　秋から　冬に　なったとき　かわった　ことは　何《なん》ですか。ア～エから　１つ　えらんで，きごうで　書きましょう。（10点）

（　　　　　）

ア　みどりの　葉《は》が　赤色《あかいろ》や　黄色《きいろ》に　なった。

イ　朝《あさ》　学校に　行《い》くとき　いきが　白《しろ》く　なった。

ウ　半《はん》そでの　ふくを　きる　ように　なった。

エ　赤とんぼが　とびはじめた。

標準レベル 65 道ぐを　つかおう

生活⑰

時間	とく点
15分	
合かく 35点	50点

1 道《どう》ぐを　つかう　ときの　ちゅういとして，どちらか　正しい　ものに　○を　つけましょう。（1つ5点）

(1) はさみを　つかう　とき。

はの　おくの　方《ほう》で　切《き》る。（　　）

はの　先の　方で　切る。（　　）

(2) カッターナイフを　つかう　とき。

はの　通《とお》り道《みち》に　手を　おかない。（　　）

はを　たくさん　出して　つかう。（　　）

(3) のりを　つかう　とき。

ふたを　あけた　ままに　する。（　　）

ふたは　すぐに　しめる。（　　）

(4) 道ぐを　つかい　おわった　とき。

そのままに　しておく。（　　）

もとの　ところに　もどす。（　　）

2 つぎの　道ぐは　何《なん》の　ために　つかわれますか。あとの　ア～ウから　えらんで，きごうで　書《か》きましょう。きごうは　2回《かい》　つかっても　かまいません。（1つ5点）

(1) はさみ

（　　）

(2) のり

（　　）

(3) カッター

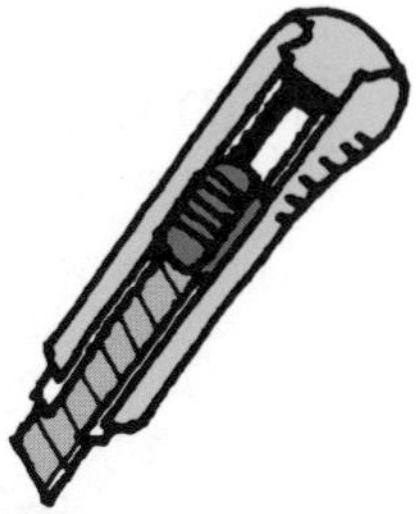

（　　）

(4) セロハンテープ

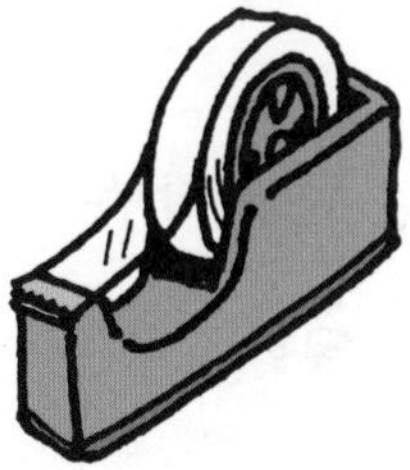

（　　）

(5) クレヨン

（　　）

(6) 色《いろ》えんぴつ

（　　）

ア　ものを　切る　ための　道ぐ。
イ　ものと　ものを　つける　ための　道ぐ。
ウ　色を　つける　ための　道ぐ。

生活

1回　20回　40回　60回　80回　100回　120回　GOAL　シール

べん強した日
〔　　月　　日〕

時間 15分	とく点
合かく 35点	50点

上級レベル 66
生活⑱

道ぐを　つかおう

1 のりの　つかいかたとして　正しい　ものに　○を，間《ま》ちがっている　ものに　×を　つけましょう。

（1つ5点）

(1) のりを　うすく　のばす。

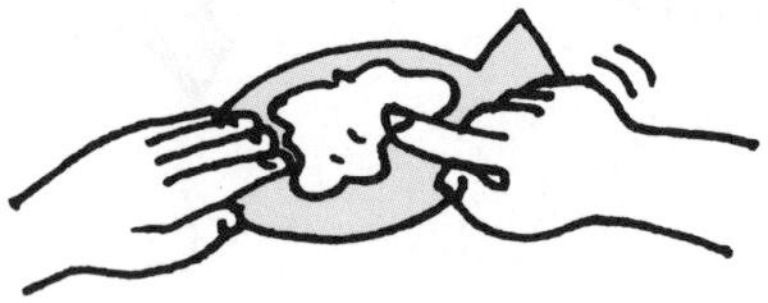

（　　　）

(2) 下に　紙《かみ》を　しいて　おく。

（　　　）

(3) のりの　りょうを　たくさん　出して　つかう。

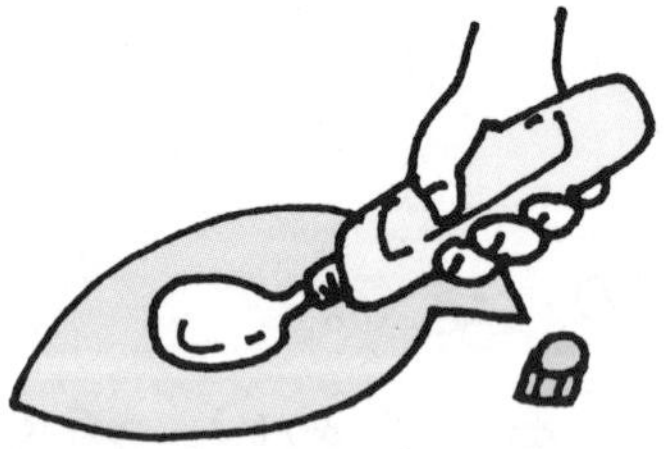

（　　　）

(4) ふたは　あけた　ままに　する。

（　　　）

2 右の　道《どう》ぐに　ついて，つぎの　もんだいに　答《こた》えましょう。（1つ5点）

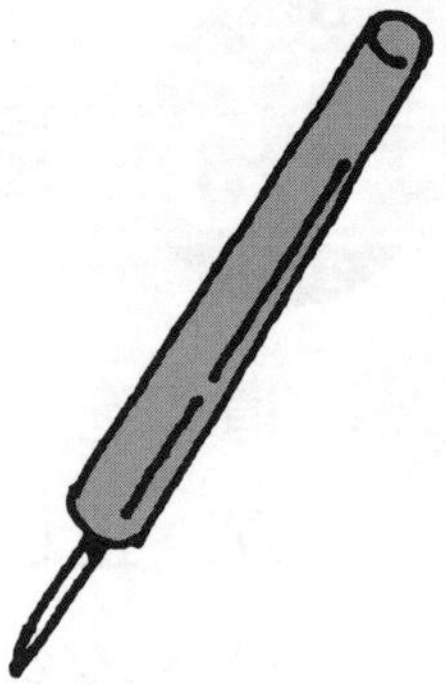

(1) この　道ぐは　何《なに》を　する　ための　道ぐですか。書《か》きましょう。

〔　　　〕

(2) この　道ぐを　つかう　ときは，どのような　ことに　気を　つけたら　よいですか。書きましょう。

〔　　　〕

3 つぎの　ような　とき，どのような　ことに　気を　つけたら　よいですか。書きましょう。（1つ10点）

(1) はさみを　人に　わたす　とき。

〔　　　〕

(2) カッターで　紙を　切《き》る　とき。

〔　　　〕

時間 15分	とく点
合かく 35点	50点

標準レベル 67 きせつの 行じや あそび

生活⑲

1 つぎの 絵《え》は，それぞれ きせつの ようすを えがいて います。あてはまる きせつを，あとから えらんで 1つずつ 書《か》きましょう。（1つ5点）

(1)

（　　　）

(2)

（　　　）

(3)

（　　　）

(4)

（　　　）

春《はる》	夏《なつ》	秋《あき》	冬《ふゆ》

2 つぎの 絵は，何《なん》という 行《ぎょう》じの ものですか。あとの ア～カから 1つずつ えらんで，きごうで 書きましょう。（1つ5点）

(1)

（　　　）

(2)

（　　　）

(3)

（　　　）

(4)

（　　　）

(5)

（　　　）

(6)

（　　　）

ア お正月《しょうがつ》　　イ ぼんおどり
ウ 子どもの 日　　エ ひなまつり
オ 七夕《たなばた》　　カ せつ分《ぶん》

生活

上級レベル 68 きせつの　行じや　あそび

生活⑳

時間	とく点
15分	
合かく 35点	50点

1 あなたの　家《いえ》で　お正月《しょうがつ》には　どんな　ことを　しますか。毎年《まいとし》　かならず　する　ことを，2つ　書《か》きましょう。（1つ5点）

（　　　　　　　　　　）
（　　　　　　　　　　）

2 きせつの　あそびを　それぞれ　2つずつ　考《かんが》えて書きましょう。（1つ5点）

(1) 冬《ふゆ》の　雪《ゆき》が　ふって　いる　ときの　あそび。

〔　　　　　　　　〕
〔　　　　　　　　〕

(2) 夏《なつ》に　海《うみ》へ　行《い》って　する　あそび。

〔　　　　　　　　〕
〔　　　　　　　　〕

3 つぎの　絵《え》は，どの　きせつの　行《ぎょう》じですか。それぞれ，行じが　行《おこな》われる　きせつを　書きましょう。（1つ5点）

(1) 十五夜《じゅうごや》

（　　　）

(2) ぼんおどり

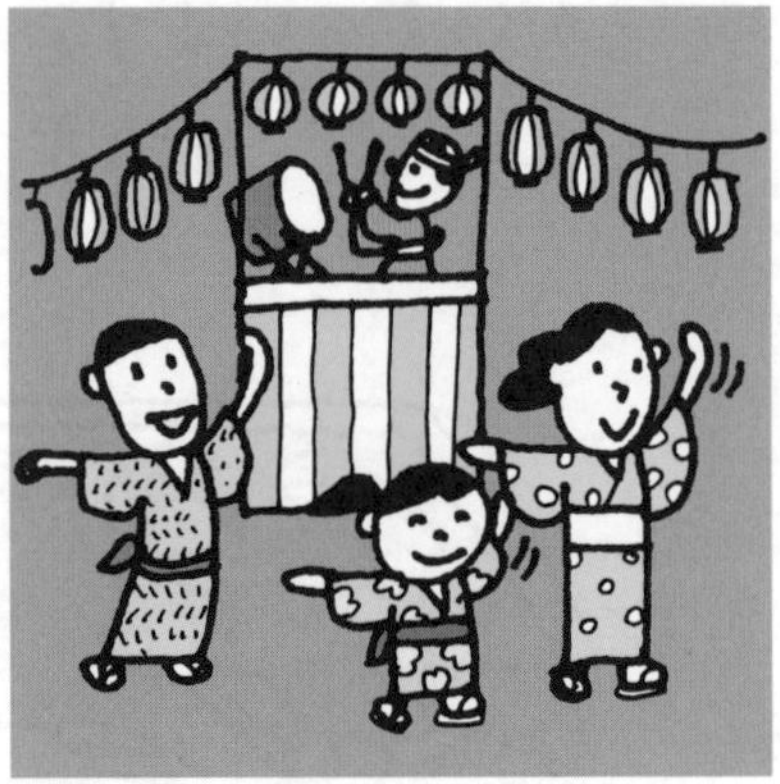

（　　　）

(3) 子どもの　日

（　　　）

(4) せつ分《ぶん》

（　　　）

69 最上級レベル 1

時間 15分	とく点
合かく 35点	50点

1

トマトは　みの　ぶ分《ぶん》を　食《た》べます。つぎの　野《や》さいは　5つの　つくりのうち，どの　ぶ分を　食べますか。書《か》きましょう。（1つ5点）

(1) サツマイモ　（　　　）

(2) ジャガイモ　（　　　）

(3) キュウリ　（　　　）

2

つぎの　生きものは　おもに　何《なに》を　食べて　いますか。あとの　ア～エから　1つずつ　えらんで，きごうで　書きましょう。（1つ5点）

(1) カブトムシ　（　　　）

(2) ダンゴムシ　（　　　）

(3) スズメ　（　　　）

ア 木の　みつ　　イ おちば

ウ 木のみ　　エ こざかな

3

りかこさんは，春《はる》の　七草《ななくさ》について　しらべました。春の　七草について　あとの　もんだいに　答《こた》えましょう。（1つ5点）

〔春の　七草〕

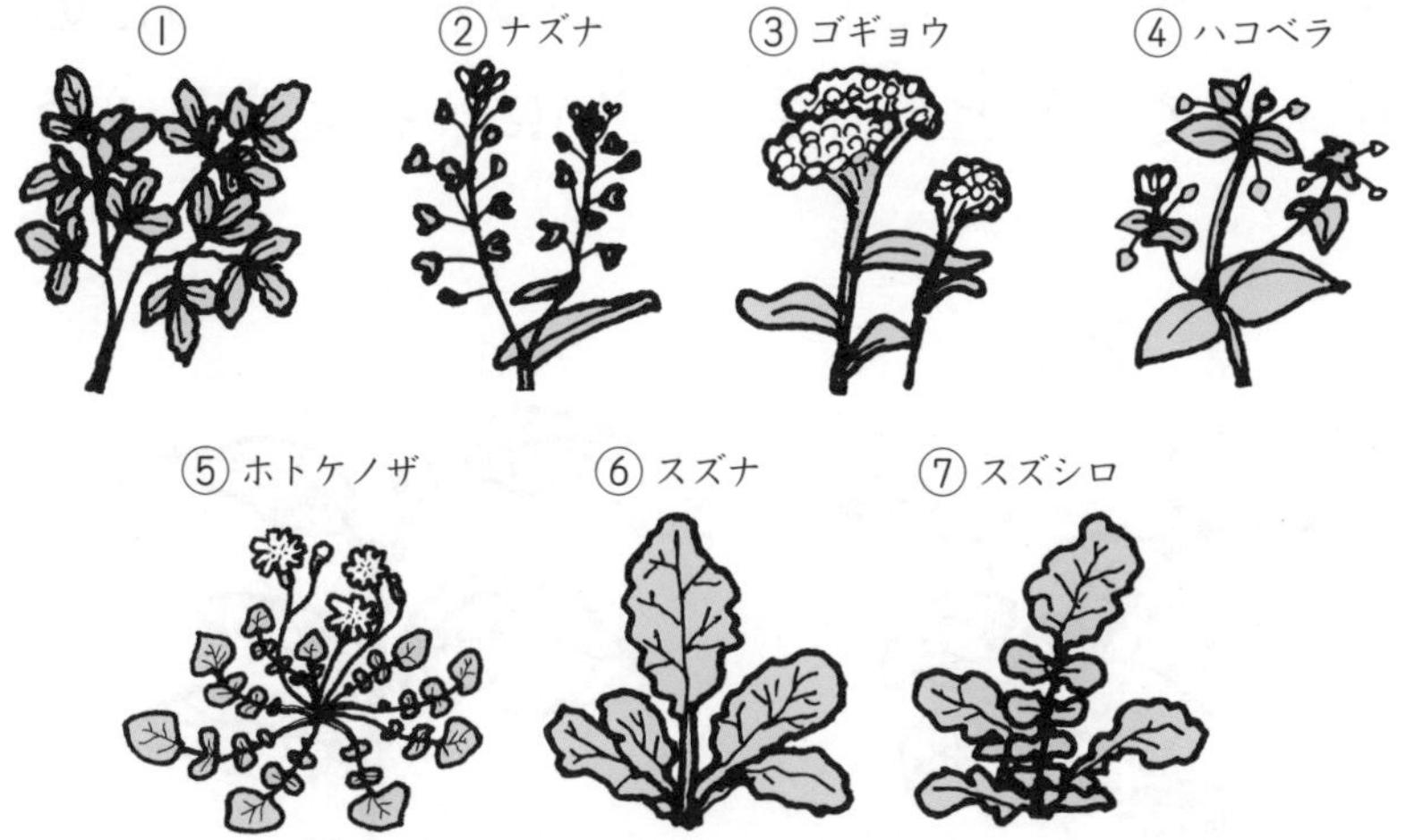

(1) ①の　名まえを　書きましょう。

（　　　）

(2) ⑥と⑦は，そだつと　何《なん》と　いう　野さいに　なりますか。それぞれ　名まえを　書きましょう。

⑥（　　　）　⑦（　　　）

(3) 春の　七草は　1月の　ある日に　食べると　1年を　元気《げんき》に　すごす　ことが　できると　言《い》われています。その日は　いつですか。書きましょう。

（1月　　　日）

70 最上級レベル 2

時間 15分	とく点
合かく 35点	50点

1 ゆりこさんは　トウモロコシ，ナス，サツマイモ，キュウリを　そだてました。**つぎの　はっぱの　絵《え》を　みて，あとの　もんだいに　答《こた》えましょう。**

（1つ5点）

ア

イ

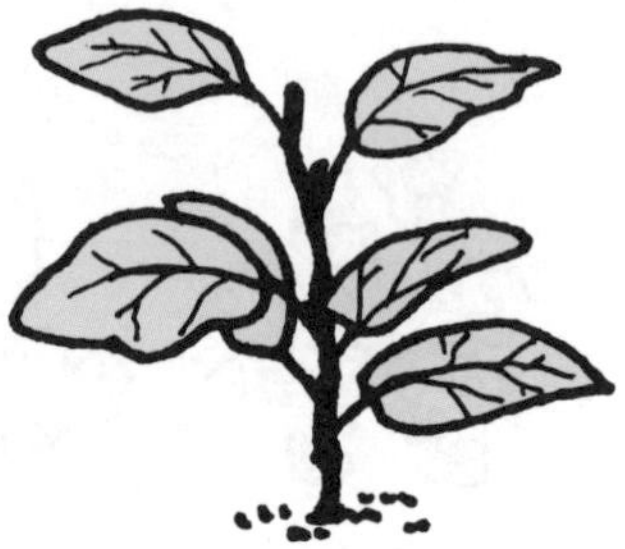

ウ

エ

(1) トウモロコシの　はっぱは　どれですか。**ア〜エ**から　1つ　えらんで，きごうを　書《か》きましょう。

（　　　）

(2) トウモロコシと　はっぱが　にて　いる　しょくぶつを　つぎから　2つ　えらんで，書きましょう。

（　　　）（　　　）

アサガオ	エノコログサ
ススキ	タンポポ

(3) 食《た》べる　ぶ分《ぶん》が　土の　中で　そだつ　野《や》さいは　どれですか。**ア〜エ**から　1つ　えらんで，きごうで　書きましょう。

（　　　）

2 右の　絵は，野さいを　そだてる　ときの　ようすです。**つぎの　もんだいに　答えましょう。**

(1) 何《なに》を　して　いる　ようすですか。書きましょう。

（10点）

〔　　　　　　〕

(2) (1)の　ように　するのは，なぜですか。理《り》ゆうを　書きましょう。（20点）

〔　　　　　　〕

71 最上級レベル 3

1

つぎの　絵《え》を　みて，あとの　もんだいに　答《こた》えましょう。（1つ5点）

ア
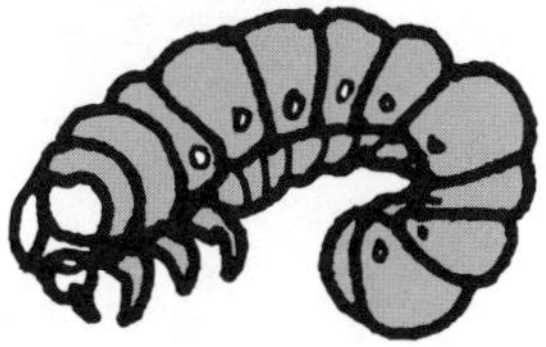
イ
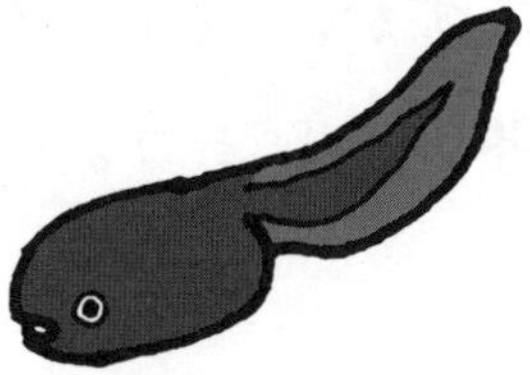
ウ

エ

(1) ア～エの　生きものは　何と　いう　生きものに　せい長《ちょう》しますか。せい長した　生きものの　名まえを　あとから　えらんで　それぞれ　書《か》きましょう。

ア（　　　）　イ（　　　）

ウ（　　　）　エ（　　　）

アゲハ	カブトムシ
トンボ	カエル

(2) 大人《おとな》の　すがたに　せい長する　間《あいだ》に，右の　ような　さなぎに　なる　ものを，ア～エから　１つ　えらんで，きごうで　書きましょう。

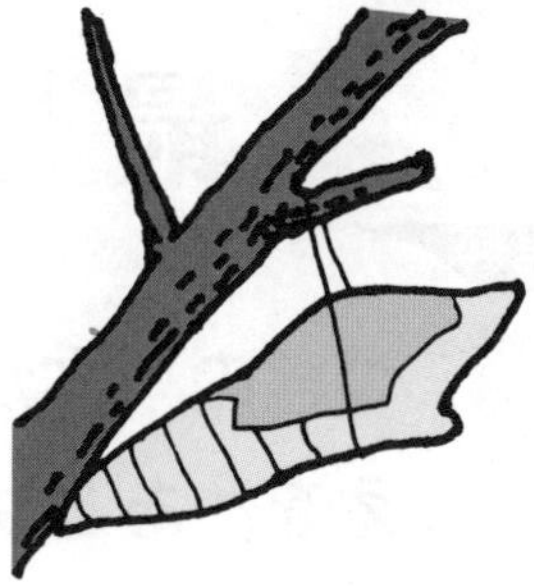

（　　　）

(3) 大人に　なるまで，水の　中に　すんでいる　生きものは　どれですか。ア～エから　２つ　えらんで，きごうで　書きましょう。

（　　　）（　　　）

2

ひろきさんは，つぎの　ような　ロケットの　おもちゃを　作《つく》りました。つぎの　もんだいに　答えましょう。

(1) ①と　②のロケットを　同時《どうじ》に　とばすと，どちらが　遠《とお》くまで　とびますか。番《ばん》ごうを　書きましょう。（5点）

（　　　）

①

②

(2) (1)のように　答えたのは　なぜですか。理《り》ゆうを　書きましょう。（10点）

（　　　）

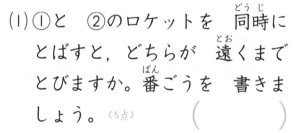

72 最上級レベル 4

生活㉔

時間 15分	とく点
合かく 35点	50点

1 つぎの　文が　せつ明《めい》して　いる　しせつの　名まえを，あとから　えらんで，書《か》きましょう。（1つ5点）

(1) たくさんの　子どもが　あつまり，先生に　あそびを　教《おそ》わります。おもちゃや　絵本《えほん》も　たくさん　あります。

（　　　　　）

(2) 本が　へやに　いっぱい　ならんで　います。大人《おとな》も　子どもも　本を　読《よ》んで　います。本を　かりる　ところも　あります。

（　　　　　）

(3) 道《みち》に　まよった　とき，おまわりさんが，道を　教《おし》えて　くれます。町で　おとしものを　ひろった　ときは　ここに　とどけます。

（　　　　　）

図書《としょ》かん	しょうぼうしょ	ゆうびんきょく
じどうかん	やおや	交番《こうばん》

2 電車《でんしゃ》や　バスに　のる　ときの　マナーに　ついて，つぎの　もんだいに　答《こた》えましょう。（1つ5点）

(1) 右の　絵《え》は，電車に　のるときの　ようすです。どのような　ルールを　まもって　いますか。絵を　見て，３つ　書きましょう。

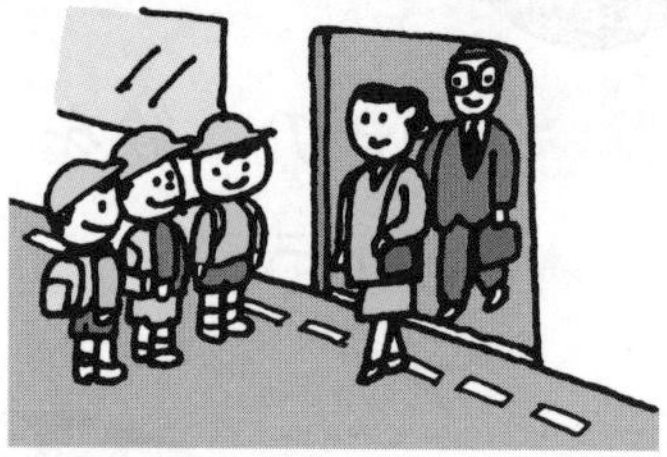

（　　　　　　　　　　　）
（　　　　　　　　　　　）
（　　　　　　　　　　　）

(2) バスでの　マナーとして，正しい　ものに　○を，間《ま》ちがって　いる　ものに　×を　つけましょう。

①バスが　うごいて　いる　ときは，せきから　立たない。（　　）

②大人は　子どもに　せきを　ゆずらないと　いけない。（　　）

3 つぎの　行《ぎょう》じを，１月から　じゅん番に　ならべましょう。（10点）

（　　→　　→　　→　　→　　）

ア　七五三《しちごさん》　イ　七夕《たなばた》　ウ　せつ分《ぶん》
エ　お正月《しょうがつ》　オ　ひなまつり

漢字の 読み (1)

1 つぎの ――の 漢字《かんじ》の 読《よ》み方《かた》を 書《か》きましょう。（一つ1点）

① 母と いっしょに 歌を きく。

② くらい 空に 星が かがやく。

③ 昼に なって、お茶を のむ。

④ 海から 風が ふいて くる。

⑤ 馬の せなかに 鳥が いる。

2 つぎの ――の 漢字の 読み方を 書きましょう。（一つ1点）

① 午後の 公園を あるく。

② 岩石が ころがる 原野。

③ 絵画の 教室に かよう。

④ しんせんな 牛肉を 売買する。

⑤ 毎週、日曜は ゆっくり 休む。

3 つぎの 漢字の 読み方を 二つずつ 書きましょう。（一つ1点）

① 少 （　）ない （　）し

② 明 （　）るい （　）らか

③ 細 （　）い （　）かい

④ 行 （　）く （　）う

⑤ 交 （　）わる （　）じる

⑥ 生 （　）きる （　）まれる

⑦ 教 （　）える （　）わる

⑧ 通 （　）る （　）う

⑨ 歩 （　）く （　）む

⑩ 新 （　）しい （　）た

4 つぎの 漢字の 読み方を 書きましょう。（一つ1点）

① 国語

② 食前

③ 直線

④ 台地

⑤ 当番

⑥ 新聞

⑦ 電池

⑧ 遠近

⑨ 声明

⑩ 工作

国語

べん強した日〔　月　日〕

時間 15分

合かく 40点

とく点 　／50点

シール

上級レベル 74 国語②

漢字の　読み（1）

1 2 0 4 0 6 0 8 0 100 120（回）

べん強した日（　月　日）

時間 15分

合かく 40点

とく点　　50点

シール

1

つぎの　――の　漢字《かんじ》の　読《よ》み方《かた》を　書《か》きましょう。（一つ1点）

① 首を　かしげて　考える。（　）（　）

② 雪を　はこんで　くる　雲。（　）（　）

③ チームを　組んで　走る。（　）（　）

④ 二人で　同じ　本を　買う。（　）（　）（　）

⑤ 兄と　いっしょに　店へ　行く。（　）（　）（　）

2

つぎの　漢字の　読み方を　書きましょう。（一つ1点）

① 言行（　）

② 親友（　）

③ 弱点（　）

④ 春分（　）

⑤ 今回（　）

⑥ 道場（　）

⑦ 天才（　）

⑧ 図書（　）

⑨ 人間（　）

⑩ 汽車（　）

3

つぎの　漢字の　読み方を　書きましょう。（一つ5点）

① 東西南北（　）

② 春夏秋冬（　）

4

つぎの　――の　漢字の　読み方を　書きましょう。（一つ1点）

① 広大な　ばしょ。（　）
広い　ひたい。（　）

② 車が　てい止する。（　）
せきが　止まる。（　）

③ 晴天の　日。（　）
あすは　晴れだ。（　）

④ 朝かんが　とどく。（　）
朝の　あいさつ。（　）

⑤ 体かくが　いい。（　）
たくましい　体。（　）

⑥ 強力な　ちから。（　）
強い　気もち。（　）

⑦ 家じを　てつだう。（　）
家から　出る。（　）

⑧ しんぶん紙を　切《き》る。（　）
紙に　字を　かく。（　）

⑨ 頭ぶの　レントゲン。（　）
頭を　かく。（　）

⑩ 答あんようし。（　）
先生に　答える。（　）

漢字の読み（2）

1 20 40 60 80 100 120（回）

国語

べん強した日〔　月　日〕

時間	15分
合かく	40点
とく点	/50点

シール

1 つぎの――の漢字《かんじ》の読《よ》み方《かた》を書《か》きましょう。（一つ1点）

① 直ちに　答えなさい。

② 角を　もつ　強い　どうぶつ。

③ 馬に　のって　弓を　引く。

④ 鳥の　鳴いて　いる　声が　する。

⑤ 谷へと　つづく　道を　歩く。

2 つぎの――の漢字の読み方を書きましょう。（一つ1点）

① 自分たちの　教室へ　行く。

② 店頭で　友人と　会話する。

③ 番茶を　のみながら　昼食をとる。

④ 細工を　ほどこした　工作。

⑤ 午前中は　晴天が　見られた。

⑥ 海外から　やって　きた　汽船。

3 つぎの――の漢字の読み方を書きましょう。（一つ1点）

① ・午後　・後半

② ・三角形　・人形　・形を　作る

③ ・木刀　・木魚　・木立　・大きな　木

④ ・時間　・人間

⑤ ・画用紙　・画数

⑥ ・絵本　・絵画

4 つぎの――の漢字の読み方を書きましょう。（一もん3点）

① 学校で　七夕かざりを　作る。

② 絵を　上手に　えがく。

③ 今日は　よく　晴れた。

上級
レベル
76
国語④

漢字の読み(2)

1　20　40　60　80　100　120(回)

べん強した日（　月　日）

時間 15分
合かく 40点
とく点 /50点
シール

1 つぎの――の漢字《かんじ》の読《よ》み方《かた》を書《か》きましょう。（一つ1点）

① 門に入る。
② 肉を食《た》べる。
③ きよい心。
④ つなを引く。
⑤ 岩に立つ。
⑥ 矢をはなつ。
⑦ 麦をふむ。
⑧ 雪がふる。
⑨ 高い空。
⑩ 南へ下る。
⑪ 星を見る。
⑫ 点をつける。

2 つぎの漢字の読み方を書きましょう。（一つ1点）

① 春分
② 北東
③ 合計
④ 多少
⑤ 画家
⑥ 思考
⑦ 大切
⑧ 兄弟
⑨ 番地
⑩ 理科

3 つぎの漢字の読み方を書きましょう。（一つ2点）

① 赤ぐみ。
② 黒いくも。
③ 白いふく。
④ 黄いろいタオル。
⑤ 母と出かける。
⑥ 父にあげる。
⑦ 魚をとる。
⑧ 牛をかう。

4 つぎの漢字の読み方を書きましょう。（一つ1点）

① 父母
② 来週
③ 古語
④ 何回
⑤ 会社
⑥ 電気
⑦ 交通
⑧ 広場
⑨ 科目
⑩ 新米
⑪ 算数
⑫ 昼食

漢字の 書き (1)

1 つぎの ことばを 漢字《かんじ》で 書《か》き ましょう。（一つ1点）

① □《とも》だちの □《いえ》。

② □《よ》が □《あ》ける。

③ □《かんが》えを □《い》う。

④ □《うみ》の □《え》を かく。

⑤ □《や》と □《ゆみ》を つかう。

⑥ □《みせ》で □《こめ》を たく。

2 つぎの ことばを 漢字で 書き ましょう。（一つ1点）

① □□《とけい》を □□《ばいばい》する。

② □□《がいこく》の □□《かいしゃ》。

③ □□《ごご》は □□《どくしょ》する。

④ □□《こうげん》で □□《ちゅうしょく》を とる。

⑤ □□《さんすう》を □□《まいしゅう》学ぶ。

3 つぎの ことばを 漢字で 書き ましょう。（一つ2点）

① □《きた》

② □《みなみ》

③ □《ひがし》

④ □《にし》

⑤ □《うま》

⑥ □《うし》

⑦ □《さかな》

⑧ □《とり》

4 つぎの 二通《ふたとお》りの 読《よ》み方《かた》を する 漢字を 書きましょう。（一つ2点）

① げん・はら □

② しん・こころ □

③ はん・なか（ば） □

④ がん・かお □

⑤ たい・からだ □

⑥ せい・ほし □

1 20 40 60 80 100 120（回）

国語

べん強した日（ 月 日）

時間 15分

合かく 40点

とく点 / 50点

シール

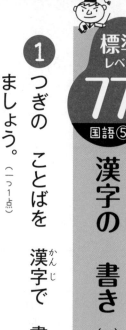

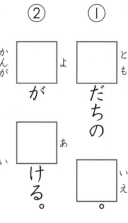

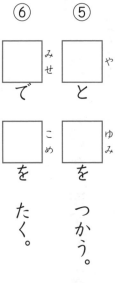

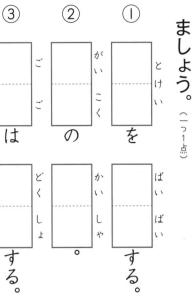

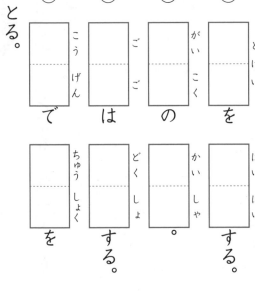

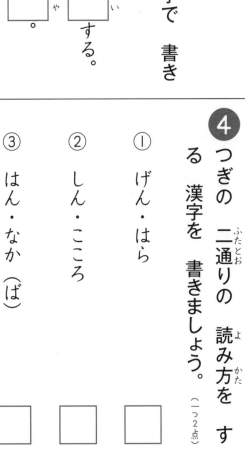

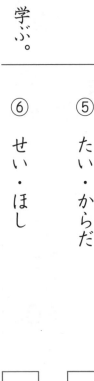

上級 レベル

78

国語⑥

漢字の 書き (1)

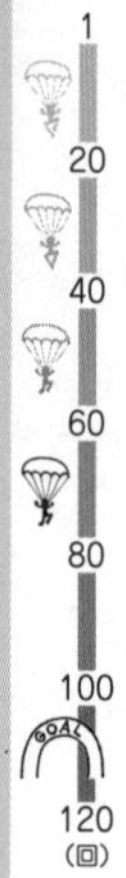

時間 15分

合かく 40点

とく点 　　／50点

シール

べん強した日〔　月　日〕

1 つぎの ことばを 漢字《かんじ》で 書《か》きましょう。（一つ1点）

① □《すこ》し
② □《はし》る
③ □《おも》う
④ □《ある》く
⑤ □《とお》る
⑥ □《わ》ける
⑦ □《なが》い
⑧ □《き》る
⑨ □《よわ》い
⑩ □《ほそ》い

2 つぎの ことばを 漢字で 書きましょう。（一つ1点）

① □□《こうえん》
② □□《せいかつ》
③ □□《こくご》
④ □□《しんぶん》
⑤ □□《えんきん》
⑥ □□《きせん》
⑦ □□《でんち》
⑧ □□《ちょくせん》
⑨ □□《ずが》
⑩ □□《とうばん》
⑪ □□《がんせき》
⑫ □□《しきし》

3 つぎの 読《よ》み方《かた》を する 漢字を 後《あと》から えらんで、書きましょう。（一もん6点）

① ドウ　□ □
② リ　□ □
③ ヨウ　□ □

曜	道
里	用
同	理

4 つぎの ことばを 漢字で 書きましょう。（6点）

しゅん　か　しゅう　とう

□□□□

5 つぎの 読み方を する 漢字を 書きましょう。（一つ1点）

① みずから　□
② おそわる　□
③ まじわる　□
④ しるす　□

漢字の 書き (2)

べん強した日（　月　日）

時間 15分
合かく 40点
とく点　　50点
シール

1 つぎの ことばを 漢字《かんじ》と おくりがなで 書《か》きましょう。（一つ2点）

① こまかい □
② ただちに □
③ かよう □
④ もちいる □
⑤ まじわる □
⑥ おそわる □
⑦ しるす □
⑧ とまる □
⑨ おこなう □
⑩ あきらか □
⑪ はずす □
⑫ ちかい □
⑬ ふるい □

2 つぎの ことばを 漢字で 書きましょう。（一つ2点）

① □□《こんしゅう》は いそがしい。
② □□《せつげん》を 走る そり。
③ □□《かいが》を 見る。
④ □□《やしょく》を つくる。
⑤ □□《こうか》の えんそう。

3 つぎの ことばを 漢字で 書きましょう。（一もん2点）

① 赤い □《いろ》の □□《こうせん》。
② □□《あさがお》の □□《とうばん》。
③ □□《なんとう》からの □《かぜ》。
④ □《ふね》で □□《きこく》する。
⑤ □《いけ》の そばの □□《ほどう》。
⑥ □□《こうえん》を □《ある》く。
⑦ □□《ちじん》に □《あ》う。

上級レベル

80

国語⑧

漢字の 書き (2)

1 2 0 4 0 6 0 8 0 100 120（回）

べん強した日（　月　日）

時間 15分

合かく 40点

とく点

50点

シール

1 つぎの ことばを 漢字《かんじ》で 書《か》きましょう。（一つ1点）

① □《たの》しい

② □《かぞ》える

③ □《は》れる

④ □《こた》える

⑤ □《つよ》い

⑥ □《う》る

⑦ □《とお》い

⑧ □《な》る

⑨ □《わ》ける

⑩ □《おも》う

2 つぎの ことばを 漢字で 書きましょう。（一つ2点）

① □《ご》□《ご》

② □《ぎゅう》□《にく》

③ □《だい》□《ち》

④ □《ふ》□《ぼ》

⑤ □《きょう》□《だい》

⑥ □《や》□《ちょう》

⑦ □《げん》□《ご》

⑧ □《り》□《か》

⑨ □《ない》□《がい》

⑩ □《まん》□《ねん》

⑪ □《ちゃ》□《しつ》

⑫ □《しゅう》□《ぶん》

⑬ □《せい》□《ほく》

⑭ □《ぜん》□《ご》

3 つぎの 二通《ふたとお》りの 読《よ》み方《かた》を する 漢字を 書きましょう。（一つ1点）

① こく・くに □

② じ・てら □

③ どう・おな（じ） □

④ し・いち □

⑤ もう・け □

4 つぎの ことばを 漢字と おくりがなで 書きましょう。（一つ1点）

① かんがえる □

② まわす □

③ よわい □

④ すくない □

⑤ したしい □

⑥ みずから □

⑦ あらたな □

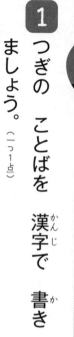

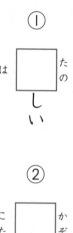

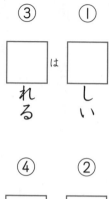

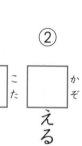

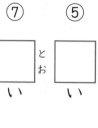

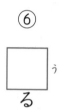

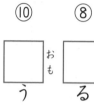

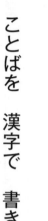

かたかな

べん強した日（　月　日）

時間 15分 合かく 40点 とく点 /50点 シール

1 つぎの ことばを かたかなで 書《か》きましょう。（一つ2点）

① らいおん（　）
② ぱんだ（　）
③ ちゅうりっぷ（　）
④ ないふ（　）
⑤ せろはんてえぷ（　）
⑥ ていっしゅ（　）
⑦ こんぴゅうたあ（　）
⑧ きゃっちぼおる（　）

2 かたかなで 書く ことばを えらんで、直《なお》しましょう。（一つ2点）

① だいどころ で おかあさん の おてつだい を する とき は えぷろん を つけます。（　）
② れすとらん で おれんじじゅうす と ぎゅうどん を たのみました。（　）（　）
③ どうぶつえん で かんがるう と こあら を みました。（　）（　）
④ おかあさん への ぷれぜんと は いやりんぐ です。（　）（　）

3 つぎの ―の ことばに あてはまる ものを、後《あと》から えらんで、記号《きごう》で 答《こた》えましょう。（一つ2点）

① フランスに 行《い》く。（　）
② コケコッコーと 鳴《な》く。（　）
③ ファーブルの 本を 読《よ》む。（　）
④ カタカタと 鳴《な》る。（　）
⑤ ケーキを 食《た》べる。（　）

ア ものの 音
イ 鳴き声《ごえ》
ウ 外国《がいこく》から 来《き》た もの
エ 外国の 人の 名前《なまえ》
オ 国の 名前

4 つぎの ―の ことばを 正しく 直《なお》しましょう。（一つ2点）

① 姉《あね》は 毎日《まいにち》 パイオリソを ひきます。（　）
② わたしは アスハラカスを 食べます。（　）
③ 音楽《おんがく》の 録音《ろくおん》に スタヂオを つかいました。（　）
④ 冬《ふゆ》には スキイに かぞくと いきます。（　）
⑤ 公園《こうえん》で ブラシコに のって あそびました。（　）

かたかな

時間 15分　合かく 40点　とく点　／50点　シール

1

つぎの ことばを かたかなで 書《か》きましょう。（一つ2点）

① らじお（　　）
② ましゅまろ（　　）
③ となかい（　　）
④ かすたねっと（　　）
⑤ おおすとらりあ（　　）
⑥ ちょこれえとぱふぇ（　　）
⑦ くりすますつりい（　　）

2

（れい）に ならって、かたかなで 書きましょう。（一つ3点）

（れい）ハヒフヘ→ホ

① タチツテ→（　　）
② ザジズゼ→（　　）
③ ダッヂッヅッデッ→（　　）
④ パッピップッペッ→（　　）
⑤ ラーリールーレー→（　　）
⑥ ガァギィグゥゲェ→（　　）

3

かたかなで 書く ことが できる ことばを えらんで、――を 引《ひ》きましょう。（3点）

さむい 夜《よる》、びるの あいだを つめたい かぜが びゅうびゅうと ふき、ときおり かみなりが ごろごろ なって いました。

4

つぎの 文章《ぶんしょう》の （　）に あてはまる ことばを 後《あと》から えらんで、記号《きごう》で 答《こた》えましょう。（一つ3点）

かたかなには つぎのような しゅるいが あります。

「アメリカ」のように（①　）を あらわす もの、「チリンチリン」のように（②　）を あらわす もの、また、「エジソン」のように（③　）を あらわす ものなどです。

また、「チーズ」のように（④　）を あらわす ものも 数多《かずおお》く あるので、気を つけましょう。

ア ものの 音
イ 鳴《な》き声《ごえ》
ウ 外国《がいこく》から 来《き》た もの
エ 外国の 人の 名前《なまえ》
オ 外国の 地名《ちめい》

5

自分《じぶん》の 名前を かたかなで 書きましょう。（3点）

（　　　　）

かなづかい・おくりがな

1 かなづかいの 正しい ほうに ○を 書《か》きましょう。（一つ2点）

① 毎日《まいにち》 学校｛（　）え／（　）へ｝ 行《い》く。

② すきな 音楽《おんがく》｛（　）を／（　）お｝ 聞《き》く。

③ 姉《あね》｛（　）は／（　）わ｝ 本が すきです。

2 （　）に 「ず」か 「づ」を 入れましょう。（一つ2点）

① あか（　）きんちゃん。

② （　）こう。

③ 食《た》べ（　）らい。

④ 三日 ぼう（　）。

⑤ （　）つうが する。

3 （　）に 「じ」か 「ぢ」を 入れましょう。（一つ2点）

① み（　）かな ところ。

② はな（　）が 出る。

③ おお（　）しん。

④ きょうの テストに （　）しんが ある。

⑤ ステージに とう（　）ようする。

4 つぎの ——を 漢字《かんじ》と おくりがなで 書きましょう。（一つ2点）

① すぱっと きれる。

② きらきら ひかる。

③ みずから 行《おこな》う。

④ 日が あたる。

⑤ あかるい ライト。

⑥ こまかい もよう。

5 つぎの ——を 漢字と おくりがなで 書きましょう。（一つ2点）

① あたらしい 車。

② とおくの 家《いえ》。

③ たのしい 人。

④ あきらかに なる。

⑤ すこしの 水。

⑥ 道《みち》が わかれる。

1 20 40 60 80 100 GOAL 120（回）

国語

べん強した日（　月　日）

時間 15分

合かく 40点

とく点 　　50点

シール

かなづかい・おくりがな

1 20 40 60 80 100 120（回） GOAL

べん強した日（　月　日）

時間 15分

合かく 40点

とく点 　／50点

シール

1

つぎの 文の 中から かなづかいを まちがえて いる ことばを さがし、正しく 直《なお》しましょう。（一つ2点）

① へやを かたずける。（　　）（　　）

② ひもが みぢかい。（　　）（　　）

③ ことばずかいを 正《ただ》す。（　　）（　　）

④ おうぜいで でかける。（　　）（　　）

⑤ おおさまと あう。（　　）（　　）

⑥ つめたい こうり。（　　）（　　）

⑦ おやこずれが おおい。（　　）（　　）

⑧ おねいさんと 話《はな》す。（　　）（　　）

⑨ がっこうでの せえかつ。（　　）（　　）

2

かなづかいの 正しい ほうに ○を 書《か》きましょう。（一つ2点）

① 地面 （　）じめん （　）ぢめん

② 地図 （　）ちづ （　）ちず

③ 同時 （　）どおじ （　）どうじ

④ 東西 （　）とうざい （　）とおざい

⑤ 少年 （　）しょおねん （　）しょうねん

⑥ 大通り （　）おおどうり （　）おおどおり

⑦ 三日月 （　）みかづき （　）みかずき

3

つぎの 文には かなづかいの あやまりが 一つずつ あります。その 字を 見つけて ――を 引《ひ》きましょう。また、正しく 直しましょう。（一つ3点）

① 英語《えいご》の つずりは むずかしいので にがてです。（　　）

② 犬ごやが こわれました。とうさんは、かなずちと くぎを つかって、もっと おおきい ものを つくって くれました。（　　）

③ 学校の ろうかは とても 長《なが》くて、どこまでも つずくようです。（　　）

④ 冬《ふゆ》の 朝《あさ》は さむくて、池《いけ》が こおる ほどです。外《そと》に 出ると、体《からだ》が ちじむようです。（　　）

⑤ もけいの ひこおきを つくって、こうえんへ 行《い》きました。おとうとや いもうとは 大よろこびでした。（　　）

⑥ おしゃべりしないで、しずかに 歩《ある》きなさいと、先生が いつも おっしゃいます。（　　）

同じ いみの ことば・はんたいの いみの ことば

時間 15分
合かく 40点
とく点　　　／50点
シール

べん強した日（　月　日）

国語

1　20　40　60　80　100　120（回）

1 ――の ことばと いみの にた ことばを 漢字《かんじ》一字で 書《か》きましょう。（一つ2点）

① しんたいを けんこうに たもつ。 □
② じいんの おぼうさん。 □
③ 家《いえ》の とびらを あける。 □
④ せいようの かいがを 見る。 □
⑤ おかあさんと でかける。 □
⑥ どうろの こうじが はじまった。 □

2 ――の ことばと 同《おな》じ いみで つかわれて いる ものを えらんで、○を 書きましょう。（一つ5点）

① ニュースを 聞《き》く。
（　）くわしく 道《みち》を 聞く。
（　）弟《おとうと》の ねがいを 聞く。
（　）先生の 話《はなし》を 聞く。

② よばれて 立つ。
（　）イスの 上に 立つ。
（　）海《うみ》の なみが 立つ。
（　）大きな 市《いち》が 立つ。

3 ――の ことばと はんたいの いみの ことばを 後《あと》から えらんで、書きましょう。（一つ2点）

① あつい 夏《なつ》。（　）
② 明《あか》るい 星《ほし》。（　）
③ 遠《とお》い 道のり。（　）
④ 高《たか》い たてもの。（　）
⑤ 新《あたら》しい 本。（　）
⑥ ゴミを ひろう。（　）
⑦ 学校が はじまる。（　）
⑧ あそびに くる。（　）

すてる　ひくい　くらい
おわる　ふるい　いく
さむい　ちかい

4 はんたいの いみや ついに なる ことばを 後から えらんで、漢字で 書きましょう。（一つ3点）

① 弱小《じゃくしょう》（　）
② 晴天《せいてん》（　）
③ 海外《かいがい》（　）
④ 肉食《にくしょく》（　）

こくない　うてん
きょうだい　そうしょく

上級
レベル
86
国語⑭

同じ いみの ことば・はんたいの いみの ことば

べん強した日（　月　日）

時間 15分
合かく 40点
とく点 /50点
シール

1

にた いみの 漢字《かんじ》を 後《あと》から えらんで、二字の じゅくごを 作《つく》りましょう。（一つ2点）

① 野《の》□《はら》
② 岩《がん》□《せき》
③ 絵《かい》□《が》
④ 言《げん》□《ご》
⑤ 思《し》□《こう》
⑥ 合《ごう》□《どう》
⑦ 暗《あん》□《こく》
⑧ 土《と》□《ち》
⑨ 通《つう》□《こう》
⑩ 商《しょう》□《ばい》

同　画　黒　考　売
原　行　石　地　語

2

はんたいの いみの 漢字を 下から えらんで、二字の じゅくごを 作りましょう。（一つ2点）

① 親《おや》□《こ》
② 天《てん》□《ち》
③ 父《ふ》□《ぼ》
④ 多《た》□《しょう》
⑤ 内《ない》□《がい》
⑥ 前《ぜん》□《ご》
⑦ 遠《えん》□《きん》
⑧ 左《さ》□《ゆう》
⑨ 東《とう》□《ざい》
⑩ 強《きょう》□《じゃく》

弱　外　右　地
子　近　母　西
後　少

3

——の ことばの いみを 後から えらんで、記号《きごう》で 答《こた》えましょう。（一つ1点）

① しんと する。……（　）
② ちえを はたらかせる。……（　）
③ 虫を かんさつする。……（　）
④ でたらめを おしえる。……（　）
⑤ 間《ま》に合《あ》って ひとあんしんする。……（　）

ア うまく いく 考《かんが》え。
イ いったん ほっと する こと。
ウ よく 見て しらべる こと。
エ とても しずかな ようす。
オ あまり よく ない こと や いいかげんな こと。

4

つぎの ことばを つかって、みじかい 文を 作りましょう。（5点）

・空《から》っぽ

（　）

し

1 つぎの しを 読《よ》んで、答《こた》えなさい。

根《ね》

藤本《ふじもと》 美智子《みちこ》

どっしりとした木の幹《みき》
風《かぜ》にそよぐ緑《みどり》の葉《は》っぱ
あまいかおりの花
木がすきです
緑がすきです
花がすきです
なんて
どれだけ
わかっているといえるのだろう
木や草花《くさばな》のこと
かくれた根のこと
いつもは忘《わす》れている

(1) この しでは、何《なに》が「すきです」と 書《か》かれて いますか。(一つ5点)

（　　）（　　）（　　）

(2) 「いつもは忘れている」とは、どう いう ことですか。(一つ5点)

（　　）の ことを わかって いる つもりで いても、（　　）の ことを いつもは 忘れて いると いう こと。

2 つぎの しを 読んで、答えなさい。

かがみの そばを とおる とき

北村《きたむら》 蔦子《つたこ》

ろうかの かべの おおきな かが
み
かがみの そばを とおる とき
ちょっと
のぞいて みる

わらって みる
おこって みる
すまして みる
あがりめ さがりめ ねこの め
それから
しらん かお して
とおりすぎる

(1) かがみの そばを とおる とき、何《なに》を する と いって いますか。(12点)

のぞいてから、いろいろな
［　　］を して みる。

(2) (1)のように してから どう し ますか。(13点)

（　　）

国語

べん強した日（　月　日）

時間	20分
合かく	40点
とく点	/50点

シール

1 20 40 60 80 100 120(回)

し

時間	20分
合かく	40点
とく点	/50点

べん強した日（　月　日）

シール

1 つぎの しを 読《よ》んで、答《こた》えなさい。

てつぼう

いとい しげさと

てつぼうは きみを
まって います
①ひくい ほうのも
②たかい ほうの てつぼうも
きみを まって います

きみが さかあがりするのを
きみが しりあがりするのを
きみが あしかけあがりするのを
てつぼうは まって います

きみが こないと
てつぼうは ただの てつぼうです
さみしい てつぼうです

てつぼうは まって います
きみが まえまわりするのを
きみが うしろまわりするのを
きみが だいしゃりんするのを
てつぼうは こんな こさめの ふる ひ
いつまでも きみを まって います

---

(1) 「①ひくい ほう」「②たかい ほう」とは、何《なん》の ことを いって いるのですか。（5点）

□

(2) 「てつぼう」は 「きみ」が 何《なに》を するのを まって いますか。六つ 書《か》きましょう。（一つ5点）

（　　）（　　）（　　）（　　）（　　）（　　）

(3) 「きみ」が こない ときの 「てつぼう」は どのような 「てつぼう」ですか。（一つ5点）

□の てつぼう

□てつぼう

(4) この 日の てつぼうは どんな ようすですか。（5点）

□の ふる 中で まって いる。

標準レベル **89** 国語⑰

物語（1）

国語

べん強した日（　月　日）

時間 20分　合かく 40点　とく点　／50点　シール

1 つぎの　文章《ぶんしょう》を　読《よ》んで、答《こた》えなさい。

ナナさんは　あみものやさんです。なんでも　あめる　あみものやさんです。

冬《ふゆ》に　なると、ナナさんは　お店《みせ》の　まえに　こんな　看板《かんばん》を　だします。

「クリスマスには、くつしたを　おわすれなく」

すると、サンタクロースに　プレゼントを　いれて　もらう　くつしたの　注文《ちゅうもん》が　たくさん　きます。

「すてきな　くつしたを、おねがい」

今年《ことし》も　注文が　いっぱい　きました。

ナナさんは　注文の　ほかにも　たくさん、くつしたを　あみました。

あみあがると、ナナさんは　お店の　まえに　かけて　おきます。

「お気に　めしたら、どうぞ。お代《だい》は　おこころざしで　けっこうです」

そばに　こんな　張《は》り紙《がみ》と　ちいさな　袋《ふくろ》を　さげて　おきました。

すると　ふしぎ！　いつのまにか　みんな　なくなって　いるのです。

そして　おこころざしは、おし花だったり、ほした　くだものだったり、きれいな　貝がらだったり……でした。

（角野《かどの》　栄子《えいこ》「ナナさんの　いい糸　いろいろ」）

(1) 「ナナさん」は、何《なに》を　して　いる　人ですか。(10点)

(2) 冬に　なると、「ナナさん」の　お店には　どんな　注文が　たくさん　来《き》ますか。(10点)

（　　　　）

(3) 「ナナさん」は、注文の　ほかに　たくさん　あんだ　くつしたを　どう　しましたか。(10点)

（　　　　）

(4) 「ちいさな　袋」は　何を　入れる　ために　さげて　おいたのですか。(10点)

（　）いろいろな　くつした

（　）おこころざし

（　）ふしぎな　紙

(5) 「ナナさん」は、どんな　おこころざしを　もらいましたか。(10点)

（　　　　）

物語(1)

1 20 40 60 80 100 120(回)

べん強した日（　月　日）

時間	20分
合かく	40点
とく点	／50点

シール

1 つぎの 文章《ぶんしょう》を 読《よ》んで、答《こた》えなさい。

「いったい、ぜんたい、おまえは なんなんだい。」

「だから わたしは、ちゃいろの 小びんだって、いってるでしょ。」

「それは、わかってる。」

のりちゃんは うなずいた。

「だけどさ、そんな ふうに 口を きいたり、あるきまわったり する びんなんて、ぼく、はじめてだよ。」

「そりゃ、そうでしょうね。」

ちゃいろの 小びんは、①すまして こたえた。

「なにしろ、わたしは、この 中に ②だいじな ものを、あずかってるんですから。」

「ふーん」

③のりちゃんは くびを かしげた。

「その、だいじな ものって、なに。」

「すな、です。」

「だからさ、その すなが、なんで そんなに だいじなの。」

「……ですよ。」

はじめの ところが よく きこえない。なんだか、むずかしい ことを いったようだった。

（佐藤《さとう》 さとる「ちゃいろの 小びんちゃん」）

(1) 「ちゃいろの 小びん」は、どんな 小びんですか。(12点)

（　）ころころ ころがって いる。

（　）話《はな》したり、あるいたり できる。

（　）だまって すわって いる。

(2) 「①すまして こたえた」のは、なぜですか。(13点)

（　）気に して いない ふりを したかったから。

（　）おどろいた ことを かくしたかったから。

（　）じぶんは とくべつだと 思《おも》って いるから。

(3) 「②だいじな もの」とは、何《なん》ですか。(12点)

□

(4) 「③のりちゃんは くびを かしげた」とは、どんな ようすを あらわして いますか。(13点)

（　）あやしんで いる ようす。

（　）ふしぎに 思う ようす。

（　）こまりはじめた ようす。

説明文（1）

べん強した日（　月　日）

時間 20分
合かく 40点
とく点 　　50点

シール

1 つぎの　文章《ぶんしょう》を　読《よ》んで、答《こた》えなさい。

オジギソウの　葉《は》を、①指先《ゆびさき》で　そっと　さわって　ごらん。小さな　葉が、みるみるうちに　とじて　いきます。

こんどは、まえより　少《すこ》し　強《つよ》く、つつくように　さわって　ごらん。すると、葉は　全部《ぜんぶ》　とじ、葉と　茎《くき》との　つけ根《ね》の　部分《ぶぶん》が、急《きゅう》に　折《お》れまがり、たれ下がって　しまいます。

このように、オジギソウは、さわると　急に　動《うご》くので、②〝（　　）植物《しょくぶつ》〟の　代表《だいひょう》として、むかしから　知《し》られて　います。

②オジギソウと　いう　名前《なまえ》は、葉に　さわると、おじぎを　するように　葉を　下げる　ことから　つけられました。

オジギソウの　葉は、熱《あつ》い　ものを　近《ちか》づけただけでも　動《うご》きます。蚊取《かと》り線香《せんこう》の　火を　葉の　先に　近づけると、約一秒後《やくいちびょうご》に　葉が　とじはじめます。そう　したら、線香を　葉から　はなし、③どのような　順序《じゅんじょ》で　葉が　とじて　いくか、観察《かんさつ》して　みましょう。

葉は、熱《ねつ》を　加《くわ》えられた　先の　方《ほう》から　つけ根に　向《む》かって　とじて　いきます。つけ根まで　とじて　しまうと、つぎは、ほかの　葉の　つけ根から　先に　向かって、葉が　とじて　いきます。そして、葉が　全部　とじると、葉と　茎との　つけ根の　部分が　たれ下がります。

（清水《しみず》　清《きよし》「植物《しょくぶつ》は動《うご》いている」）

（1）「①指先で　そっと　さわって　ごらん」と　ありますが、さわると　オジギソウは　どう　なりますか。（10点）

（　　　　　　　　）

（2）文章の　中の（　）にあてはまる言葉は　つぎの　どれですか。（10点）

折れる　　動く　　つつく

（　　　　　　　　）

（3）「②オジギソウと　いう　名前」は　どうして　つけられたのですか。（10点）

（　　　　　　　　）ことから　名前が　つけられた。

（4）「③どのような　順序で　葉が　とじて　いくか」と　ありますが、葉は　どのように　とじて　いきますか。（一つ10点）

葉は、熱を　加えた（　　　）とじて　いく。つけ根まで　とじると、（　　　）、葉が　とじて　いく。葉が　全部　とじると、葉と　茎との　つけ根の　部分が　たれ下がる。

説明文（1）

時間 20分　合かく 40点　とく点 ／50点　べん強した日（　月　日）　シール

1 つぎの 文章《ぶんしょう》を 読《よ》んで、答《こた》えなさい。

花の かおりは、虫を おびきよせる ための ものです。
①バラや キンモクセイ、ユリ、クチナシなど、いい かおりの する 花は たくさん あります。（中略《ちゅうりゃく》）
また、ラフレシアと いう 花のように、肉《にく》が くさったような ②くさい においを だして いる ものも あります。花の かおりは 虫を よぶ ための ものですから、人間《にんげん》には くさく かんじたり する ものも あるのです。
においに さそわれて やって きた 虫は、花の 中を うごきまわります。
その とき、③おしべの 花ふんが めしべに くっつくのです。
めしべに 花ふんが つくと、めしべの ねもとが、だんだん ふくらんで いって、実《み》が できて いきます。
花は、においで 虫を よび、実を つくる てだすけを して もらって いるのです。
においの ほかに、きれいな 花の 色《いろ》や 花が だす あまい みつも、虫を よびよせます。

（久道《ひさみち》 健三《けんぞう》「かがく なぜ どうして 二年生」〈偕成社〉）

(1) 花の かおりは、何《なに》を する ための ものだと いって いますか。(8点)

虫を □ ための もの。

(2) 「①バラ」は 何《なん》の れいと して あげられて いますか。(8点)

□ かおりの する 花

(3) 花が 「②くさい におい」を 出す のは 何の ためですか。(9点)

（　　　）

(4) 「③おしべの 花ふんが めしべに くっつく」と、どう なりますか。(9点)

（　　　）

(5) 花の 実を つくる てだすけを する ものは 何ですか。(8点)

□

(6) においと 同じ はたらきを する ものは 何ですか。(8点)

花の 色や あまい □

かざりことば

べん強した日（　月　日）

時間	合かく	とく点
15分	40点	50点

シール

1 （　）に あてはまる ことばを 後《あと》から えらんで、書《か》きましょう。（一つ2点）

① （　　）友《とも》だち。

② （　　）ゆき。

③ （　　）川。

④ （　　）いたみ。

⑤ （　　）岩《いわ》。

かたい	くるしい	白い
あさい	楽《たの》しい	

2 （　）に あてはまる ことばを 後から えらんで、書きましょう。（一つ2点）

① ぼくは （　　）歩《ある》く。

② 雨が （　　）ふる。

③ あめを （　　）なめる。

④ （　　）の わたがし。

⑤ とても （　　）の こおり。

とぼとぼ	かちかち	ふわふわ
ぺろぺろ	ざあざあ	

3 （　）に あてはまるように ことばを かえて 書きましょう。（一つ3点）

① 「大きい」 ひまわりが （　　）なった。

② 「元気《げんき》だ」 犬が （　　）走《はし》り回《まわ》って いる。

③ 「しずかだ」 ぼくは （　　）へやで ねたい。

④ 「赤い」 （　　）て 大きな 夕日を 見た。

⑤ 「小さい」 ぼくの 見つけた どんぐりは とても （　　）た。

4 うまく つながる ことばを 後から えらんで、書きましょう。（一つ5点）

① （　　）本が すきですか。

② お店《みせ》は （　　）こんで いた。

③ 時間《じかん》が （　　）ない。

とても	まったく	どんな

かざりことば

べん強した日（　月　日）

時間	合かく	とく点
15分	40点	50点

シール

1 （　）に あてはまる ことばを 後《あと》から えらんで、書《か》きましょう。（一つ2点）

①（　　）さか。

②（　　）ぬの。

③（　　）ドレス。

④（　　）心《こころ》づかい。

⑤（　　）会《かい》。

⑥（　　）ことば。

細《こま》やかな	なだらかな
はなやかな	おごそかな
正直《しょうじき》な	なめらかな

2 □の ことばが かざって いる ことばに ――を 引《ひ》きましょう。（一つ3点）

① **ピンク色の** チューリップが さいた。

② **つめたい** ジュースを 昼《ひる》に のんだ。

③ 雲《くも》が **気《き》持《も》ちよさそうに** 空に うかんで います。

④ リスは えだの 上を **上手に** おちないように 走《はし》ります。

⑤ 友《とも》だちから **ぷっつりと** 手紙《てがみ》が 来《こ》ないように なりました。

3 （　）に あてはまる ことばを 後から えらんで、書きましょう。（一つ3点）

①（　　）一度《いちど》 あそびに 来《き》て ください。

②（　　）しっぱい したら どうしよう。

③ きょうは（　　）あたたかく ない。

④（　　）ねむって いるようだ。

⑤（　　）そんな ことは あるまい。

⑥ あなたは（　　）だれですか。

よもや	ぜんぜん
いったい	どうか
あたかも	もし

4 「なぜ…か」と いう ことばを 用《もち》いて、みじかい 文を 作《つく》りましょう。（5点）

（　　　　）

いみを たすける ことば

べん強した日（　月　日）

時間 15分
合かく 40点
とく点　　／50点
シール

1

（れい）に ならって、つぎの 文を 書《か》きかえましょう。（一つ2点）

（れい） わたしを よぶ。→ わたしが よばれる。

① 文字を 書く。
→（　　　　　）

② 絵《え》を 見る。
→（　　　　　）

③ ボールを おとす。
→（　　　　　）

④ 石を なげる。
→（　　　　　）

⑤ たまごを わる。
→（　　　　　）

2

下の ことばに つながる ほうに ○を 書きましょう。（一つ2点）

① （　）学校へ　（　）学校が　｝行く。

② （　）この 本は　（　）この 本に　｝おもしろい。

③ （　）いすが　（　）いすを　｝たおれる。

④ （　）魚《さかな》を　（　）魚が　｝売れる。

3

（　）に あてはまる ことばを 後《あと》から えらんで、書きましょう。ただし、同《おな》じ ことばを 二度《にど》 用《もち》いては いけません。（一つ4点）

① いくら たのん（　　　　）き いて くれません。

② きみが 行くなら、わたし（　　　　）行くよ。

③ はっきりと 言《い》えば いい（　　　　）なあ。

④ 姉《あね》と 妹《いもうと》は いつも おしゃべり（　　　　）して いる。

⑤ こおりを とかす（　　　　）、水に なる。

⑥ いちばん 本を 読《よ》むのは いったい だれ（　　　　）。

⑦ ここ（　　　　）学校までは かなり 遠《とお》い。

⑧ もし 行くの（　　　　）気を つけなさい。

かしら　ばかり
と　から
でも　のに
も　なら

いみを たすける ことば

べん強した日〔　月　日〕

時間 15分
合かく 40点
とく点　　／50点
シール

1 ことばが つながる ほうに ○を 書《か》きましょう。（一つ2点）

① （　）車が ／ （　）車を ｝ 走《はし》らせる。

② （　）戸《と》が ／ （　）戸を ｝ あける。

③ 弟《おとうと》を ｛ （　）行《い》く。 ／ （　）行かせる。

④ 電話《でんわ》を ｛ （　）かける。 ／ （　）かかる。

⑤ 足が ｛ （　）そろう。 ／ （　）そろえる。

2 （　）に「は」「の」「を」「へ」の いずれかを 書きましょう。（一つ2点）

① たくさんの 人が えき（　）むかう。

② わたし（　）小学校 一年生です。

③ 姉《あね》は よく ピアノ（　）ひきます。

④ 公園《こうえん》は わたしの 家《いえ》（　）前《まえ》に あります。

⑤ わたしは きのう 国語《こくご》（　）漢字《かんじ》を べんきょうしました。

3 （　）に あてはまる ことばを 後《あと》から それぞれ えらんで、書きましょう。（一つ5点）

① えんぴつや ノート（　）を 用意《ようい》して ください。

ぐらい　など　ほど　しか

② 毎日《まいにち》 書い（　）読《よ》んだり して います。

たり　ても　ながら　て

③ 大会《たいかい》は ぼくたちの 学校（　）行《おこな》われる。

へ　を　が　で

④ わたしは 国語（　）算《さん》数《すう》が すきです。

こそ　でも　より　も

⑤ 今度《こんど》 いっしょに お花見（　）行こう。

と　に　の　とも

⑥ まあ 一度（　）なら いいだろう。

だけ　でも　しか　だり

主語と 述語

1 つぎの 文の 「〜は」「〜が」に あたる ことばに ——を 引《ひ》きましょう。（一つ2点）

① 幼稚園《ようちえん》の 弟《おとうと》が 三輪車《さんりんしゃ》で あそびます。

② かわいい 赤ちゃんが すやすやと ねむる。

③ ぼくの 姉《あね》は 二十さいです。

④ ひろしくんは サッカーが とくいです。

⑤ みんなで 食《た》べる 給食《きゅうしょく》は とても おいしい。

⑥ 学校に ある プールは とても 大きい。

2 つぎの 文の 「〜です」「〜だ」に あたる ことばに ——を 引きましょう。（一つ2点）

① わたしは 毎日《まいにち》 歩《ある》く。

② 今年《ことし》の 夏《なつ》は とても あつい。

③ ぼくは リレーの 選手《せんしゅ》だ。

④ 赤ちゃんが ミルクを のむ。

⑤ パンダは とても かわいい。

⑥ かもめは 冬《ふゆ》の わたり鳥《どり》です。

3 つぎの 文を、□の 中の しゅるいに それぞれ わけて、記号《きごう》で 答《こた》えましょう。（一つ2点）

ア なにが—なんだ
イ なにが—どう する
ウ なにが—どんなだ

① はげしい 雨が ふる。（　）

② 母《かあ》さんは いつも いそがしい。（　）

③ 父《とう》さんが しごとに 出かける。（　）

④ ぼくは 正月に お年玉を たくさん もらった。（　）

⑤ きみの した 行動《こうどう》は とても りっぱだ。（　）

⑥ ここが いちばん 大きな 通《とお》りだ。（　）

⑦ ぼくは 朝食《ちょうしょく》に パンを 食べた。（　）

⑧ 妹《いもうと》の すきな 食べものは ハンバーグだ。（　）

⑨ ぼくの へやの 時計《とけい》は まるい。（　）

⑩ この へやは とても しずかだ。（　）

⑪ お父さんは まい朝《あさ》 早く おきる。（　）

⑫ 動物園《どうぶつえん》で いちばん 見たい 動物は ライオンだ。（　）

⑬ 夜空《よぞら》に かがやく 星《ほし》は とても うつくしい。（　）

国語

べん強した日（　月　日）

時間 15分
合かく 40点
とく点 　/50点
シール

主語と 述語

べん強した日（　月　日）

時間 15分　合かく 40点　とく点　シール　50点

1 つぎの 文の ア「〜は」「〜が」に あたる ことば、イ「〜です」「〜だ」に あたる ことばを ぬき出して、書《か》きましょう。（一もん5点）

① 三時間目《さんじかんめ》に 漢字《かんじ》の テストが 二回 ある。

ア（　　）　イ（　　）

② 小さい かたつむりが 草の 根元《ねもと》に かくれる。

ア（　　）　イ（　　）

③ 駅前《えきまえ》の 新《あたら》しい ケーキやは パンやの となりに ある。

ア（　　）　イ（　　）

④ 公園《こうえん》の バラが きれいに さきました。

ア（　　）　イ（　　）

⑤ 一度《いちど》 外国《がいこく》へ 行《い》って みたい けれど、なかなか ゆめは かないません。

ア（　　）　イ（　　）

2 つぎの ことばを 正しく ならべかえて、文を 作《つく》りましょう。ただし、「〜は」「〜が」に あたる ことばが ある 場合《ばあい》には、その ことばから はじめる こととします。（一つ5点）

① 知《し》った　雨が　ふり出したのを　はげしく。

（　　　　）

② いました　ノートを　まよって　姉《あね》は　買《か》おうかと。

（　　　　）

③ 雪は　なると　ふります　さむく。

（　　　　）

④ つづけました　れんしゅうを　漢字《かんじ》を　わたしは　書く。

（　　　　）

3 つぎの 文と 同《おな》じ しゅるいの 文に ○を 書きましょう。（5点）

・ぼくは カレーを 食《た》べた。

（　）ぼくは 広場《ひろば》で 走《はし》った。

（　）広場は とても しずかだ。

（　）ぼくが 行くのは 広場だ。

漢字の組み立て・ひつじゅん・画数

1

つぎの漢字《かんじ》と同《おな》じ部分《ぶぶん》をもつものを後《あと》からえらんで、漢字で書《か》きましょう。（一つ2点）

① 近（　　）（　　）
② 科（　　）（　　）
③ 家（　　）（　　）
④ 汽（　　）（　　）
⑤ 紙（　　）（　　）
⑥ 晴（　　）（　　）
⑦ 顔（　　）（　　）
⑧ 計（　　）（　　）
⑨ 交（　　）（　　）
⑩ 数（　　）（　　）

よ（む）　うみ　せん
あたま　きょう　みち
あき　しつ
あか（るい）　おし（える）

2

つぎの漢字の↓の部分は何画目《なんかくめ》に書きますか。数字《すうじ》で答《こた》えましょう。（一つ2点）

① 外（　　）画目
② 羽（　　）画目
③ 才（　　）画目
④ 間（　　）画目
⑤ 星（　　）画目

3

つぎの漢字の画数《かくすう》を数字で答えましょう。（一つ1点）

① 丸（　　）画
② 牛（　　）画
③ 会（　　）画
④ 何（　　）画
⑤ 角（　　）画
⑥ 雲（　　）画
⑦ 岩（　　）画
⑧ 魚（　　）画
⑨ 場（　　）画
⑩ 園（　　）画

4

つぎの漢字の中から、画数がちがうものを一つずつえらんで、記号《きごう》で答えましょう。（一つ2点）

① ア 内　イ 父　ウ 弓　エ 分（　　）
② ア 外　イ 毛　ウ 北　エ 台（　　）
③ ア 近　イ 寺　ウ 池　エ 多（　　）
④ ア 里　イ 麦　ウ 画　エ 弟（　　）
⑤ ア 朝　イ 黄　ウ 理　エ 雪（　　）

1　20　40　60　80　100　GOAL　120（回）

国語

べん強した日（　月　日）

時間 15分
合かく 40点
とく点　　/50点
シール

漢字の 組み立て・ひつじゅん・画数

1 20 40 60 80 100 120（回）

べん強した日（　月　日）

時間 15分
合かく 40点
とく点 ／50点
シール

1 つぎの 部分《ぶぶん》を 二つずつ 組《く》み合《あ》わせて、正しい 漢字《かんじ》を 五つ 書《か》きましょう。（一つ2点）

十　七　𠦝　首
里　月　刀　辶
王　言

□　□　□　□　□

2 つぎの 漢字の 画数《かくすう》を 足すと、いくつに なりますか。数字で 答《こた》えましょう。（一つ3点）

① 兄＋羽＋毛＝（　　）
② 知＋内＋友＝（　　）
③ 母＋矢＋来＝（　　）
④ 行＋角＋公＝（　　）
⑤ 角＋図＋星＝（　　）
⑥ 切＋船＋前＝（　　）
⑦ 体＋昼＋鳥＝（　　）
⑧ 通＋店＋電＝（　　）

3 つぎの 漢字に 画数の 少《すく》ない ものから 多《おお》い ものへと じゅんに 1〜5の 数字を 書きましょう。（一もん2点）

①
（　）東　（　）谷　（　）会　（　）古　（　）工

②
（　）黒　（　）夏　（　）買　（　）楽　（　）海

4 つぎの 説明《せつめい》に あてはまる 漢字を 書きましょう。（一つ4点）

① 右がわに 「頁」の ある、体《からだ》の 部分を あらわす 漢字。□

② 左がわに 「糸」の ある、学校の クラスを あらわす 漢字。□

③ 同じ 部分を 二つ ならべた、「強」の はんたいの いみの 漢字。□

物語(2)

べん強した日［　月　日］

時間 20分
合かく 40点
とく点　　　50点
シール

1 つぎの 文章《ぶんしょう》を 読《よ》んで、答《こた》えなさい。

「ファホーッ。」

　ときどき おきあがって、ほえてみますが、①声《こえ》が よく でません。

「ファホーッ……まずいぞ、こりゃあ…。」

　ガオーッと ほえたつもりでも、ファホーッに なって しまいます。

「きのう、あんなに ほえるからだよ。」

　ライオンの おりの となりで、クロヒョウが いいました。朝《あさ》ごはんを たべたばかりで、口の まわりを、ペロペロ なめながら しゃべって います。

「そんな こと いったって、②しょうが ないじゃろうが。」

　ライオンは、ふとい 木の えだに うつぶせに なって いる クロヒョウに 顔《かお》を むけて、かすれた 声で こたえました。

「だいたい ライオンさんは、サービスの しすぎなんだよ。人間《にんげん》が きたって、おれみたいに、ねてりゃあ いいのに。」

「でも、そんな こと いっても、人間の こどもたちは、わしが ガオーッて ほえるのを たのしみに して いるんじゃから。」

（斉藤《さいとう》 洋《ひろし》「どうぶつえんのいっしゅうかん」）

(1) これは どんな 場所《ばしょ》での ものがたりですか。(10点)
（　）学校　（　）動物園《どうぶつえん》
（　）森

(2) 「①声が よく でません」と ありますが、ライオンの 声が 出ないのは、なぜですか。(10点)
（　　　　　　　　）

(3) 「②しょうが ない」とは、どう いう いみですか。(10点)
（　）ほえるべきでは なかった。

（　）ほえても しかたなかった。

（　）ほえなければ ならなかった。

(4) 「クロヒョウ」は、人間が 来《く》ると、どう すると 言《い》って いますか。(10点)
（　　　　　　　　）

(5) 「ライオン」は、人間の こどもたちが、何《なに》を 見たがって いると 言って いますか。(10点)
（　　　　　　　　）

物語（2）

1 つぎの 文章《ぶんしょう》を 読《よ》んで、答《こた》えなさい。

授業参観《じゅぎょうさんかん》は 体育《たいいく》です。でも、「ジン」と「まゆちゃん」の 家《いえ》の 人は まだ 来《き》て いません。
二列《にれつ》に ならんで、それぞれの とび箱《ばこ》を 順番《じゅんばん》に とんで いきます。

ジンは、とび箱は とくい中の とくい。
いっきに、はずみを つけて、軽《かろ》やかに ハイ 着地《ちゃくち》。
おかあさんたちから、①はくしゅが おこりました。
その 中に、おばあちゃんは、いません。
②つぎは、まゆちゃんが とびます。まゆちゃんも、とび箱は とくいです。
でも、きょうは、助走《じょそう》に 元気《げんき》が ありません。
ふみきりの ジャンプが、よわかった ため、とび箱の 上で、しりもちを ついて しまいました。
列に ひきかえして きた まゆちゃんの 顔《かお》が、いまにも なきそうです。
ジンと ③目が あうと、うつむいて しまいました。

（太田《おおた》 京子《きょうこ》「おばあちゃん、大《だい》すき！」）

(1) おかあさんたちが 「ジン」に 「①はくしゅ」を したのは、なぜですか。(10点)

（　）うまく とび箱を とんだから。
（　）走《はし》るのが はやかったから。
（　）ジャンプが うまかったから。

(2) とび箱を とんだ 後《あと》、「ジン」は どんな 気もちで いますか。(10点)

（　）たいくつで、じれったい 気もち。
（　）とくいで、うれしい 気もち。
（　）さびしくて、かなしい 気もち。

(3) 「②つぎは、まゆちゃんが とびます」と ありますが、「まゆちゃん」は とび箱を とんだ 時《とき》、どう なりましたか。(20点)

とび箱の 上で （　　　　　）

(4) 「③目が あうと、うつむいて しまいました」と ありますが、なぜですか。(10点)

（　）「ジン」が きらいだから。
（　）うまく とべなかったから。
（　）とび箱は にがてだから。

べん強した日（　月　日）

時間	20分
合かく	40点
とく点	/50点

シール

説明文(2)

べん強した日［　月　日］

時間 20分
合かく 40点
とく点　　50点
シール

1 つぎの 文章《ぶんしょう》を 読《よ》んで、答《こた》えなさい。

夏《なつ》、森や 林の なかは、すずしい。たくさんの 葉《は》から、水が じょうはつする とき、空気を ひやしたり するからだ。

冬《ふゆ》は、ぎゃくに 森や 林の そとより あたたかい。さむい 風《かぜ》を ふせいで くれるからだ。

木が たくさん あれば、家《いえ》の まわりや、まちの なかも、①夏は すずしく、冬は あたたかい。

木の みどりの 色《いろ》は、目の つかれを いやして くれる。木は、いい かおりを だすので、森や 林に いくと、きぶんが さっぱり する。

木の 葉は、そう音《おん》を きゅうしゅうして、しずかに して くれる。空気中の よごれを とって くれ、空気を きれいに して くれる。

山に 木が たくさん あれば、たくさんの 根《ね》が のびて、山の しゃめんの 土や 石を しっかり おさえて くれる。

だから、大雨で 水が どっと ながれても、②山の しゃめんは くずれない。冬、雪《ゆき》が たくさん ふっても、なだれを ふせいで くれる。

（鈴木《すずき》 哲《てつ》「木のはたらきと人のくらし」）

(1) この 文章は、何《なに》に ついて 書《か》かれて いますか。(5点)

（　）森から えられる もの。
（　）森や 林の やくわり。
（　）山の 中に ある もの。

(2) 「①夏は すずしく、冬は あたたかい」のは、なぜですか。(一つ10点)

夏（　）

冬（　）

(3) つぎに かんけいする ものを、それぞれ えらびましょう。(一つ5点)

① みどりの 色（　）
② 木の かおり（　）
③ 木の 葉（　）

ア きぶんが さっぱりする。
イ そう音を きゅうしゅうする。
ウ 目の つかれを いやす。

(4) 「②山の しゃめんは くずれない」のは、なぜですか。(10点)

（　）

説明文(2)

時間 20分　合かく 40点　とく点 /50点　シール

べん強した日（　月　日）

1 つぎの 文章《ぶんしょう》を 読《よ》んで、答《こた》えなさい。

どの とけいの はりの うごきかたも、右まわりですね。これは、とけいの れきしに かんけいが あるのです。

ずっと むかし、たいようの うごきで じかんが わかる 日どけいと いう ものが つくられました。①日どけいは、いたの 上に 一本の ぼうを たてて おいて、ぼうの かげが さす ばしょで、じかんを しる ものです。

この 日どけいの、ぼうの かげの できる ところを、おいかけて いくと、②右まわりに なって います。たいようが 東《ひがし》から のぼって、南《みなみ》の 空を とおって、西《にし》に しずむからです。それで、とけいを はじめて つくった 人も、じこくを しめす 数字《すうじ》を、右まわりに ならべたのでしょう。

ただし、日本《にほん》の ある 地球《ちきゅう》の 北半分《きたはんぶん》（北半球）と、南半分（南半球）では、たいようの うごきや、日どけいの かげの うごきが はんたいに なります。でも、ながい あいだ、みんなが 右まわりの とけいに なれて しまったので、せかいじゅうの どの とけいも 右まわりに なって います。

（久道《ひさみち》 健三《けんぞう》「かがく なぜ どうして 二年生」〈偕成社〉）

(1) 「①日どけい」とは、どんな もので すか。(10点)

（　　　　）

(2) 日どけいの ぼうの かげが 「②右まわり」なのは、なぜですか。(15点)

（　　　　）

(3) 地球の 南半分では、かげは どのように うごきますか。(10点)

（　）北半分とは はんたいに なる。

（　）北半分と 同《おな》じに なる。

（　）北半分と ときどき 同じに なる。

(4) とけいが すべて 右まわりなのは、なぜですか。(15点)

（　　　　）

こそあどことば

べん強した日（　　月　　日）

時間 15分
合かく 40点
とく点　　　50点
シール

1 つぎの 文が しつもんと 答《こた》え に なるように、ことばを 後《あと》から えらんで、書《か》きましょう。（一つ4点）

① 「あなたが ほしいのは（　　　）ですか。」
「わたしが ほしいのは これです。」

② 「（　　　）すれば いいですか。」
「なるべく いそぎましょう。」

③ 「あなたの 家《いえ》は（　　　）に ありますか。」
「わたしの 家は 学校の 前《まえ》に あります。」

④ 「（　　　）色《いろ》に しますか。」
「青色に します。」

どこ　どれ　どう　どの

2 つぎの 文の ――が さして いる ことばを ぬき出しましょう。（一つ4点）

① 広《ひろ》い 公園《こうえん》に やって 来《き》ました。ここには しばふの 広場《ひろば》が あります。（　　　）

② この 道《みち》は 行《い》き止《と》まりに なって います。そこには 学校が あります。（　　　）

③ おしろが 見えて います。あそこに 行きたいのです。（　　　）

3 近《ちか》い じゅんに 番号《ばんごう》を 書きましょう。（一もん6点）

①
（　）公園は そこです。
（　）公園は ここです。
（　）公園は あそこです。

②
（　）あの 本が ほしい。
（　）その 本が ほしい。
（　）この 本が ほしい。

4 つぎの 文の ――の ことばが さして いる 内容《ないよう》を 十字から 十五字までで 書きましょう。（10点）

きのうは まったく ねむれませんでした。それは はじめての ことでした。

こそあどことば

時間 15分
合かく 40点
とく点 　　50点
シール
べん強した日（　月　日）

1 つぎの ことばに あてはまる ものを 後《あと》から えらんで、記号《きごう》で 答《こた》えましょう。（一つ4点）

① これ・あれ・それ ……（　）
② こう・そう・ああ ……（　）
③ あそこ・ここ・そこ ……（　）
④ どこ・どちら ……（　）
⑤ こちら・あちら・そちら ……（　）

ア 場所《ばしょ》を たずねる ことば。
イ ようすを しめす ことば。
ウ ものを しめす ことば。
エ 方向《ほうこう》を しめす ことば。
オ 場所を しめす ことば。

2 あてはまる ことばを（　）の 中から えらんで、○で かこみましょう。（一つ6点）

① 小さな 子が ベンチに すわって いました。わたしは（その どの）子を 見て いました。

② 今度《こんど》 できた プールは とても すごい プールだそうです。（こう そこ どちら）には、水を きれいに する きかいが たくさん つけられて いるそうです。

3 つぎの 文の ――の ことばが さして いる 内容《ないよう》を それぞれ きめられた 字数《じすう》で 書《か》きましょう。（一つ6点）

① 父《ちち》は きょう 新《あたら》しい ネクタイを しめて いました。わたしは それが よく にあうと 思《おも》いました。（十字まで）

② テーブルの 上に おさらが ありました。わたしは それらを かたづけました。（十五字まで）

③ 世中を まっすぐに して、うでを 思いきり のばすと 気もちが よくて、何度《なんど》も そうして いました。（二十五字まで）

つなぎことば

べん強した日（　月　日）

時間 15分
合かく 40点
とく点　　／50点
シール

1

同《おな》じような　いみを　あらわす　もの　どうしを　――　で　むすびましょう。（一つ3点）

① しかし・　　・さて
② ところで・　　・よって
③ つまり・　　・または
④ だから・　　・すなわち
⑤ あるいは・　　・だが

2

（　）に　あてはまる　ことばを　後《あと》から　えらんで、書《か》きましょう。（一つ3点）

① カバンか、（　　　）、ふくろの　どちらかを　用意《ようい》して　きて　ください。

② 風《かぜ》が　ふき出しました。（　　　）、ぼうしは　とばされませんでした。

③ この　人は　お父《とう》さんの　お兄《にい》さんです。（　　　）、ぼくの　おじさんです。

④ 雨が　ふり出しました。（　　　）、ぬれて　しまいました。

⑤ 国語《こくご》を　べんきょうしました。（　　　）、算数《さんすう》も　べんきょうしました。

だから	しかし	さらに
つまり	あるいは	

3

後の　つなぎことばを　つかって、（れい）のように　文を　書きかえましょう。（一つ5点）

（れい）よく　見たけれど、わからなかった。
→（よく　見た。しかし、わからなかった。）

① ねつが　あったので、きょうは　学校を　休みました。
→（　　　　）

② よく　考《かんが》えたけれど、答《こた》えられなかった。
→（　　　　）

③ さむかったし、風まで　ふき出した。
→（　　　　）

④ こたつに　入るか、上着《うわぎ》を　きたい。
→（　　　　）

さらに	しかし
または	だから

つなぎことば

1 20 40 60 80 100 120(回)

べん強した日（　月　日）

時間 15分

合かく 40点

とく点　　50点

シール

1 （　）に あてはまる ことばを 後《あと》から えらんで、書《か》きましょう。（一つ5点）

① 行《い》った（　　）会《あ》えなかった。

② 行った（　　）会えた。

③ 行っ（　　）会えないだろう。

④ 行き（　　）話《はな》そう。

から　ながら　のに　ても

2 （　）に あてはまる ことばを 後から えらんで、書きましょう。（一つ3点）

① ずいぶん べんきょうしたね。（　　）、今《いま》 何時《なんじ》だろう。

② もう 帰《かえ》っても いいですよ。（　　）、わすれものを しないようにね。

③ おじさんの 家《いえ》は 楽《たの》しかったです。（　　）、おみやげまで もらいました。

④ いそがしかったです。（　　）、行く ところが おおかったからです。

⑤ おやつを 食《た》べますか。（　　）テレビを 見ますか。

また　でも　だから

3 つぎは、まさしくんの 作文《さくぶん》です。（　）に あてはまる ことばを 後から えらんで、書きましょう。（一つ3点）

夏休《なつやす》みには、遠《とお》くに すんで いる おばさんの 家へ 行きます。とても 楽しみです。（　　）、一つだけ しんぱいな ことが あります。

それは、ぼくが およげない ことです。おばさんの 家の おにいさんは およぎが じょうずです。（　　）、おねえさんも じょうずです。ぼくは はずかしく なって しまいます。

（　　）、おばさんの 家に 行くまでに、およぐ れんしゅうを しようと 思《おも》います。

（　　）、弟《おとうと》も まだ およげません。（　　）、弟とも いっしょに れんしゅうを したいと 思います。

したがって　おまけに　ただし　なぜなら　ところで　もしくは

記ろく文・意見文

国語

べん強した日〔　月　日〕

時間 20分
合かく 40点
とく点
シール
50点

1 つぎの 文章《ぶんしょう》を 読《よ》んで、答《こた》えなさい。

郷働《きょうどう》クラブは、*萱原《かやはら》の ためになにか 役《やく》だつ ことを しようと いう あつまりです。メンバーは、活動《かつどう》の ひとつとして 水鳥《みずどり》の えさあつめを やろうと かんがえました。

そこで、萱原の 家《いえ》いえに、〈水鳥の えさに なる ものが あれば 提供《ていきょう》して ください〉と いう ビラを つくって くばりました。

それから 四班《よんぱん》に わかれて、萱原を まわります。野菜《やさい》の くず、りんごの 皮《かわ》、米《こめ》ぬか、パンなど たくさん だして くれました。郷働クラブの メンバーは、一輪車《いちりんしゃ》を おして、その えさを あつめて いきました。

そう した みんなの 努力《どりょく》が、水鳥たちを ダム湖《こ》に よんだのです。

三月に はいると、水鳥の 数《かず》が ふえました。とくに オシドリは おおくなって、三月一日には 一三二羽《わ》、八日には 一四八羽《わ》、そして 十七日には 一八〇羽《ぱ》に なりました。

（国松《くにまつ》 俊英《としひで》「オシドリからのおくりもの」）

＊萱原＝滋賀県《しがけん》に ある 地名《ちめい》。

(1) 郷働クラブのメンバーは、活動の ひとつとして 何《なに》をしようと かんがえましたか。(10点)

（　　　　　）を しようと 考えた。

(2) 郷働クラブの 活動は どのように 行《おこな》われましたか。記号《きごう》を 正しい 順番《じゅんばん》に ならべかえましょう。(15点)

ア あつめた えさを 水鳥に あたえた。

イ 家いえを まわって、水鳥の えさを もらった。

ウ 水鳥の えさの 提供を たのむ ビラを くばった。

（　）→（　）→（　）→（　）

(3) 郷働クラブの 活動に よって、どう なりましたか。(10点)

ダム湖《こ》に（　　　　　）を よんだ。

(4) この 文章の 書きかたに 合《あ》う ものは どれですか。(15点)

（　）クラブの メンバーの 気持《きも》ちが くわしく 書かれて いる。

（　）えさの 種類《しゅるい》や 鳥の 名や 数が あげられて いる。

（　）萱原と いう 場所《ばしょ》の 様子《ようす》が 細《こま》かく 書かれて いる。

記ろく文・意見文

べん強した日（　月　日）

時間	合かく	とく点
20分	40点	50点

シール

1 つぎの 文章《ぶんしょう》を 読《よ》んで、答《こた》えなさい。

本や マンガの なかには、たくさんの 友《とも》だちが います。①自分《じぶん》の 好《す》きな 歌手《かしゅ》の 音楽《おんがく》を 何度《なんど》も きいたり、好きな 本を みつけて 読《よ》みこめば、②ひとりで いる ことなんか、まったく さびしく なく なるはずです。

そう、ひとりの 時間《じかん》を 思《おも》いっきり 楽《たの》しんで しまえば いいんです。ひとりの 時間にしか できない 楽しみを みつけて しまえば いいんです。

ひとりで 過《す》ごす 時間の あいだだけに 育《そだ》つ エネルギーが あることを、キミは 知《し》って いますか？

③その エネルギーは、体《からだ》の なかに ある 池《いけ》のような ところに 流《なが》れ込《こ》み、ためこまれて いきます。

ひとりの 時間と いうのは、じつは、エネルギーを ためこむ ための 〝充電《じゅうでん》時間〟です。④充電って、わかるかな？ 電池《でんち》の なかに 電気を ためこむ ことを 充電と いいます。

ぼくは、さっき 言《い》った ものの なかでも、キミたちに、とくに 本を 読む ことを すすめます。

（齋藤《さいとう》 孝《たかし》「そんな友だちなら、いなくたっていいじゃないか！」）

(1) 「①自分の 好きな 歌手」の ことを 何《なん》と よんで いますか。(10点)

□□□

(2) 「②ひとりで いる ことなんか、まったく さびしく なく なる」ためには、どう すれば いいですか。(10点)

ひとりの 時間にしか できない □□□ を 見つける。

(3) 「③その エネルギー」とは、どんな エネルギーですか。(10点)

（　　　　）

(4) 「④充電」とは、どう する ことですか。「電池」、「電気」と いう ことばを 用《もち》いて、書《か》きましょう。(10点)

（　　　　）

(5) この 文章を かいた 人は、どう する ことを すすめて いますか。(10点)

ひとりの 時間に □ を 読む こと。

日記・手紙

べん強した日［　月　日］

時間 20分
合かく 40点
とく点　シール　／50点

1 つぎの 日記《にっき》を 読《よ》んで、答《こた》えなさい。

二月 二十四日（火）はれ
やました・ともこ

家《いえ》の にわの ジンチョウゲが 今《いま》、つぼみを もって います。その つぼみは 赤むらさきに にたような 色《いろ》で、すこし ほそ長《なが》いのが 十こぐらい ついて います。わたしは つぼみだけでも きれいだなあ、早く さかないかなあと 思《おも》いました。くきの 色は ちゃ色の こいのや うすいのが せんに なって いて、きれいな くきに なって いました。

こんどは はを 見て みました。さいしょは おもてを 見ました。はの まん中の ところに きみどり色の たてぼうの せんが はいって いて、ほかの ところは みどり色でした。つぎは うらを 見て みました。やはり はの まん中に きみどりの せんが はいって いて それを 中心《ちゅうしん》に して 小さい せんが ななめに たくさん はいって いました。

その ほかの ところも きみどり色でした。いろんな つぼみが できて くるので、わたしは もう 春《はる》が すぐ そこまで きて いるんだなあ、と 思いました。

（亀村《かめむら》 五郎《ごろう》「日記と手紙《てがみ》の書《か》きかた」二年生）

(1) この 日記は 何《なに》に ついて 書かれて いますか。（8点）

ジンチョウゲを 見て、（　　　）が すぐ そこまで きて いると 思った こと。

(2) ジンチョウゲの つぼみを 見た とき、つぼみが どうなって ほしいと 思いましたか。その 気もちが あらわれて いる 文《ぶん》を 一つ ぬき出しましょう。（10点）

（　　　）

(3) ジンチョウゲの 色に ついて 書かれて います。どのような 色が あげられて いますか。（二つ8点）

・つぼみ（　　　）に にたような 色。
・くき（　　　）の こいのや うすいの。
・は（　　　）と（　　　）。

日記・手紙

べん強した日（　月　日）

時間	合かく	とく点
20分	40点	/50点

シール

1 つぎの 手紙《てがみ》を 読《よ》んで、答《こた》えなさい。

クマ・タクマさま　こんにちは。

この あいだは、わたくしの おとしものを ひろって くださいまして、ありがとう ぞんじます。

あの とき、バッグが もどって こなかったら、わたくしは、れっしゃに のる ことも、ホテルに とまる ことも、しょくじを する ことも、できなく なる ところでした。

おかげさまで、あれから ぶじに たびを つづけ、ゆうべ、一しゅう かんぶりに、わがやへ かえって まいりました。

あなたの ごしんせつは、わすれません。ほんとうに ありがとう ございました。ごきげんよう。

四月二十日

モミノキダイ三番地《ばんち》　ウサギ・ササ

（森山《もりやま》　京《みやこ》「おてがみ もらった おへんじ かいた」）

(1) この 手紙は、だれから だれに 出された ものですか。なまえで 答えましょう。（一つ5点）

（　　　）から（　　　）に 出された もの。

(2) 「ウサギ・ササ」さんは、何《なに》に ついて ありがとうと 言って いるのですか。（一つ10点）

ウサギ・ササさんは、（　　　）さんが（　　　）ことに ついて おれいを 言って いる。

(3) 「ウサギ・ササ」さんの バッグが もどって こなかったら どう なって いましたか。（10点）

（　　　）ところだった。

(4) 「ウサギ・ササ」さんの バッグが もどって きてから いえに かえって くるまで どれくらい たちましたか。（10点）

（　　　）

物語（3）

べん強した日（　月　日）

時間 20分　合かく 40点　とく点　／50点　シール

1 つぎの 文章《ぶんしょう》を 読《よ》んで、答《こた》えなさい。

子どもの きつねは、町の ひを 目当《めあ》てに、雪明《ゆきあ》かりの 野原《のはら》を よちよち やって いきました。はじめの うちは 一つきりだった ひが、二つに なり、三つに なり、はては、十にも ふえました。きつねの 子どもは ㋐それを 見て、ひには、星《ほし》と 同《おな》じように、赤いのや、黄色《きいろ》いのや、青いのが あるんだなと 思《おも》いました。

（①） 町に 入りましたが、通《とお》りの 家々《いえいえ》は もう みんな 戸《と》を しめて しまって、高《たか》い まどから あたたかそうな 光《ひかり》が、道《みち》の 雪の 上に 落《お》ちて いるばかりでした。

（②）、表《おもて》の かん板《ばん》の 上には、たいてい、小さな 電灯《でんとう》が ともって いましたので、きつねの 子は、㋑それを 見ながら、ぼうし屋《や》を さがして いきました。自転車《じてんしゃ》の かん板や、めがねの かん板や、㋒そのほか いろいろな かん板が、あるものは、新《あたら》しい ペンキで かかれ、あるものは、古《ふる》い かべのように はげて いましたが、町に はじめて 出て きた 子ぎつねには、それらの ものが、いったい なんで あるか 分《わ》からないのでした。

（新美《にいみ》 南吉《なんきち》「手ぶくろを買いに」）

(1) （　）①・②に 入る ことばを つぎから えらんで、記号《きごう》で 答えましょう。（一つ5点）

ア とうとう　イ すると
ウ けれど　エ やがて

①（　）　②（　）

(2) 子どもの きつねが だんだん 町に 近《ちか》づいて いく ようすや、時間《じかん》が たって いく ようすが わかる 文を さがし、ぬきだして 書きましょう。（15点）

（　）

(3) ――㋐〜㋒は、それぞれ 何《なに》を さして いますか。（一つ5点）

㋐（　）
㋑（　）
㋒（　）

(4) 子どもの きつねは、どこを めざして 歩《ある》いて いたのですか。（10点）

（　）

上級レベル

114

国語㊷

物語(3)

べん強した日〔　　月　　日〕

時間 20分

合かく 40点

とく点 　　/50点

シール

1 つぎの 文章《ぶんしょう》を 読《よ》んで、答《こた》えなさい。

「自転車《じてんしゃ》 ぬすまれたんだって？」
子どもべやに はいって くるなり おとうさんが いいました。

「おい、元気《げんき》を だせよ。」
しょんぼりして いる マサシの 頭《あたま》を おとうさんは ①やさしく なでました。

「なくなった ものは、しかたないじゃないか。おたんじょう日に あたらしい 自転車を 買《か》って あげるよ。」

あたらしい 自転車を 買って もらえる ことに なったのです。マサシは、とびあがって よろこんで いいはずでした。

（　　）、②マサシは、うれしいのが 半分《はんぶん》、かなしいのが 半分でした。

ブルーの 自転車とは 四か月もの あいだ、毎日《まいにち》 いっしょでした。いちばん なかの いい 友《とも》だちだったのです。

「ぼくは ときどき 自転車を きらいに なった ことが ある。だから、自転車は、ひとりで 遠《とお》くへ いったんじゃないかな。」
と、マサシは、ひとりごとを いいました。

（砂田《すなだ》 弘《ひろし》「三代目《さんだいめ》の 自転車《じてんしゃ》」）

(1) 「①やさしく なでました」と ありますが、おとうさんは なぜ なでたのですか。（一つ10点）

（　）マサシを 元気づける ため。
（　）自転車を あきらめさせる ため。
（　）自転車が ぬすまれた ため。

(2) 文章の 中の（　）に 入《はい》る ことばを つぎから えらびましょう。（一つ10点）

（　）だから
（　）でも
（　）すると

(3) 「②マサシは、うれしいのが 半分、かなしいのが 半分でした」とは、どういう ことですか。（一つ10点）

（　　　　）ことを うれしいと おもうが、（　　　　）だと おもって いた 自転車が ぬすまれた ことを かなしいとも おもって いる こと。

(4) マサシは、なぜ 自転車が 遠くへ いったのだと かんがえたのですか。（10点）

（　　　　）から。

説明文《せつめいぶん》(3)

1 つぎの 文章《ぶんしょう》を 読《よ》んで、答《こた》えなさい。

①石を どかされて 日光《にっこう》を あびるように なった 植物《しょくぶつ》は、その 後《ご》 どう 変化《へんか》するでしょう。ときどき 行《い》って どのように 変《かわ》って いくかを 観察《かんさつ》して みましょう。

白かった 茎《くき》は どう なるでしょうか。②気が つかないほど 小さかった 黄色《きいろ》い 葉《は》は、日が たつに つれて どう なるでしょう。植物は どことなく 緑色《みどりいろ》に かわって くるに ちがいありません。とくに 新《あたら》しい 芽《め》が のびだした ところは、緑色で ふつうの 形《かたち》を した 大きな 葉を すでに 広《ひろ》げて いる ことでしょう。

でも 急《きゅう》に 上に かぶさって いた おおいを とられて 強《つよ》い 光《ひかり》を うけるように なると、その 大きな 変化に たえられなくて ③もやしは 枯《か》れはじめて しまうかも しれません。でも そのまま 観察を 続《つづ》けて ください。この もやしの 根《ね》は しっかり 残《のこ》って いるはずですし、植物に とって 大切《たいせつ》な ④光を 十分《じゅうぶん》 受《う》けられるように なったのですから、もう だいじょうぶです。

一週間《しゅうかん》も たつと、光に 向《む》かって 茎《くき》が 立ち上がり、緑の 葉を 広げた 草が 太陽《たいよう》の めぐみを 体中で うけて いる ことでしょう。

（和田《わだ》 正三《まさみつ》「花《はな》も葉っぱも光がだいすき」）

(1) 「①石を どかされて 日光を あびるように なった 植物」は、何色《なにいろ》に かわって いきますか。（5点）

（　）白色　（　）黄色　（　）緑色

(2) 「②気が つかないほど 小さかった 黄色い 葉」は、新しい 芽が のびる ところでは、どう なって いますか。（15点）

（　　　　　　　　　　）

(3) 「③もやしは 枯れはじめて しまうかも しれません」と ありますが、その 後、もやしは どう なりますか。（15点）

（　）元気に そだち つづける。
（　）そのままで、かわらない。
（　）しぼんで、くさって しまう。

(4) 「④光」の ことを あらわして いる ことばを 書《か》きましょう。（15点）

□□□□□□

国語

べん強した日（　月　日）

時間 20分

合かく 40点

とく点　　/50点

シール

1 20 40 60 80 100 GOAL 120（回）

説明文(3)

べん強した日（　月　日）

時間 20分
合かく 40点
とく点 　　50点
シール

1 つぎの 文章《ぶんしょう》を 読《よ》んで、答《こた》えなさい。

夏《なつ》が くると、クヌギの みきや ふとい 枝《えだ》の ところどころの 木の 皮《かわ》の われ目から、樹液《じゅえき》の しみ出る ことが あります。この 樹液は、虫たちに とっては、たいへんな ごちそうです。

クヌギの 樹液が 出る ところには、いろいろな 虫が あつまって、のみ食《く》いを します。そこで、いつからか クヌギ酒場《さかば》と よばれるように なりました

クヌギの 樹液は、糖分《とうぶん》が 高《たか》く、あたりに あまい かおりを ただよわせて います。ときには 糖分《とうぶん》が 発酵《はっこう》して できた アルコールの においが まざって、ほんとうに 酒場の 名に ふさわしく なります。

クヌギ酒場の 昼《ひる》の おきゃくさんは、ゴマダラチョウ、キマダラヒカゲ、などの チョウや コガタスズメバチ、それに モンキアシナガヤセバエと いう ハエの 一種《いっしゅ》など。

夜《よる》は チョウが ガに かわるほか、クワガタムシ、カブトムシも やって きて、酒場は 24時間《じかん》営業《えいぎょう》。カナブンや ヒメスズメバチは、昼も 夜も 入りびたりです。

（菅野《すがの》 徹《とおる》「雑木林《ぞうきばやし》の一年」）

(1) クヌギの 樹液の ことを 何《なん》と 言《い》って いますか。（5点）

虫たちの ［　　　］

(2) クヌギの 樹液が 出る ところには 何《なに》が あつまりますか。（5点）

［　　　］

(3) クヌギの 樹液が 出る ところには、何が ただよって いますか。二つ 書《か》きましょう。（一つ5点）

・［　　　］

・［　　　］

(4) クヌギの 樹液が 出る ところに 来《く》る 虫を、昼と 夜に わけて、すべて 書きましょう。（一つ15点）

昼（　　　）

夜（　　　）

最上級レベル ①

べん強した日（　月　日）

時間 15分
合かく 40点
とく点 　　50点
シール

1 つぎの ――の 漢字《かんじ》の 読《よ》み方《かた》を 書《か》きましょう。（一つ1点）

① 紙の 上に 線を かく。（　）（　）（　）
② 朝《あさ》早く、鳥が 鳴く。（　）（　）（　）
③ 黒い 雲が 雨を もたらす。（　）（　）（　）
④ 冬の 晴れわたった 空。（　）（　）（　）
⑤ 弟や 妹と あそぶ。（　）（　）
⑥ 魚を つりに 海へ いく。（　）（　）

2 つぎの 漢字の 読み方を 書きましょう。（一つ2点）

① 公園（　）
② 午後（　）
③ 絵画（　）
④ 教室（　）
⑤ 交通（　）
⑥ 南北（　）
⑦ 分野（　）
⑧ 当番（　）
⑨ 売買（　）
⑩ 会話（　）

3 かなづかいの 正しい 方《ほう》に ○を 書きましょう。（一つ1点）

① セーターが ｛（　）ちじむ／（　）ちぢむ｝。
② ｛（　）とうめい／（　）とおめい｝な ふくろ。
③ ｛（　）みかづき／（　）みかずき｝が 上る。
④ ｛（　）こうり／（　）こおり｝が とける。

4 つぎの ことばを 漢字と おくりがなで 書きましょう。（一つ2点）

① ただちに
② したしむ
③ あたらしい
④ かんがえる
⑤ たのしむ
⑥ こまかい
⑦ なかば

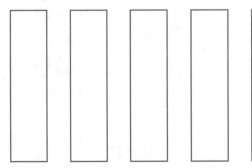

最上級レベル ②

時間	合かく	とく点
15分	40点	50点

シール

べん強した日（　月　日）

1

つぎの ことばを 漢字《かんじ》で 書《か》きましょう。（一つ1点）

① □《ふと》い　② □《かぞ》える

③ □《は》れる　④ □《こた》える

⑤ □《よわ》い　⑥ □《おな》じ

⑦ □□《こうげん》　⑧ □□《らいしゅう》

⑨ □□《とうざい》　⑩ □□《こうさく》

⑪ □□《ほこう》　⑫ □□《ばいばい》

2

□の ことばが かざって いる ことばに ――を 引《ひ》きましょう。（一つ2点）

① 朝《あさ》から 強《つよ》い 雨が ずっと ふる 日。

② 母《はは》は 友《とも》だちと いっしょに 出かけるのが すきだ。

③ 家《いえ》の 前《まえ》の 赤い ポストに ハガキを 入れた。

④ つぎの 日曜日《にちようび》には 家族《かぞく》で 山へ いく。

⑤ たぶん、そこには もう だれも いない。

3

つぎの 文の 「～は」「～が」に あたる ことばには ――を 引き、「～です」「～だ」に あたる ことばは □で かこみましょう。（一もん2点）

① どこからか 大きな 音が きこえる。

② これは 友だちの ために つくった ものです。

③ 本当《ほんとう》ですか、さっき あなたが 言《い》った ことは。

④ この 道《みち》の ずっと 先には スーパーが ある。

4

つぎの 漢字《かんじ》と 同じ 部分《ぶぶん》を もつ 漢字を 後《あと》から えらんで、書きましょう。（一つ2点）

① 場 □　② 顔 □

③ 京 □　④ 電 □

⑤ 算 □　⑥ 活 □

じ（めん）	こう（ばん）	ゆき
あたま	こたえ	うみ

5

つぎの 漢字の 総画数《そうかくすう》を 答《こた》えましょう。（一つ2点）

① 門（　）画　② 理（　）画

③ 近（　）画　④ 強（　）画

最上級レベル 3

時間 20分
合かく 40点
とく点 ／50点
シール

べん強した日（　月　日）

国語

1 つぎの 文章《ぶんしょう》を 読《よ》んで、答《こた》えなさい。

日本にも 一種《いっしゅ》だけ、道具《どうぐ》を 使《つか》って 魚《さかな》を とる 鳥《とり》が いた。熊本市《くまもとし》の ①水前寺公園《すいぜんじこうえん》に いる ササゴイである。サギの なかまだ。

この 公園の 池《いけ》には、きれいな コイが たくさん 泳《およ》いで いる。観光客《かんこうきゃく》は 橋《はし》の 上や 岸《きし》から、パンの かけらや フを コイに 投《な》げあたえる。池に えさを 投げると、魚が よって くる ことを 見て いる うちに、②ササゴイは 学習《がくしゅう》したらしい。岩《いわ》の 上や 木の 上から、ササゴイは、小石、木の葉《は》、小枝《こえだ》、羽毛《うもう》、ハエ、トンボなどを 水面《すいめん》に 投げたり、おいたり した。そして、よって きた 魚を、すばやく くちばしで つかまえて 食《た》べて いた。

ふつう ササゴイは、岸で じっと 魚が 近《ちか》づくのを、まって いる。それが ここの ササゴイは、にせの えさを 投げる ことで、いつでも 魚を つかまえられるように なった。

「食べる」と いう しごとの ため、鳥は 頭《あたま》を はたらかせ、しっかり 学習を するのだ。

（国松《くにまつ》 俊英《としひで》「カラスの 大研究《だいけんきゅう》」）

(1) 「①水前寺公園に いる ササゴイ」は どのような 鳥の れいとして あげられて いますか。(8点)

（　）魚を とる 鳥。
（　）道具を 使う 鳥。
（　）サギの なかまの 鳥。

(2) 「②ササゴイは 学習した」と ありますが、ササゴイは 何《なに》を 学習したのですか。(一つ8点)

岩や 木の 上から 水面に ものを（　　　）すると、魚が（　　　）こと。

(3) 熊本市の 水前寺公園の ササゴイは、ふつうの ササゴイと どのように ちがいますか。(一つ8点)

ふつう ササゴイは、岸で じっと（　　　）が、水前寺公園の ササゴイは、（　　　）という ちがいが ある。

(4) この 文章で 筆者《ひっしゃ》が もっとも つたえたい ことは 何ですか。(10点)

（　）どの ササゴイも 道具を 使えるほど 頭が よい こと。
（　）「食べる」ことの ために、鳥は 頭を はたらかせる こと。
（　）観光客は 池に いる コイに えさを 投げあたえる こと。

最上級レベル ４

べん強した日（　月　日）

時間 20分　合かく 40点　とく点　　／50点

シール

1 つぎの　文章《ぶんしょう》を　読《よ》んで、答《こた》えなさい。

明治時代《めいじじだい》には、①「とびバッタ」の　大群《たいぐん》が　とんで　きて、②さくもつを　食《た》べつくし、また　とびさって　ゆくと　いう　ことが、北海道《ほっかいどう》の　かいたく地《ち》などで、よく　おこった。

せっかく　みのりかけて　いた　ムギ、ヒエ、アワ、それに　やさいまで、ぜんめつだ。アフリカや　アジアの　一部《いちぶ》では、いまでも　ときどき　「とびバッタ」の　大群が　あらわれて、さくもつを　食べつくす。

この　「とびバッタ」は、③トノサマバッタに　よく　にて　いるけれど、むねの　形《かたち》や　はねの　長《なが》さが　ちがうので、ずっと、べつの　種《しゅ》だと　考《かん》えられて　いた。

［④］、トノサマバッタの　幼虫《ようちゅう》を　せまい　ところで　たくさん　いっしょに　飼《か》うと、「とびバッタ」に　へんしんする　ことが　わかった。つまり、⑤おなじ　トノサマバッタの　なかに、ふつうの　型《かた》と　「とびバッタ」型と、両方《りょうほう》　あるのだ。

（日浦《ひうら》　勇《いさむ》・宮武《みやたけ》　頼夫《よりお》・中西《なかにし》　章《あきら》「バッタのオリンピック」）

(1)「①『とびバッタ』の大群」は、「②さくもつ」を　どう　して　しまうのですか。（10点）

（　　　　　　）

(2)「②さくもつ」の　例《れい》と　して　あげられて　いる　ものを　四つ　書《か》きましょう。（10点）

（　　）（　　）（　　）（　　）

(3)「とびバッタ」と「③トノサマバッタ」の　見た目の　ちがいを　二つ　書きましょう。（10点）

［　　］の　形と　［　　］の　長さ

(4)［④］に　あてはまる　ことばに　○を　書きましょう。（10点）

（　）でも　　（　）つまり

（　）だから

(5)「⑤トノサマバッタの　なかに、ふつうの　型と　『とびバッタ』型と、両方　ある」と　わかったのは　どのような　ことからですか。（10点）

トノサマバッタの　幼虫が　とびバッタに　［　　　　］する　こと。

～算　数～

標準レベル 1 ひょうと　グラフ
算数①

解答

❶ (1)ひろみ，なな
(2)９本
(3)１３本
(4)３８本

❷ ひょう…左から
じゅんに４，２，６，５，８，２
グラフ…右の図

				○	
				○	
		○		○	
		○	○	○	
○		○	○	○	
○		○	○	○	
○	○	○	○	○	○
○	○	○	○	○	○
青	赤	黄	みどり	ピンク	黒

❸ (1)１１人
(2)７人

指導の手引き

❶ (2) 12−3=9(本)
(3) 7+6=13(本)
(4) 7+10+12+6+3=38(本)

❷ 表にまとめる際，数え落としや重複して数えてしまっていないか，注意が必要です。
「正」の字を使って数える方法も有効です。
最後に，人数の合計が27人になっていることも，確かめておきましょう。

❸ (1)「1日も休まなかった人」とは，休みの日数が0日の人のことです。
(2)「3日より多く休んだ人」には「3日休んだ人」は入りません。「4日」「5日」「7日」休んだ人の人数を合計します。
したがって，4+2+1=7(人)

上級レベル 2 ひょうと　グラフ
算数②

解答

❶ (1)左からじゅんに０，０，０，０，１，４，２，３，５，５，１２
(2)８点と９点
(3)１０人
(4)２２人

❷ (1)しんじ…○×○○△×○○△△
たくみ…××××△○××△△
もえ……×○○×△○○×△△
(2)しんじ，５回
(3)１１点

指導の手引き

❶ (2)以下は(1)でまとめた集計表を見て考えますから，表にする作業がいちばん大事であるということをお子様に教えてあげて下さい。

ポイント

データ数が少なかったり，逆に数が多いデータはどうしても数え間違いしやすいので，人数の合計によって(この問題では32人)数え落としや重複をチェックすることを習慣にします。

(2) 8点と9点が5人で同数です。
(3) 12−2=10(人)
(4) 5+5+12=22(人)

❷ (2)勝ったのは○で表されています。急いで表を作ると，○と△の区別がつかなくなるときもありますから，ていねいに表を作る心構えが大事です。
(3)もえさんは4勝3敗3あいこです。
1回ごとの点数を調べるより，勝敗をまとめてから10+4−3=11(点)と計算すれば，速く正確に計算できます。

標準レベル 3 時こくと　時間
算数③

解答

❶ (1)９時
(2)５時３０分
(3)７時１５分

❷ (1)６０　(2)２４　(3)７５　(4)４　(5)５

❸ (1)

(2)
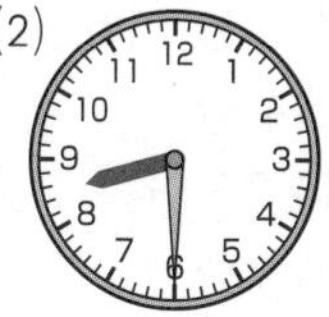
(3)

❹ (1)１１時５分
(2)６時１５分

❺ 午前１０時４０分

指導の手引き

❶ この問題では「時」の読み違えはあまりないはずですが，たとえば10時45分などの場合，時針が「11」の位置に近いので，11時15分前＝10時45分と理解し，誤って「11時45分」とならないようにします。

❷ (3) 60+15=75(分)
(4)午前(午後)どうしの場合は11−7=4(時間)と簡単にできます。
(5) 12時をまたぐ場合は，境界の「12時」で区切ることになります。
12−9=3，3+2=5(時間)

❸ 短針の位置はおよその位置でかまいません。
(2)「8」と「9」のまん中
(3)「3」と「4」のまん中より「4」に近いところ

❹ 針の動きがイメージできていれば，解きやすい問題です。
(1) 8時5分+3時間＝11時5分
(2) 5時45分+30分＝5時75分＝6時15分

❺ 午前10時25分＋15分＝午前10時40分

解答
算数

上級レベル 4 時こくと 時間 算数④

解答

1 (1)2時48分 (2)7時21分
(3)11時52分

2 (1)180 (2)90 (3)40 (4)3，38
(5)2，15

3 (1)5時間50分 (2)14時間15分
(3)2時間54分

4 (1)午後2時25分 (2)30分間

5 午前7時53分

指導の手引き

1 (1)(3)をそれぞれ「3時48分」「12時52分」とうっかり間違えないようにしましょう。

2 (1)60+60+60=180(分)
(3)8時までの60−25=35(分) と8時以降の5分をたし合わせます。35+5=40(分)
(4)時計の針をもどすイメージで，まず4時までに23分もどし，4時から残りの45−23=22(分) をさらにもどります。4時−22分=3時38分
(5)12時−10時45分=1時間15分，3時間30分−1時間15分=2時15分

3 計算問題の場合は1時間=60分の繰り上がり・繰り下がりを使いましょう。
(2)9時間47分+4時間28分=13時間75分=14時間15分
(3)6時間2分−3時間8分=5時間62分−3時間8分=2時間54分

4 (1)1時40分+45分=2時25分
(2)2時25分+10分=2時35分…休憩終わり
3時5分−2時35分=30分

5 8時10分−25分=7時45分…いつも家を出る時刻
7時45分+8分=7時53分

標準レベル 5 たし算の ひっ算 (1) 算数⑤

解答

1 (1)57 (2)89 (3)66
(4)74 (5)81 (6)95

2 (1)45 (2)89 (3)97
(4)88 (5)60 (6)83
(7)90 (8)91

3 60こ

4 90円

5 66まい

6 63本

指導の手引き

1 (3)〜(6)は1回繰り上がりがあります。ミスが続くようなら，繰り上がりの1を毎回書くようにしましょう。

2 横書きの式のまま暗算するとどうしても繰り上がりミスが増えます。もし計算ミスがあるときは，迷わず筆算で正しい計算をさせましょう。

3 27+33=60(個)

4 はじめに持っていたお金は54円より多かったことに気づけば54+36=90(円) です。
確かめとして90−54=36(円) と残りが正しいことまで計算できれば完璧です。

5 よしとくんは弟の29枚より多く持っているのですから，たし算をします。
29+37=66(枚)

6 2組の花だんには48本より多くの花があることを読み取ります。「少なくなって」といった表現からひき算と早合点する場合がしばしばありますが，状況がどうなっているのか，文章から読み取る姿勢があればこうしたミスは起こりません。
48+15=63(本)

上級レベル 6 たし算の ひっ算 (1) 算数⑥

解答

1 (1)82 (2)90 (3)74
(4)94 (5)70 (6)97

2 (1)66 (2)59 (3)81
(4)80 (5)91 (6)90

3 (1) $\begin{array}{r} 5\ \boxed{4} \\ +\ \boxed{2}\ 3 \\ \hline 7\ 7 \end{array}$ (2) $\begin{array}{r} 4\ 9 \\ +\ 2\ \boxed{7} \\ \hline \boxed{7}\ 6 \end{array}$ (3) $\begin{array}{r} 1\ \boxed{4} \\ +\ \boxed{6}\ 6 \\ \hline 8\ 0 \end{array}$

4 (1)52だい
(2)90だい

5 76こ

指導の手引き

2 2個の数のたし算では繰り上がりはあっても1ですが，3個の数をたす場合は2になることもあります。
(5)(6)慣れる意味でも，繰り上がりを書いて確認するようにしましょう。

3 どんな数がそこにあれば設問の計算式になるのか，逆算というより「あてはめ」「確かめ」の問題です。
(1)一の位では3をたすと7になる数を見つけます。
(3)一の位の「0」は繰り上がりをした後の「0」であることに注意します。

4 (1)38+14=52(題)
(2)38+52=90(題)

5 26+12=38(個)…妹＝ゆき となり，ふたりとも38個持っているので，
合計は38+38=76(個)
計算の結果が何を表しているのか，言葉で表現できると文章題に強くなれます。

標準レベル 7 ひき算の ひっ算 (1)

算数⑦

解答

❶ (1) 42 (2) 4 (3) 50
(4) 34 (5) 47 (6) 29

❷ (1) 25 (2) 30 (3) 67
(4) 78 (5) 35 (6) 17
(7) 7 (8) 72

❸ (1) 25 (2) 81
(3) 67 (4) 58

❹ 37まい

❺ 38人

❻ 27ページ

指導の手引き

❶ (1)～(3)は繰り下がりなし，(4)～(6)が繰り下がりありの問題です。繰り下がりで考え込むようであれば，繰り下がりを書いて計算の速さと正確さを保つようにします。

❷ 横書きの式のままで計算速度が保てないようであれば，筆算で速く正確にできるよう練習しましょう。

❸ たして 100 になる数を求める問題です。計算式では「100－＊＊」ですが，「100＝＊＊＋？？」のように 100 を 2 つの数に分解する練習です。答えを出したら，たして 100 になることを確認しましょう。

❹ 62−25=37(枚)

❺ 72−34=38(人)

❻ 84−57=27(ページ)

ポイント

引き算の単元ですから，引き算の式をあまり迷わずに立式できたと思います。しかし，引き算は「差」以外にも，「減少後の値」「増加前の値」「～以外の個数」などいろいろな場面で使われます。意味を考えて立式する習慣が大切です。

上級レベル 8 ひき算の ひっ算 (1)

算数⑧

解答

❶ (1) 28 (2) 25 (3) 39
(4) 38 (5) 24 (6) 28

❷ (1) 18 (2) 48 (3) 39 (4) 27
(5) 26 (6) 52 (7) 55

❸ (1) $\begin{array}{r} 7\,\boxed{5} \\ -\,\boxed{4}\,2 \\ \hline 3\,3 \end{array}$ (2) $\begin{array}{r} \boxed{7}\,5 \\ -\,4\,\boxed{9} \\ \hline 2\,6 \end{array}$ (3) $\begin{array}{r} 9\,6 \\ -\,\boxed{3}\,\boxed{7} \\ \hline 5\,9 \end{array}$

❹ 19こ

❺ 14さつ

指導の手引き

❶ ひき算はミスの起きやすい計算です。時間の許す限り，検算(12−3=9 → 9+3=12)をする習慣をつけましょう。

❷ (5)～(7)左から右に順に計算します。
(6) 82−55+25 をうっかり 82−(55+25) と計算してはいけません。

❸ (2)(3)繰り下がりがあります。どんな数が□に入ればそのような式になるのか，推理した数をあてはめて，実際に計算して式が成り立つか確かめさせてください。

❹ なみさんがもらった数はわかっているので，まず弟がもらった数を求めます。
33−15=18(個)
最後に 2 人がもらったあとの残りを計算します。
70−33−18=19(個)

❺ 今日売れた赤 =48+15=63,
今日売れた青 =52−3=49 だから,
差 =63−49=14(冊)

標準レベル 9 長さ (1)

算数⑨

解答

❶ (1) 13，2
(2) 7，6
(3) 6，7

❷ (1) 70 (2) 46 (3) 12
(4) 104 (5) 32，1

❸ (1) 6，4 (2) 8，7
(3) 11，3 (4) 15

❹ 13 cm 4 mm

❺ 7 cm 8 mm

指導の手引き

❶ (2) 10 cm 6 mm−3 cm=7 cm 6 mm
(3) 13 cm 2 mm−6 cm 5 mm を計算すればよいのですが，目盛りを読みながら 13 cm−7 cm=6 cm に，5 mm +2 mm=7 mm を加えて 6 cm 7 mm としてもかまいません。

❷ (3) 120 mm は，10 mm の 10 個分 =100 mm に 10 mm の 2 個分 =20 mm を合わせたものです。
(4) 100 mm+4 mm=104 mm
(5) 321 mm=300 mm+20 mm+1 mm=30 cm+2 cm +1 mm=32 cm 1 mm

❸ (1) 5 cm 6 mm+8 mm=5 cm 14 mm=6 cm 4 mm
(2) 12 cm 7 mm−4 cm=8 cm 7 mm
(3) 4 cm+7 cm 3 mm=11 cm 3 mm
(4) 6 cm+6 cm+3 cm=15 cm

❹ 7 cm 6 mm+5 cm 8 mm=13 cm 4 mm

❺ 高さもものさしで測りますから「長さ」と考えられます。ここでは「長さの差」になります。
20 cm 4 mm−12 cm 6 mm=7 cm 8 mm
(4 mm から 6 mm は引けないので，19 cm 14 mm −12 cm 6 mm と繰り下げて計算します。)

上級レベル 10　長さ (1)

算数⑩

解答

1 ア5，5　イ6，4
ウ4，8

2 (1)25，6　(2)6，4　(3)8，7
(4)51，6　(5)7

3 (1)上からじゅんに 2，3，1
(2)上からじゅんに 3，1，2

4 22 cm 5 mm

5 44 cm 2 mm

6 92 cm 8 mm

指導の手引き

1 ア 7 cm 5 mm−2 cm=5 cm 5 mm
イ(9 cm−3 cm)+(2 mm+2 mm)=6 cm 4 mm
ウ(11 cm−7 cm)+(7 mm+1 mm)=4 cm 8 mm

2 (1)250 mm+6 mm=25 cm 6 mm
(2)3 cm 6 mm+2 cm 8 mm=5 cm 14 mm=6 cm 4 mm
(3)15 cm 15 mm−7 cm 8 mm=8 cm 7 mm
(4)48 cm+3 cm 6 mm=51 cm 6 mm
(5)6 cm 10 mm−5 cm 6 mm=1 cm 4 mm=14 mm
14 mm−7 mm=7 mm

3 △ cm □ mm の形にそろえてくらべます。

4 はじめの長さは 13 cm 8 mm より長かったはずです。
13 cm 8 mm+8 cm 7 mm=22 cm 5 mm

5 切り取った長さを合わせると，
16 cm+16 cm+3 cm 8 mm=35 cm 8 mm
残りは 80 cm−35 cm 8 mm=44 cm 2 mm

6 結び目に使う長さは，
3 cm 6 mm+3 cm 6 mm=7 cm 2 mm
結び目に使ったぶんだけ短くなるので，
57 cm+43 cm−7 cm 2 mm=92 cm 8 mm

標準レベル 11　(　)の　ある　しき

算数⑪

解答

1 (1)63　(2)63　(3)13　(4)31
(5)31　(6)13　(7)45　(8)45

2 (1)15　(2)15　(3)15　(4)69
(5)100，128　(6)35，128
(7)34，22　(8)50，22

3 (1)○　(2)×

4 (1)しき…300−(130+110)=60
答え…60 円
(2)しき…(35+10)+3=48
または 35+(10+3)=48
答え…48 まい
(3)しき…43−(8−6)=41　答え…41 台

指導の手引き

1 (　)の中を先に計算します。計算の順序が変わっても答えが変わらない場合と，答えが違ってくる場合があるので，どこを先に計算するのかには細心の注意が必要です。(1)(2)や(7)(8)はそれぞれ結果は同じ，しかし(3)(4)や(5)(6)は結果が異なります。

2 (1)〜(4)□に入る数は，共通に現れる「42」より大きい数か小さい数かを考えさせてください。
(5)(6)たし算ばかりのときは，計算順序を変えて楽な計算に工夫できます。
(7)(8)少し高度な工夫です。順に 1 つずつ引いても，引く数をまとめておいて一気に引いても同じ結果になります。

3 (　)のない式で左から順に計算をし，答えを見比べましょう。

4 (2)妹より 10+3=13(枚) 多いと考えてもよいし，さちさんの 35+10=45(枚) よりさらに 3 枚多いとすることもできます。
(3)差し引き 8−6=2(台) の減少と考えます。

上級レベル 12　(　)の　ある　しき

算数⑫

解答

1 (1)46　(2)74　(3)88　(4)46
(5)31　(6)20　(7)29　(8)77

2 (1)78　(2)59　(3)17　(4)35　(5)16

3 (1)167　(2)103

4 (1)しき…80−(13+7)=60
または(80−13)−7=60　答え…60 こ
(2)しき…35+(35+10)=80
答え…80 ページ
(3)しき…(40+18)−(70−18)=6
答え…6 まい

指導の手引き

1 (　)の中を先に計算します。

ポイント
(3)はたし算ばかりなので，どこから計算しても答えは同じです。(6)は 78−(35+23) とまとめて引いても正しい結果が得られます。

2 先に計算できるところを計算して，式全体を簡単にしてから，逆算します。
(1)91−□=13　□=91−13=78
(2)□−35=24　□=24+35=59
(3)20+□=37　□=37−20=17
(4)□+47=82　□=82−47=35
(5)70−□=54　□=70−54=16

3 (1)後ろの 2 数を先にたします。67+(78+22)=67+100=167　(2)78 と 22 をまとめて引きます。203−(78+22)=203−100=103

4 (2)「今日のページ数」+「明日のページ数」と考えます。
(3)弟の枚数が多くなると問題文にあるので，「弟の枚数」−「ひでくんの枚数」を(　)を 2 組使った式にまとめます。

標準レベル 13 水の かさ
算数⑬

解答

❶ (1) 10 (2) 6 (3) 1000 (4) 4 (5) 100
(6) 5 (7) 3，6 (8) 2，460 (9) 73
(10) 8200
❷ (1) 10 (2) 27 (3) 350 (4) 700
❸ (1) 5 L (2) 5000 mL (3) 70 dL
❹ (1) 5 dL (2) 7 dL
❺ けんたが 50 mL 多い

指導の手引き

❶ 1000 mL=1 L，100 mL=1 dL，10 dL=1 L と換算が二重三重になるので，定着するまで地道にくり返し練習しましょう。特に 100 mL=1 dL が 10 個まとまって 1000 mL=10 dL=1 L になるイメージは重要です。

❷ □の単位にそろえて計算します。
(2) 20 dL+7 dL=27 dL
(4) 1000 mL−300 mL=700 mL

❸ 小さい単位にそろえるのが原則です。（大きい単位にそろえられたら，それでもかまいません。）
(1) 5 L=50 dL > 20 dL
(2) 4 L=4000 mL < 5000 mL
(3) 300 mL < 70 dL=7000 mL

❹ (1) 8 dL−3 dL=5 dL
(2) 増加分を求めるので，引き算になります。
1 L 2 dL−5 dL=7 dL

❺ それぞれ残っている水のかさは，
ひろし…500 mL−300 mL=200 mL，
けんた…400 mL−150 mL=250 mL，
したがって，差…250 mL−200 mL=50 mL

上級レベル 14 水の かさ
算数⑭

解答

1 (1) 70 (2) 45 (3) 3500 (4) 23
(5) 7，2 (6) 5，6 (7) 700
(8) 12，700
2 (1) 上からじゅんに 1，3，2
(2) 上からじゅんに 3，1，2
(3) 上からじゅんに 2，3，1
3 (1) 350 mL (2) 300 mL
4 3 L 1 dL

指導の手引き

1 □の単位にそろえて計算します。単位換算が定着するまでは，換算表などを参照しながら「正確な換算」を心がけましょう。
(2) 10 dL=1 L が 45 集まって 450 dL と考えます。
(3) 3000 mL+500 mL=3500 mL
(5) 5 L 4 dL+1 L 8 dL=6 L 12 dL=7 L 2 dL
(6) そのままでは引けないので，1 L=10 dL 繰り下げます。5 L 10 dL−4 dL=5 L 6 dL
(8) 8 L 700 mL+4 L=12 L 700 mL

2 (1) 7 L=7000 mL，40 dL=4000 mL なので
7 L > 5000 mL > 40 dL
(2) 56 dL=5600 mL，2 L=2000 mL なので
56 dL > 2 L > 1800 mL
(3) 5 L=5000 mL，52 dL=5200 mL なので
52 dL > 5 L > 590 mL

3 (1) 200 mL+150 mL=350 mL
(2) 350 mL+350 mL=700 mL，
1 L−700 mL=300 mL

4 青…6 L−1 L 5 dL+8 dL=5 L 3 dL，
赤…3 L−8 dL=2 L 2 dL，
差…5 L 3 dL−2 L 2 dL=3 L 1 dL

標準レベル 15 たし算の ひっ算 (2)
算数⑮

解答

❶ (1) 91 (2) 131
(3) 195 (4) 257
(5) 420 (6) 901
❷ (1) 469 (2) 808
(3) 792 (4) 510
(5) 763 (6) 802
❸ (1) 167+403
(2) 383+527
❹ (1) 455 人
(2) 680 人
❺ 400 せき

指導の手引き

❶ (5)(6)繰り上がりが連続するので，注意が必要です。特に(6)は，一の位からの繰り上がりが十の位から百の位への繰り上がりに影響しています。慣れるまでは繰り上がりを書いて，確実な計算をしましょう。

❷ (4)(6)繰り上がりが連続します。
たし算のトレーニングには「100 ます計算」が有効です。2 けた +2 けた，2 けた +1 けたの 2 種類で良いですから，集中力の維持と繰り上がりの感覚を身につけてください。

❸ (1) 218+342=560，167+403=570
(2) 434+471=905，383+527=910

❹ (1) 227+228=455（人）
(2) 3 つの組＝(赤＋白)＋青なので，(1)の結果が利用できます。455+225=680（人）

❺ すわっている席＋あいている席＝全部 です。
156+215+29=400（席）

上級レベル 16 たし算の ひっ算 (2)

算数⑯

解答

❶ (1) 569 (2) 808
(3) 594 (4) 710
(5) 953 (6) 702

❷ (1) 746 (2) 986 (3) 703

❸ (1)

```
   2 3 [7]
+ [6] 6 5
---------
   9 [0] 2
```

(2)

```
   3 [2] 4
  [1] 5 8
+  3 2 [5]
---------
   8 0 7
```

❹ (1) 731 人
(2) 574 人

❺ 512 まい

指導の手引き

❶ ふつうのたし算です。あせらず正確に計算して下さい。

❷ 計算に集中して，ミスを防ぎます。3 数の和では，見えている 1 けたの 2 数の和を頭の中に保持し，その中間結果にさらに残りの数を加えます。
(2)一の位の計算は，6+7=13 という中間結果に 3 を加えて 16 とします。

❸ ふつうのたし算と同様に，一の位から十の位，百の位と順に□を決めていきます。埋め終えた後に，埋めた 2 数(3 数)の和を計算し，検算する習慣をつけさせて下さい。

❹ (1) 356+375=731(人)
(2) 278+249+47=574(人)

❺ 277−21=256(枚)…ふみやくん＝弟の枚数 となり，ふたりとも 256 枚持っているので，合計は，256+256=512(枚)

標準レベル 17 ひき算の ひっ算 (2)

算数⑰

解答

❶ (1) 33 (2) 145
(3) 31 (4) 67
(5) 522 (6) 797

❷ (1) 344 (2) 347
(3) 192 (4) 383
(5) 596 (6) 54

❸ (1) 419−182
(2) 927−432

❹ 540円

❺ (1) 650 mL
(2) 370 mL

指導の手引き

❶ ひき算のほうがたし算よりミスしやすいのですが，検算は簡単なので，ぜひ行いたいものです。ひき算を筆算でした場合，上から順に「ひかれる数」「ひく数」「答え」と 3 段に並んでいる数のうち，下の 2 段つまり「ひく数」と「答え」をたし算して，1 段目の「ひかれる数」になっていれば OK です。

❷ (5)(6)連続して繰り下がりが必要なので，要注意です。

❸ (1) 419−182=237，661−426=235
(2) 772−287=485，927−432=495

❹ 600+320−380=540(円)

❺ (1) 900 mL−250 mL=650 mL
(2)(1)より，10 時すぎに 650 mL あったお茶が 280 mL まで減ってしまったのですから，差が 12 時に飲んだ分です。
650 mL−280 mL=370 mL

上級レベル 18 ひき算の ひっ算 (2)

算数⑱

解答

❶ (1) 229 (2) 461 (3) 89
(4) 236 (5) 485 (6) 495

❷ (1) 181 (2) 66

❸ (1) 52 (2) 548

❹ (1)

```
   6 3 [1]
− [5] 5 9
---------
    [7] 2
```

(2)

```
   5 [0] [3]
− [3] 6 8
---------
   1 3 5
```

❺ 90 こ

❻ 485 m

指導の手引き

❶ 確かめである検算をする習慣をつけましょう。
(3)以下，繰り下がりの連続です。

❷ 3 つの数のたし算なら全部まとめて筆算できますが，ひき算が続く場合は，別々に筆算する必要があります。左から順に計算しましょう。
(1) 950−606=344，344−163=181
(2) 852−258=594，594−528=66

❸ (1)□=120−68=52
(2)まず，全体＝左端から右端までを合計します。386+579=965…全体，□=965−417=548

❹ 一の位→十の位→百の位の順に，□にあてはまる数を見つけます。繰り下がりに注意が必要です。必ず検算しましょう。

❺ 水曜=370+45=415(個)，415−325=90(個)

❻ 920 m−345 m−90 m=485 m

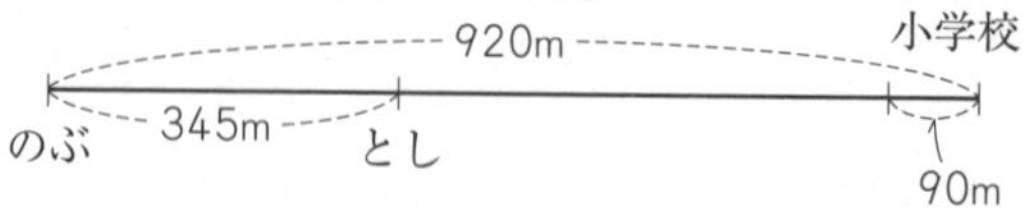

標準レベル 19 かけ算 (1)

算数⑲

解答

❶ (1)8 (2)18
(3)28 (4)40
(5)18 (6)35
(7)64 (8)18

❷ (1)6 (2)20 (3)8
(4)7 (5)9 (6)6

❸ (1)2 (2)3 (3)5

❹ (1)しき…4×5=20 答え…20本
(2)しき…6×4=24 答え…24人
(3)しき…3×7=21 答え…21こ

指導の手引き

❶ いよいよかけ算(＝九九)です。あらゆる計算の基礎になりますから，これだけはひたすら繰り返して暗記するしかありません。最初は2の段，3の段といった覚えやすいところから定着させます。その際，重要なのは「等差数列の感覚」です。

ポイント

2の段は2ずつ増える，3の段は3ずつ増えるルールを理解していれば，7の段，8の段などの大きな数の段の九九も同じルールに従って数が並ぶことが理解でき，早く確実に定着します。

❷ 「ばい(倍)」ということばの使い方に慣れましょう。なお，(3)〜(6)は「わり算」で□を計算するのでなく，九九のあてはめで□に入る数を見つけます。

❸ 同じ個数のかたまりがいくつあるか，図を見ながら数えます。

❹ (1)4本の5倍です。4×5の順に書きます。
(2)6人の4倍 ⇒ 6+6+6+6=6×4=24(人)
(3)3個ずつ7列 ⇒ 3×7=21(個) です。

上級レベル 20 かけ算 (1)

算数⑳

解答

1 (1)42 (2)36 (3)56
(4)30 (5)40 (6)81

2 (1)8 (2)4 (3)4

3 (1)9 (2)6 (3)8 (4)8

4 (1)14こ (2)85こ

5 (1)しき…3×6=18
答え…18 cm
(2)しき…5×7−4=31
答え…31こ

指導の手引き

1 大きな数の段の九九は，どうしてもあやふやになりがちです。
(1)6×7=42がなかなか出てこない場合，もし6×6=36ができているなら6×7=6×6+6=36+6=42と理由もあわせて覚えましょう。

2 (1)24になる九九から，適するものをあてはめます。
(2)(3)九九の重要なルールを理解しているかを確認する問題です。かける数が1大きく(小さく)なると，答えはかけられる数だけ大きく(小さく)なります。

3 (1)(2)適する九九を見つけます。
(3)49+7=7×7+7と読めたらベストですが，49+7=56になる九九を見つけるやり方でも正解です。
(4)同様に，72−8=8×9−8と読むか，または64になる九九をさがします。

4 ア…3×6=18(個)，イ…4×8=32(個)，ウ…7×5=35(個)
(1)32−18=14(個)
(2)18+32+35=85(個)

5 (2)式を2つに分け，5×7=35，35−4=31(個)としても正解です。

標準レベル 21 かけ算 (2)

算数㉑

解答

❶ (1)24 (2)240
(3)240 (4)240
(5)240 (6)630
(7)100 (8)300

❷ (1)12 (2)120
(3)300 (4)400
(5)6 (6)60

❸ (1)右回《まわ》りに60，160，120，180，100
(2)右回りに280，350，560，140，420

❹ (1)しき…30×6=180 答え…180こ
(2)しき…50×7=350 答え…350円
(3)しき…4×30=120 答え…120まい

指導の手引き

❶ かける数やかけられる数が10倍になったとき，答えも九九の10倍(末尾に「0」がつく)になります。
(7)(8)のように，九九が0で終わる場合は「00」で終わる形になります。

❷ (5)2×6=12がもとになっています。
(6)9×6=54をもとに考えます。

❸ 0がついたかけ算の答えがどのような数になるのか，徐々に感覚を慣らしていきます。すらすら答えが書けているようでしたら，身についている証拠です。

❹ (1)30の6倍を式にする際，大人だと文字式の感覚で6×30としがちですが，小学校の算数では「6倍」は「×6」と操作的に扱います。
したがって，30個の6倍は30×6=180の順に書きます。
(2)50円の7倍です。
(3)4枚の30倍です。

上級レベル 22 かけ算 (2)

算数㉒

解答

❶ (1) 140　(2) 640
(3) 200　(4) 420
(5) 450　(6) 240
(7) 360　(8) 100

❷ (1) 3　(2) 60　(3) 30
(4) 6　(5) 4　(6) 70

❸ 370円

❹ (1) 176 cm
(2) 24 cm

❺ (1) 500こ
(2) 60こ

指導の手引き

❶ (3) 5×4=20 の答えの末尾に 0 をつけます。元々の九九の答えに 0 がついているので，答えは 0 が 2 つつくことになります。

❷ (2)(3)が難しいでしょう。□の中には 0 のついた数(それぞれ 60 と 30)が入ります。

❸ みかんの代金は 30×5=150(円)，りんごの代金は 80×6=480(円) だから，代金の合計は 150+480 =630(円) です。1000 円からのおつりは 1000−630 =370(円) になります。

❹ (1)短いひも(8 cm)が 7 本で 8×7=56(cm)，長いひも(8 cm×5=40 cm) が 3 本 て，40×3=120(cm)，合わせて 56+120=176(cm) です。
(2) 2 m=200 cm だから，200−176=24(cm) です。

❺ (1)袋につめたのが 60×8=480(個)，20 個あまっているから，480+20=500(個) です。
(2) 70×8=560(個) 必要なので，560−500=60 より，あと 60 個あればよいことがわかります。

標準レベル 23 かけ算の　きまり

算数㉓

解答

❶ (1) 7　(2) 8
(3) 8　(4) 30
(5) 30　(6) 28
(7) 4

❷ (1)じゅんに 10，12
(2)じゅんに 35，56
(3)じゅんに 12，24

❸ (1) 56　(2) 27
(3) 120　(4) 700
(5) 300　(6) 320
(7) 480

❹ (1) 2×8，4×4，8×2
(2) 3×8，4×6，6×4，8×3

❺ (1) 40 ふくろ
(2) 120 本

指導の手引き

❶ かけ算はかける順番を入れかえても答えは同じになります。ですから，(5)の 3×5×6 は，5×6×3 の順番で計算すると，5×6=30，30×3=90 となり，筆算を使わなくても計算できます。
(8) 80×3+80 は，80 が 3 つあるところに 80 をたすのですから，80 が 4 つ(=80×4)で 320 です。

❷ (1)は 2 ずつ，(2)は 7 ずつ，(3)は 4 ずつ増えています。

❸ (7)(24+36)と(　　)がついています。(　　)のついたところを先に計算します。24+36=60 を先に計算しておいて，60 に 8 をかけて 480 が答えになります。

❺ (1) 8×5=40(袋)あります。
(2) 40 袋に 3 本ずつ入っているので，3×40=120(本)あります。

上級レベル 24 かけ算の　きまり

算数㉔

解答

❶ (1) 72　(2) 210　(3) 240
(4) 240　(5) 200　(6) 270

❷ (1) 40，320　(2) 20，140
(3) 9，540　(4) 200，600

❸ (1) 270　(2) 310
(3) 250　(4) 490

❹ (1)

12	16	20
15	20	25
18	24	30

(2)

25	30	35
30	36	42
35	42	49

❺ 2 L 8 dL

❻ 560

指導の手引き

❶ (3) 3×2 を先に計算します。
(4) 6×5 を先に計算します。
(5)(6)(　　)の中のたし算を先に計算します。

❷ (1) 8×8×5 はそのままの順番でかけ算をすると，8×8=64，64×5=□となって，筆算が必要になります。そこで，8×5=40，8×40=320 のようにうまく順番を変えて計算すれば，はやく正確に答えを出すことができます。

❹ (1)上から，4 の段，5 の段，6 の段です。
(2)上から，5 の段，6 の段，7 の段です。

❺ 大カップのかさは 2×3=6(dL) です。大カップで 4 回，小カップで 2 回分のかさは，6×4=24(dL) と 2×2=4(dL) を合わせて 28 dL=2 L 8 dL です。

❻ 16×35=(2×8)×(5×7)=(2×5)×(8×7)=10×56 =560 です。「2×5」を作り出すことがポイントになります。

標準レベル 25 たし算の　ひっ算 (3)

算数㉕

☑解答

❶ (1) 4600　(2) 9000　(3) 8600
　(4) 7420　(5) 7000　(6) 5105

❷ (1) 8298　(2) 5993　(3) 8459
　(4) 6683　(5) 6041　(6) 9000

❸
```
(1)    3  7  6 [3]      (2)  [2] 7 [2] 4
    + [3] 1  5  5           + 5 [1] 6 [6]
    -------------           -------------
       6 [9][1] 8              7  8  9  0
```

❹ 8355人

❺ (1) 3730台
　(2) 6210台

指導の手引き

❶
```
(1)            (2)   1         (3)   1
    1400           5300            7260
  + 3200         + 3700          + 1340
  ------         ------          ------
    4600           9000            8600

(4)  1 1       (5)  1 1        (6)  1 1
    2850           6080            3140
  + 4570         +  920          + 1965
  ------         ------          ------
    7420           7000            5105
```

❷
```
(1)            (2)    1        (3)  1 1
    3262           1875            5674
  + 5036         + 4118          + 2785
  ------         ------          ------
    8298           5993            8459

(4)  1  1      (5)  1 1 1      (6)  1 1 1
    2859           4384            6931
  + 3824         + 1657          + 2069
  ------         ------          ------
    6683           6041            9000
```

❹ 3620+4735=8355(人)

❺ (1) 2480+1250=3730(台)
　(2) 2480+3730=6210(台)

上級レベル 26 たし算の　ひっ算 (3)

算数㉖

☑解答

❶ (1) 1000　(2) 3663　(3) 8808
　(4) 9011　(5) 6110　(6) 9415

❷ (1) 7987　(2) 9473　(3) 8331

❸ (1) 4322　(2) 800　(3) 5997

❹
```
(1)  [1] 9  1  7       (2)    3  6 [7] 9
   +  6 [0] 8 [9]            [1] 8  0 [8]
   --------------          +  1 [7] 6  4
      8  0 [0] 6           --------------
                              7  2  5  1
```

❺ (1) 5616円　(2) 496円

❻ 9000

指導の手引き

❶
```
(1)  1 1       (2)  1 1        (3)  1 1 1
     864           1276            4809
  +  136         + 2387          + 3999
  ------         ------          ------
    1000           3663            8808

(4)  1 1 1     (5)  1 1 1      (6)  1 1 1
    1357            941            6728
  + 7654         + 5169          + 2687
  ------         ------          ------
    9011           6110            9415
```

❷ 「2」繰り上がる場合もあるので注意しましょう。
```
(1)      1     (2)  2  1       (3)  2 2 2
    1543           3714            1768
    2306           2832            2687
  + 4138         + 2927          + 3876
  ------         ------          ------
    7987           9473            8331
```

❸ (3) 999は1000より1小さく，1999は2000より1小さく，2999は3000より1小さいので，たした答えは1000+2000+3000=6000より1+1+1=3小さい5997です。

❻ 2804+196，1750+1250，1455+1545を先に計算します。

標準レベル 27 ひき算の　ひっ算 (3)

算数㉗

☑解答

❶ (1) 2700　(2) 2700　(3) 1680
　(4) 1370　(5) 1840　(6) 5435

❷ (1) 3339　(2) 3236　(3) 1981
　(4) 6328　(5) 999　(6) 1966

❸ (1) 1660　(2) 6056

❹ (1) 1120点
　(2) 1840点

❺ 6924円

指導の手引き

❶
```
(1)            (2) 6           (3) 5 3
    5900           7200            6460
  - 3200         - 4500          - 4780
  ------         ------          ------
    2700           2700            1680

(4) 3 9        (5) 1 2         (6)
    4000           2310            8639
  - 2630         -  470          - 3204
  ------         ------          ------
    1370           1840            5435
```

❷
```
(1)     6      (2) 5  7        (3) 4 9
    4875           6081            5033
  - 1536         - 2845          - 3052
  ------         ------          ------
    3339           3236            1981

(4) 6 1 9      (5) 2 4         (6) 2  8
    7206           3579            3294
  -  878         - 2580          - 1328
  ------         ------          ------
    6328            999            1966
```

❸ (1) 5000−3340=1660
　(2) 7618−1562=6056

❹ (1) 7620−6500=1120(点)
　(2) 7620−5780=1840(点)

❺ 8192−1268=6924(円)

解答

算数

上級レベル 28 ひき算の ひっ算 (3)

算数㉘

解答

1 (1) 368 (2) 1638 (3) 2273
(4) 889 (5) 6085 (6) 1907

2 (1) 5679 (2) 4498 (3) 7350

3 2008

4 (1) 3720 (2) 2300 (3) 2298

5 (1) 6178 人
(2) 659 人

6 5000

指導の手引き

1 (1)
```
 099
 1000
- 632
  368
```
(2)
```
 3 6
 4373
-2735
 1638
```
(3)
```
 509
 6100
-3827
 2273
```
(4)
```
 861
 9724
-8835
  889
```
(5)
```
 791
 8021
-1936
 6085
```
(6)
```
 699
 7005
-5098
 1907
```

3 7152−2358−2786=4794−2786=2008 です。2358+2786=5144，7152−5144=2008 としても同じ答えです。

4 (1)うっかり 2760+1240 から先に計算してはいけません。
(2)(　　)がついているので，2760+1240=4000 と計算しておいて，9×700=6300 から引きます。

5 (2)去年，北町に住んでいた人は
7265−1087=6178(人)，
南町に住んでいた人は 7151−314=6837(人)なので，ちがいは 6837−6178=659(人) です。

6 3768+4876−1768−1876
=(3768−1768)+(4876−1876)=2000+3000
=5000

標準レベル 29 1000までの 数

算数㉙

解答

1 (1) 568 (2) 702 (3) 380 (4) 804

2 (1)上からじゅんに 3，2，1
(2)上からじゅんに 2，1，3

3 (1) 634 (2) 60

4 (1) 400，500 (2) 680，740
(3) 740，680

5 470円

6 (1) 863 (2) 836 (3) 386

指導の手引き

1 (1) 500+60+8=568
(2) 700+2=702
(3) 10 が 10 個で 100，30 個で 300，38 個で 380

3 数の大きい順に書き直すと，各位の数字がはっきりします。
(1) 600+30+4=634
(2) 463=400+60+3 と見ましょう。

4 規則的な増え方(減り方)を見つけます。
(1) 200 → 300 から 100 ずつの増加とわかります。
(2) 700 → 720 から 20 ずつの増加とわかります。
(3) 800 → 770 から 30 ずつの減少とわかります。
いずれも全ての数の前後で同じ増え方(減り方)になっていることを確かめておきます。(問題により 1，2，4，7，11，16，22，29，… などのように同じ数ずつでない増え方のこともあるためです。)

5 70+400=470(円)

6 (1)数の大きいカードを百の位から順に並べます。
(2)百の位は(1)のままで十の位と一の位の 63 を 36 に替えます。
(3) 368 より 386 のほうが，より 400 に近くなっています。

上級レベル 30 1000までの 数

算数㉚

解答

1 (1)ア 320 イ 560
(2)ア 675 イ 740

2 (1) 660
(2) 402

3 (1)上からじゅんに 3，2，1
(2)上からじゅんに 2，1，3

4 (1) 984，978
(2) 246，357

5 700

6 (1)弟が 12 円多い
(2) 44 まい

指導の手引き

1 (1) 1 目盛りが 10 ではなく 20 になっていることに注意してください。
(2)やはり 1 目盛りは 10 ではありません。2 目盛りで 10 ですから，1 目盛りは 5 です。

2 (1) 200+460=660
(2) 300+70+32=402

3 (2)漢数字を数字に書き直すとわかりやすくなります。
四百五十六→ 456，四百六十→ 460，四百六→ 406

4 (1) 975 → 972 から 3 ずつの減少とわかります。
(2) 690−579=579−468=111 ずつの増加なので 468−111=357 と 357−111=246 です。

5 400−7=393，300+7=307，393+307=700

6 (1)みなみ…400+28=428(円)，弟…200+240=440(円)，多い弟から少ないみなみを引くと 440−428=12(円)
(2)弟は，とりかえる前には 2+24=26(枚) でした。交換後は 10 円玉が 2 枚減って，代わりに 1 円玉が 20 枚増えるので 26−2+20=44(枚) になります。

標準レベル 31 10000までの　数
算数㉛

解答

❶ (1) 10　(2) 3265
(3) 8037　(4) 4090
(5) 2600　(6) 5062

❷ (1)上からじゅんに 3, 1, 2
(2)上からじゅんに 2, 3, 1

❸ (1) 6500, 8500
(2) 2600, 3200
(3) 9900, 9840

❹ 3870円

❺ (1) 9753
(2) 3597

指導の手引き

❶ 10000までの数はお金を使って実際に見てみると理解しやすくなります。おもちゃの紙幣や硬貨などがあればそれを使うとよいでしょう。

❷ 数字がたてに並べてあるので，千の位から順に数字を比べていきましょう。

❸ (1) 1000ずつ増えています。
(2) 200ずつ増えています。
(3) 20ずつ減っています。
いずれも全ての数の前後で同じ増え方(減り方)になっていることを確かめておきましょう。

❹ 色えんぴつが $100\times8=800$(円)，画用紙が $10\times7=70$(円)，額縁が $1000\times3=3000$(円) です。すべてけたがちがうので，たし算しやすいでしょう。

❺ (1)千の位から数字の大きい順に，9→7→5→3と並べていきます。
(2)いちばん小さい数3579の，十の位と一の位を入れかえて3597です。

上級レベル 32 10000までの　数
算数㉜

解答

❶ (1)ア 2740　イ 2980
(2)ア 4950　イ 5005

❷ (1) 30　(2) 4260　(3) 5628
(4) 9999　(5) 6993

❸ (1) 3500, 5400
(2) 7779, 6669
(3) 8650, 9150

❹ (1) 3579　(2) 9989
(3) 3000　(4) 4812

❺ 6280円

指導の手引き

❶ (1)例えば，2700と2800の間は，2700→2720→2740→2760→2780→2800のように，1目盛りが20になっています。
(2)アは4900と5000のまん中だから4950です。4900と4950の間が10目盛りに分かれているので，1目盛りは5です。

❷ (4) $10\times10\times10\times10=10000$ です。40とまちがわないようにしましょう。

❸ (1) 1900ずつ増えています。
(2) 1110ずつ減っています。
(3) 125ずつ増えています。

❹ (3) 600×5 の答えは，6×5 の答えの後ろに0を2つつけたものです。$6\times5=30$ ですから，30に0を2つつけて3000です。
(4) $3\times4\times500=3\times2000=6000$，$100\times12-12=1200-12=1188$，$6000-1188=4812$

❺ $1000\times3=3000$，$100\times27=2700$，$10\times58=580$，$3000+2700+580=6280$(円) です。

標準レベル 33 長さ (2)
算数㉝

解答

❶ (1) 70　(2) 3, 50
(3) 60　(4) 2, 20

❷ (1) 100　(2) 7
(3) 350　(4) 405

❸ (1)上からじゅんに 2, 3, 1
(2)上からじゅんに 1, 3, 2
(3)上からじゅんに 3, 1, 2

❹ (1) 5, 20
(2) 3, 50
(3) 9, 20
(4) 3, 60
(5) 24

❺ 750 m

指導の手引き

❶ (1) 1目盛りは10 cmを表しています。アからイまでは7目盛りで70 cm，アからエまでは3 mとあと5目盛りだから3 m 50 cm，イからウまでは6目盛りで60 cm，ウからエまでは22目盛りで220 cm=2 m 20 cmです。

❸ すべてcmにそろえて比べます。上から，
(1) 800 cm，90 cm，3000 cm
(2) 1000 cm，98 cm，905 cm
(3) 77 cm，707 cm，107 cm

❹ mどうし，cmどうしをたしたり引いたりするのですが，cmが100を超えるとmに繰り上がります。cmどうしで引けないときは，mから100を借りてきます。
(3) 6 m 50 cm+2 m 70 cm=8 m 120 cm=9 m 20 cm
(4) 5 m−1 m 40 cm=4 m 100 cm−1 m 40 cm=3 m 60 cm

❺ 280 m+470 m=750 mです。

上級レベル 34 長さ (2)

算数㉞

解答

1. (1) 8，35　(2) 5，50
   (3) 4，10　(4) 7，35
   (5) 1200
2. (1) 999　(2) 4，35　(3) 550
3. 左からじゅんに，2，3，1
4. (1) 97 cm　(2) 3 m 83 cm
5. 2 m 20 cm
6. 730 m

指導の手引き

1 (1) 3 m 60 cm+4 m 75 cm=7 m 135 cm
=8 m 35 cm
(2) 6 m 30 cm−80 cm=5 m 130 cm−80 cm
=5 m 50 cm
(3) 260 cm+1 m 50 cm=260 cm+150 cm
=410 cm=4 m 10 cm
(4) 10 m−265 cm=1000 cm−265 cm
=735 cm=7 m 35 cm

2 (1) 10 m−1 cm=1000 cm−1 cm=999 cm
(2) 7 m 5 cm−2 m 70 cm=6 m 105 cm−2 m 70 cm
=4 m 35 cm
(3) 1 m 85 cm+3 m 65 cm=185 cm+365 cm
=550 cm

4 (1) お母さんの背の高さは 1 m 24 cm+38 cm=1 m 62 cm だから，弟の背の高さは 1 m 62 cm−65 cm=162 cm−65 cm=97 cm です。
(2) 1 m 24 cm+1 m 62 cm+97 cm=124 cm+162 cm+97 cm=383 cm=3 m 83 cm です。

6 けんじ君は 1 分間に 60 m 歩くから，8 分間では 60×8=480(m) 歩きます。駅まではまだ 250 m あるので，480+250=730(m) です。

標準レベル 35 三角形と　四角形

算数㉟

解答

1. (1)イ，オ，ケ
   (2)ア，エ，ク
2. (1) 3
   (2) 4
   (3) 20
3. (1)イ，カ
   (2)ア，オ
   (3)ウ，エ
4. (1) 5 こ
   (2) 8 こ

指導の手引き

1 (1)ウは曲がった線があるので，三角形ではありません。
(2)カのように角が欠けているもの，コのように角が丸まったものは四角形ではありません。

3 (1)

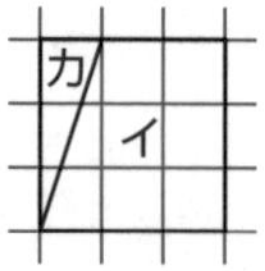

(2)

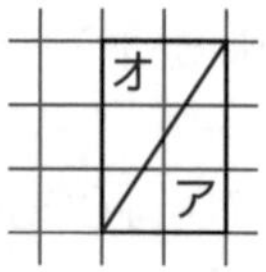

(3)

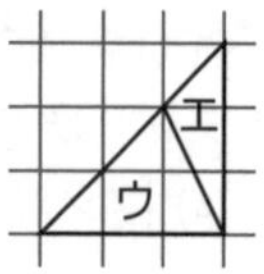

4 (1)次の 5 個です。

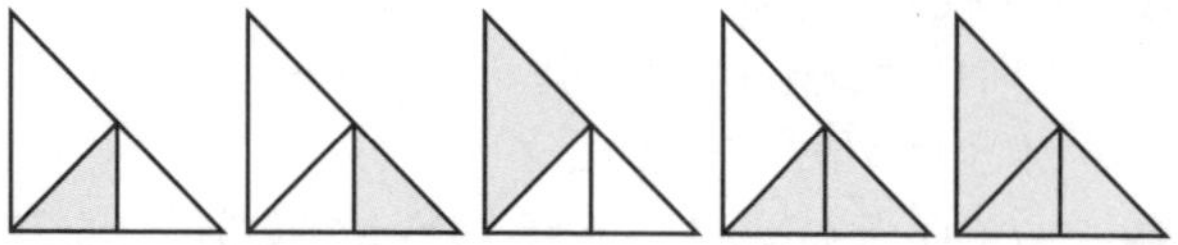

(2)次の 8 個です。

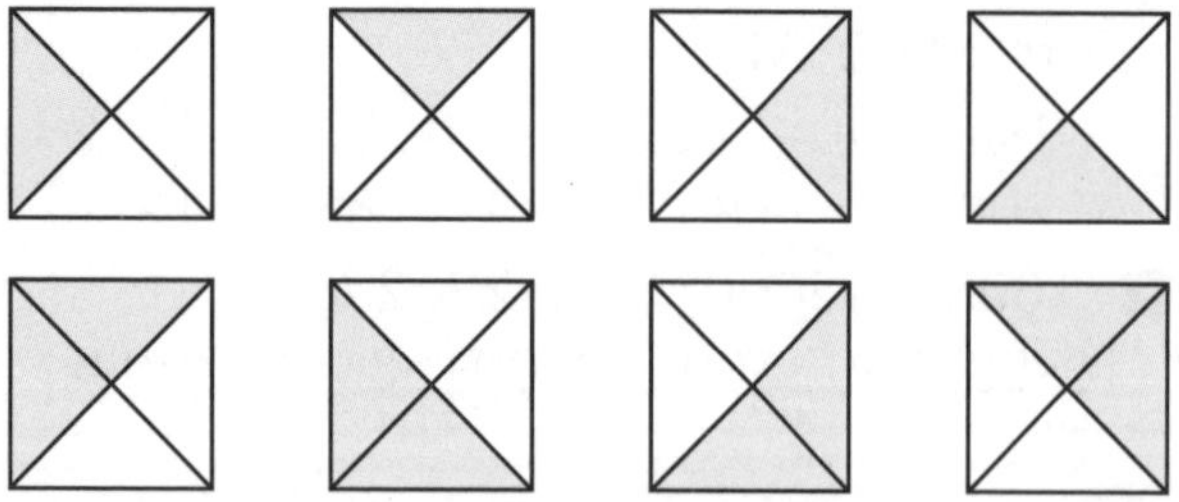

上級レベル 36 三角形と　四角形

算数㊱

解答

1. (1)イ　(2)ウ　(3)オ
2. (1) 36 cm
   (2) 28 cm
3. (1)ア，ウ，オ，カ，キ，ク
   (2)ウ，カ，ク
   (3)ア，オ，キ
4. (1) 8 こ
   (2) 4 こ

指導の手引き

1 穴はそれぞれ次のようになります。

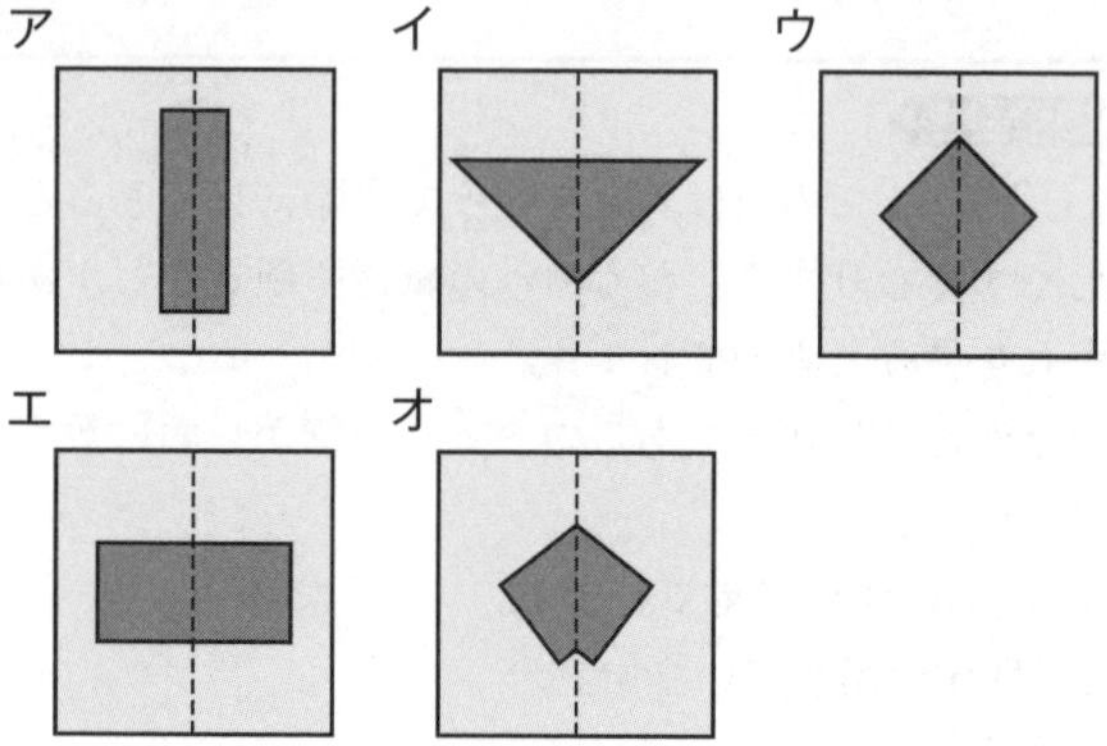

2 (1)

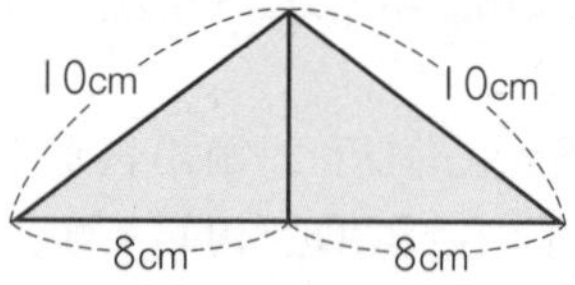

10+8+8+10=36(cm)

(2)

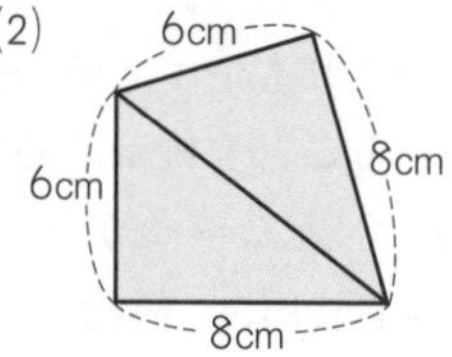

6+8+8+6=28(cm)

3 (2)正方形を 2 つに切り分けた三角形を，直角二等辺三角形といいます。
(3)長方形を 2 つに切り分けたときできる三角形は(二等辺でない)直角三角形です。

標準レベル 37 長方形と 正方形，分数
算数㊲

解答

❶ (1)ウ，キ　(2)ア，エ

❷ (1)$\frac{1}{2}$　(2)$\frac{1}{4}$　(3)$\frac{1}{6}$

❸ (1)$\frac{2}{3}$　(2)$\frac{3}{4}$　(3)$\frac{4}{9}$

❹ (1)$\frac{4}{5}$　(2)$\frac{1}{3}$

(3)$\frac{5}{9}$　(4)$\frac{1}{4}$

❺ (1)6こ　(2)7こ

(3)2こ　(4)2こ

(5)1こ　(6)8こ

(7)10こ

指導の手引き

❶ **イ**はかたむいていて，角が直角ではありません。**オ**，**カ**は角が丸まっていたり欠けていたりします。これらは長方形でも正方形でもありません。なお，小学校では，正方形は長方形の特別な形であるという考え方はせず，別のものとして区別します。

❹ (1)分母が等しい分数どうしでは，分子が大きい分数の方が大きい分数です。

(2)分子が等しい分数どうしでは，分母が小さい分数の方が大きい分数です。

(4)$\frac{1}{4}$を4個集めると$\frac{4}{4}$になり，これは1と同じことです。

❺ (6)正方形は(1)と(4)を合わせて，6+2=8(個) あります。

(7)長方形は(2)(3)(5)を合わせて，7+2+1=10(個) あります。

上級レベル 38 長方形と 正方形，分数
算数㊳

解答

❶ (1)46　(2)7

(3)48　(4)$\frac{1}{2}$

❷ (1)$\frac{5}{8}$　(2)$\frac{3}{7}$　(3)$\frac{3}{8}$

❸ (1)$\frac{7}{9}$　(2)$\frac{5}{7}$

❹ (1)5こ

(2)12こ

指導の手引き

❶ (1)たて(8 cm)の辺が2つ，横(15 cm)の辺が2つあるので，8+8+15+15=46(cm) です。

(2)□×4=28 より，□=7(cm) です。

(3)この長方形の横の長さは6×3=18(cm) ですから，まわりの長さは6+6+18+18=48(cm) です。6×8=48(cm) でも求めることができます。

(4)分子が同じですから，分母の小さい$\frac{1}{2}$の方が大きい分数です。

❸ (1)$\frac{8}{9}-\frac{1}{9}=\frac{7}{9}$

(2)$\frac{3}{7}+\frac{2}{7}=\frac{5}{7}$

3年生で学習する内容です。分母が等しい分数は，分子どうしをたしたり引いたりすることでたし算，引き算が可能です。

❹ (1)□9個がたて3個×横3個でならんでいる部分をみつけます。

(2)□4個分の長方形とは□□□□(たて向きのものも含む)です。横向きのもの，たて向きのものがそれぞれ6個ずつあります。

標準レベル 39 はこの 形
算数㊴

解答

❶ (1)6　(2)12

❷ イ，ウ

❸ (1)ウ　(2)オ　(3)イ

❹ (1)8こ

(2)10こ

(3)12こ

❺ (1)8本

(2)4こ

(3)60 cm

指導の手引き

❶ 見えないところにも面・辺・頂点があることに注意しましょう。図では，点線でその部分が示されていますが，点線がかかれていない図もあります。

❷ **ア**はうまく辺と辺がくっつきません。**エ**は重なってしまう面があります。

❸ さいころの展開図で，次のように色をつけた2つの面は向かい合う面になります。

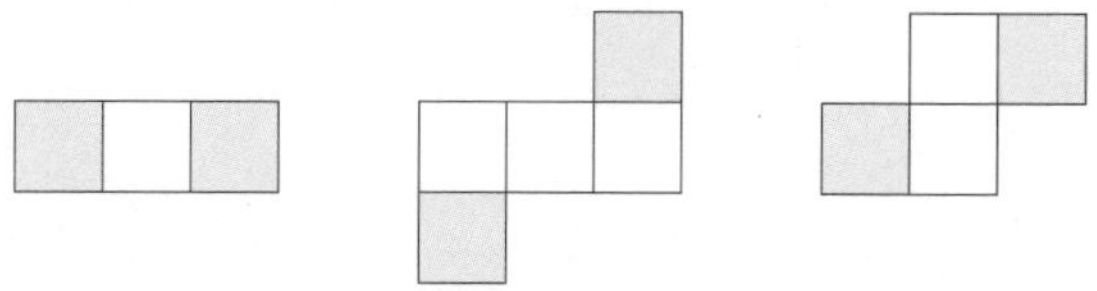

❹ 見えないところにも積み木があります。(2)(3)では1段ずつ分けて，慎重に数えましょう。上の段から1段目，2段目，3段目と数えると，

(2) 1段目…1個，2段目…3個，3段目…6個

(3) 1段目…1個，2段目…5個，3段目…6個

❺ (2)長方形の面はいくつあるかということです。

(3)4 cmの棒を8本，7 cmの棒を4本使っているので，4×8=32，7×4=28，32+28=60(cm) になります。

上級レベル 40 はこの　形
算数㊵

解答

1 (1)○　(2)×　(3)○
(4)×　(5)○　(6)○

2 60 cm

3 (1)
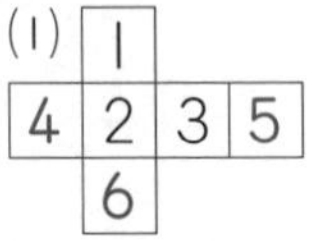

(2)
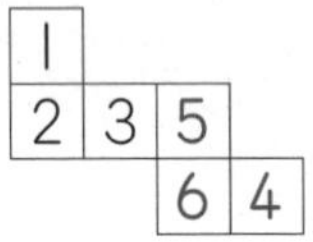

(3)
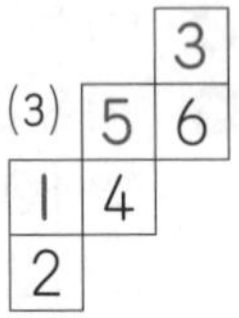

4 (1)16こ
(2)28本
(3)2 m 80 cm

指導の手引き

1 立方体の展開図は次の11種類です。

2 4×4=16，5×4=20，6×4=24，16+20+24=60(cm) です。

3 向かい合う面については，前回の3の解説を参考にしてください。

標準レベル 41 もんだいの　考え方 (1)
算数㊶

解答

1 (1)4　(2)9　(3)6　(4)7　(5)8

2 (1)3　(2)8　(3)4　(4)9
(5)6　(6)8　(7)6　(8)7

3 (1)16本　(2)11本

4 (1)3ばい　(2)18さつ

指導の手引き

1 8÷2は，「8を2つの同じものに分けると，1つ分はいくつですか」という意味と，「8の中には2がいくつありますか」という意味があります。どちらも，2に何をかければ8になるかを求めます。わり算は3年生以降で学習する単元ですが，ここにあるような「九九の逆算」でできるものについては，九九と同時に学習しておくとよいでしょう。

3 (1)としくんのえんぴつから3本を取ると，2人の持っているえんぴつの合計が19−3=16本になり，これが弟の持っているえんぴつの2倍に当たります。
(2)弟のえんぴつは16÷2=8(本) なので，8+3=11(本) でも求められるし，19−8=11(本) でも求められます。

4 (1)図を見れば，3倍とわかります。
(2)妹が持っているのは，27÷3=9(冊) です。ななさんが持っている本は，9×2=18(冊) でも求められるし，27−9=18(冊) でも求められます。

ポイント
3は「和差算」4は「分配算」の易しい問題です。図を見ながら(あるいは自分で図をかいて)考えることになります。

上級レベル 42 もんだいの　考え方 (1)
算数㊷

解答

1 (1)7　(2)8　(3)7　(4)9
(5)60　(6)30　(7)50　(8)600

2 (1)しき…36÷4=9　答え…9こ
(2)しき…(50−2)÷8=6　答え…6こ
(3)しき…(200−20)÷3=60
答え…60 cm

3 90まい

4 180こ

5 16 cm

指導の手引き

1 (5) 12÷2=6 だから，120÷2=60 です。
(6) 18÷6=3 だから，180÷6=30 です。
(7) 30÷6=5 だから，300÷6=50 です。
(8) 24÷4=6 だから，2400÷4=600 です。

2 (1) 36個を4人に等しく分けるので，1人分は36÷4=9(個) です。
(2)配ったお菓子は50−2=48(個) だから，1人分は48÷8=6(個) です。
(3)切り取ったテープの長さは2 m−20 cm=180 cm だから，テープ1本の長さは180÷3=60(cm) です。

3 せいやくんのカードから30枚を取ると，2人のカードは合わせて150−30=120(枚) になり，これは弟が持っているカードの2倍になるので，弟の持っているカードは120÷2=60(枚) です。そのため，せいやくんが持っているカードは，60+30=90(枚) または150−60=90(枚) です。

4 りんごは，240÷4=60(個) なので，
60×3=180(個) または240−60=180(個)

5 48÷6=8，8×2=16(cm)

標準レベル 43 もんだいの 考え方 (2)

算数㊸

解答

❶ (1) 6つ
(2) 12 m
(3) 27 m

❷ 40 m

❸ (1) 3つ
(2) 34 cm
(3) 105 cm

❹ 20 m

指導の手引き

❶「植木算」といわれる問題です。問題の例にあるように，5人の人が並ぶと，人と人の間隔は4カ所になります。この部分をしっかりと押さえて計算しましょう。
(1) 7人の人が並ぶと，人と人の間隔は7−1=6(カ所)できます。
(2)間隔が1カ所につき2 mなので，6カ所で2×6=12(m)です。
(3) 10−1=9，3×9=27(m)です。

❷ 木と木の間は，6−1=5(カ所)できるので，8×5=40(m)です。

❸ (1)人や木の場合と同じで，のりしろは4−1=3(カ所)になります。
(2) 2 cmが3カ所なので，のりしろの長さは全部で2×3=6(cm)です。のりしろの分だけ短くなるので，10×4=40(cm)から6 cmを引いて，34 cmになります。
(3)同じように，6−1=5，3×5=15，20×6=120，120−15=105(cm)です。

❹ 図を見るとわかるように，木と木の間は5カ所あります。池のまわりの長さは，4×5=20(m)です。

上級レベル 44 もんだいの 考え方 (2)

算数㊹

解答

1 (1) 35 m
(2) 25 m

2 (1) 72 m
(2) 18本

3 10人

4 (1) 37 m
(2) 30 m

指導の手引き

1 (1)人と人の間は8−1=7(カ所)で，1カ所につき5 mだから，5×7=35(m)になります。
(2) 2人いなくなると6人になるので，人と人の間は6−1=5(カ所)で，1カ所につき5mだから，5×5=25(m)になります。

2 (1)桜の木と木の間は10−1=9(カ所)で，1カ所につき8mだから，8×9=72(m)です。
(2)桜の木と木の間は9カ所ですから，もみじの木は2×9=18(本)必要です。

3 2とは逆に考えます。列の長さが36 mだから，人と人の間隔は36÷4=9(カ所)であることがわかります。ということは，人は9+1=10(人)並んでいることになります。

4 (1) 7mのトラック4台なので，7×4=28，4台の間は3mが3つなので，3×3=9，全部あわせて28+9=37(m)です。
(2)トラックが7台になるので，7×7=49，3×6=18，49+18=67(m)になり，30 m長くなります。

45 最上級レベル 1

算数㊺

解答

1 (1) 1110 (2) 900
(3) 256 (4) 800
(5) 87 (6) 3377

2 (1) 198 (2) 322
(3) 110 (4) 22

3 かな，36こ

4 (1) 6 (2) 4

指導の手引き

1 (2) 484+367+33+16=(484+16)+(367+33)=500+400=900
(4) 538+83−238+417=(538−238)+(83+417)=300+500=800

2 (3)□=7時間35分−5時間45分=455分−345分=110分
(4) 3 L=30 dL，4300 mL=43 dLなので，30 dL+□dL=9 dL+43 dL，□=9+43−30=22(dL)

3 あゆさん…18+17=35(個)，
かなさん…40−17+13=36(個)，
ちかさん…48−13=35(個)になります。

4
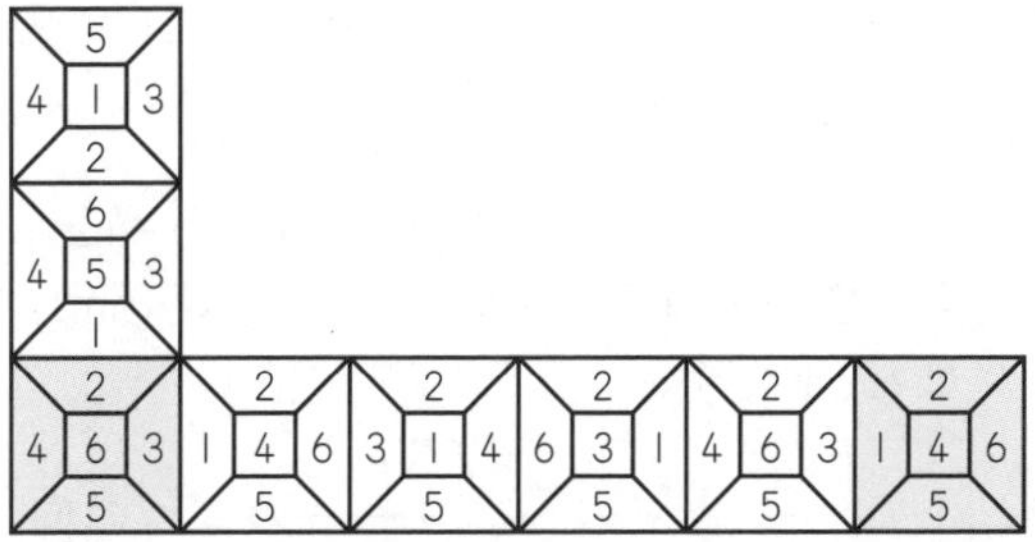

上の図は，さいころを上から見た図で，まわりの面が見えるようにかいてあります。

解答 算数

46 最上級レベル 2

算数46

解答

1 (1) 1778　(2) 240　(3) 8960
(4) 320　(5) 7089

2 (1) 3　(2) 660　(3) 6
(4) 15　(5) 48

3 94

4 (1) 6 cm　(2) 16 こ

指導の手引き

1 (2) 15+65=80，25+55=80，35+45=80 より，80×3=240
(3) 2481+3960+2519=(2481+2519)+3960=5000+3960=8960
(4) 400÷5=80，80×4=320

2 (1) 60 分×□(=1 時間×□)が 3 時間になればよいので，□=3
(2)□+140 が 800 になればよいので，□=800−140=660
(3) □ m×3=28 m−1000 cm=28 m−10 m=18 m より，□=18÷3=6
(4) 10 が 55 個で 550 だから，100 が□個で 2050−550=1500
したがって，□=15
(5) 25 →(+11) 36 →(+12) [48] →(+13) 61 →(+14) 75 →(+15) 90

4 (1)まわりの長さは，アが 6+6+15+15=42(cm)，イが 12+12+3+3+3+3+3+3+3+3=48(cm) だから，差は 6 cm です。
(2) 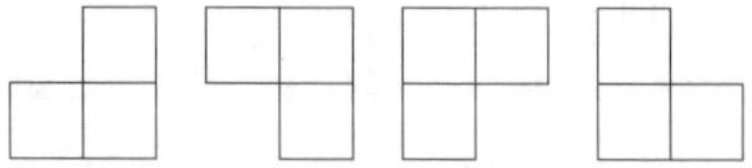 の 4 つの向きがあります。それぞれ 4 つずつあるので，全部で，4×4=16(個) あります。

47 最上級レベル 3

算数47

解答

1 (1) 2331　(2) 1861
(3) 8997　(4) 91

2 (1) 30 こ　(2) 10 こ

3 (1) 437　(2) 920　(3) 25

4 (1) 10 人　(2) 18 m
(3) 36 人

指導の手引き

1 (2) 2861−275−725=2861−(275+725)=2861−1000=1861
(3) 1999=2000−1，2999=3000−1，3999=4000−1 より，2000+3000+4000−3=8997
(4) 6×8×5=6×(8×5)=6×40=240 と計算します。

2 (1)上の段から，1 個，4 個，9 個，16 個で，全部で 1+4+9+16=30(個) です。
(2)イは上の段から，1 個，3 個，6 個，10 個で 20 個だから，取り出したのは 10 個です。

3 (2) 60dL=6000mL，3L80mL=3080mL なので，6000mL−2000mL−□ mL=3080mL
□=920(mL)
(3) 9=3×3，16=4×4，□=5×5，36=6×6，49=7×7，64=8×8 のようになっています。

4 (1) 33+34+33=100(人) が正方形の形に並んでいます。100=10×10 だから，1 列に 10 人です。
(2)間隔は 10−1=9(カ所) あるので，2×9=18(m) になります。
(3)帰ったのは，両端の列を除く 8 列について 1 列に 8 人(9 人ではありません)だから，8×8=64(人) で，100−64=36(人) 残っています。

48 最上級レベル 4

算数48

解答

1 (1) 1950　(2) 6101　(3) 1298
(4) 1500　(5) 1

2 (1) 1400　(2) $\frac{4}{5}$
(3) 815　(4) 16

3 9 時 43 分

4 (1) 10 cm　(2) 40 cm

指導の手引き

1 (2) 3060+4315=7375，7375−1274=6101 とすれば，繰り上がりや繰り下がりがなく計算が簡単になります。

2 (1) □=1200−312+512=1200+512−312=1712−312=1400
(2)通分はまだ習っていないので，右の図で比べてください。

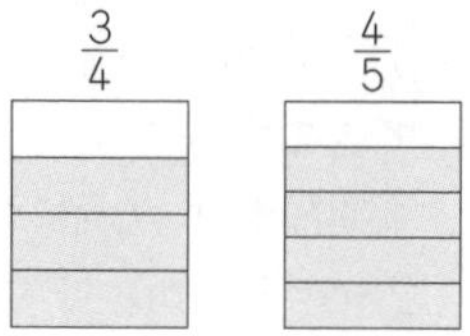

$\frac{3}{4}$ はあと $\frac{1}{4}$ で 1 になり，$\frac{4}{5}$ はあと $\frac{1}{5}$ で 1 になることから考えることもできます。

3 9 時 35 分から 10 時 15 分まで 40 分あります。
走った時間は，40÷5=8(分)

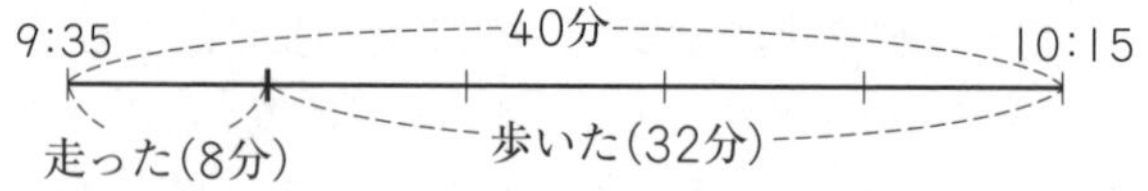

9 時 35 分 +8 分 =9 時 43 分です。

4 (1) 2 m 70 cm から 30 cm を 6 つと 20 cm を 2 つ引いて 50 cm だから，50÷5=10(cm) です。
(2) 2 m 70 cm から 30 cm を 6 つと 2 cm を 5 つ引いて 80 cm だから，80÷2=40(cm) です。

標準レベル 49　町たんけん
生活①

解答

❶ (1), (2), (4), (6)
❷ (1)ポスト
(2)ふみ切り
❸ (1)やおや
(2)しょうぼうしょ
(3)パンや
(4)スーパーマーケット

指導の手引き

❶ 町たんけんでは，発見したものを撮影するカメラ，記録するための文房具(メモやえんぴつなど)，植物や虫を詳しく観察できる虫眼鏡，水分補給のための水筒などをもっていくようにしましょう。

❷ (1)郵便は手紙もはがきも，全国に同一料金で送ることができる制度で，明治時代に整備されました。近年は，宅配便のしくみを利用したメール便が広がっています。
(2)踏切はしまったら電車が通ります。しまりかけたら，くぐって渡らないように伝えましょう。

❸ (1)パン屋，肉屋，本屋といった販売している品物の名まえをふくまないのが「八百屋」です。「八百」というのは「たくさん」ということを表す言葉で，数多くの野菜や果物を扱うことからきています。八百屋などの個人の店などでは，お店の人に商品について詳しく聞くことができることなどを伝えるようにしましょう。

ポイント

消防署は火事のときに，消火活動を行うだけではなく，急病人が出たときに，救急車で病院に運ぶ役割も果たしていることも教えましょう。町の安全を支えている人たちがいることに気づくことが大切です。

上級レベル 50　町たんけん
生活②

解答

❶ (1)×　(2)×　(3)○
(4)○　(5)○　(6)×
❷ (1)ツバメのす
(2)田中さん
(3)はちみつロール
(4)つつじ

指導の手引き

❶ (1)地図などを利用して，自分たちで調べ，イメージをつくってから調査にのぞむことが大切です。
(2)何を誰にたずねたいか，どんなところなのかなど，質問をする人や内容について，町たんけんの前に準備をするように教えるとよいでしょう。
(3)町には，仕事をする人や買い物をする人など，さまざまな人が生活しています。町たんけんをするときは，公共のマナーを守るように指導しましょう。
(4)お店や人の写真を撮るときは，必ず許可を得てから撮影することがマナーであることを教えましょう。
(6)「ありがとうございました。」など，お世話になった人にその場でお礼を言うことが大切です。

❷ 町たんけんで見つけたことを絵地図にまとめたり，友達と伝え合うことで，町に興味をもたせましょう。自分の家から，駅や学校までの行き方を実際に絵地図でかかせるなどしてもよいでしょう。

注意　3年生で，地図の読み取りを学習します。2年生の段階では，どこに何があるのか，地域について，興味をもって観察できているかどうかをはかるようにしましょう。

標準レベル 51　春を　みつけよう
生活③

解答

❶ (1)○　(2)△　(3)△　(4)○
❷ (1)風が　だんだん　あたたかく　なる。
(2)つくしが　生えて　いる。
(3)タンポポの　花が　さく。
(4)モンシロチョウが　とんで　いる。
❸ (1)(例)がっき，ピアノ　など
(2)(例)けがを　した／からだの　ちょうしが　わるい　など

指導の手引き

❶ (1)春を迎えると，サクラのつぼみがふくらみ開花します。ニュースなどで桜前線のようすが伝えられます。
(2)ヒマワリは夏に咲く花です。
(3)稲刈りをしているようすです。稲刈りは，秋に稲が実ってから行います。
(4)田植えをしているようすです。田植えは，4月〜6月にかけて行われます。

❷ (1)秋から冬にかけて冷たい北西の風が吹き，春には暖かい南東の風が吹くようになります。
(2)クリやカキの実は秋にとれます。
(3)ヒマワリは，春に種をまき，夏に大きな花を咲かせます。
(4)セミが鳴いているようすは夏に見られます。

❸ 学校の設備とそこにあるもの，またどんなときにその場所を利用するのかを確認することで，学校に愛着をもたせましょう。

ポイント

1年前の自分の気持ちを思い出させ，自らの成長を実感させましょう。相手の気持ちを考えて案内をすることができるようになり，今後の成長へとつながります。

上級レベル 52 春を みつけよう（生活④）

解答

1 (1)サクラ
(2)かしわもち
(3)おたまじゃくし
(4)なの花

2 (例)田うえを して いる。など

3 ウ，オ

指導の手引き

1 (1)春になると，さまざまな場所でサクラが開花しています。お花見を楽しむ人も多くいます。

(2)かしわもちは，あんこの入ったおもちを葉っぱで巻いているおかしです。

(3)おたまじゃくしは池の中や沼に住んでいます。

(4)菜の花は，野原などで多く見られます。

2 大きな機械で田んぼに苗を植えているようすです。かつては１つ１つ手で植えていたことや，秋に稲を刈り取ることを教えましょう。

3 学校や町のようす，さまざまな行事，自然の中で春を感じ取らせ，季節の変化を考えさせましょう。冬と春の違いを，身近なことがらで確認させましょう。

ポイント
季節には変化があり，人々の暮らしに大きく関わっていることに気づかせるようにしましょう。また，気づいたことに対して，ほめてあげることも大切です。

標準レベル 53 野さいを そだてよう（生活⑤）

解答

1 (1)ナス
(2)トウモロコシ
(3)キュウリ
(4)オクラ
(5)トマト
(6)サツマイモ

2 ア→イ→エ→ウ

指導の手引き

1 生活の中で，よく食べている野菜の名まえを考えさせましょう。また，どのように成長するのか，どのように育てるのかを聞いてみましょう。野菜がどのように育てられるのかを，図鑑などを使って調べるように教えましょう。

注意 学校によって，栽培する野菜や栽培する時期は異なりますが，野菜が育つまでのようすを考えさせましょう。日常生活の中で食べている野菜が，人の手によって大切に育てられていることに気づく手立てとなります。

2 ナスの苗を植えると，茎が伸びて葉がふえていきます。やがて，むらさき色の花が咲き，小さな実ができます。その後，実が大きく育って色づき，収穫ができるようになります。

ポイント
葉の形や花のようすなど，成長するようすを観察させましょう。野菜の成長にふれることで，命の大切さや食べ物への感謝の心が育ちます。どのような野菜を育てているのか，どのような気持ちで育てているのかを聞いてみましょう。

上級レベル 54 野さいを そだてよう（生活⑥）

解答

1 (1)，(2)，(3)

2 (1)エ
(2)イ
(3)ウ
(4)ア

指導の手引き

1 (1)つるが伸びてきたら，からまないように支柱を立てるようにしましょう。

(2)雑草が生えてくると，栄養分を取られてしまうので，すぐに抜くように教えましょう。

(3)夏のように気温が高い日は土がすぐに乾き，野菜も枯れてしまいます。１日にどれくらいの水をあげればよいか，調べさせましょう。

(4)枝の間から出てくる新しい芽をわき芽とよびます。わき芽は，花や実にとどくはずの栄養分を，吸い取ってしまうので，すぐにつむようにしましょう。

注意 野菜によって，育て方や注意が必要なことは異なります。育てる前に，図鑑などで調べさせましょう。

2 (1)サツマイモの苗を植えると，根が伸びて，イモができます。苗を植えるときは，葉は太陽があたるように土の上に出しましょう。

(2)トマトの実は，緑色から赤色に変化します。赤色になってから収穫させましょう。

(3)植物は根から水や栄養分を取り入れます。根を切らないように注意するように教えましょう。

(4)収穫するときは，実を傷つけないように，先の方からはさみで切りましょう。

標準レベル 55 生きものを　さがそう 生活⑦

解答

❶ (1)○　(2)×
(3)×　(4)○
(5)○

❷ (1)イ　(2)エ
(3)オ　(4)ア
(5)ウ

指導の手引き

❶ (1)生き物にさわる前やさわった後は手を洗うように指導しましょう。
(2)毒をもつ危険な生き物もいます。生き物を見つけてもすぐにはさわらず，どのような生き物かをよく見てからさわるように指導しましょう。
(3)生き物を育てるときは，その生き物が住んでいた場所と同じ環境を作ってあげましょう。

❷ (1)クワガタは林の木の幹などで見られます。
(2)ヤドカリは巻貝の殻を住みかにしています。
(3)ダンゴムシは，道端の石や庭の植木鉢の下など，しめりけのあるところで見られます。
(4)おたまじゃくしは川や池の中などのように水中でくらします。
　カエルになると，陸でも生活できるようになることも気づかせましょう。
(5)モンシロチョウの幼虫はアブラナ科の植物の葉を食べて成長します。モンシロチョウは産卵のために菜の花畑を飛びまわっています。

ポイント

生き物との関わりを通して，身近な場所にも生き物が住んでいることに気づき，自分と同じ命をもっていることに気づくことが大切です。

上級レベル 56 生きものを　さがそう 生活⑧

解答

1 (1)ザリガニ
(2)やご
(3)カエル
(4)カタツムリ

2 イ→ア→エ→ウ

3 (例)フナ／コイ／アメンボ／タガメ　など

指導の手引き

1 生き物の名まえや特徴について確認しましょう。また，学校などで飼っている生き物がいれば，どのように育ち，どのような世話をしているのかを詳しく聞いてみましょう。

2 アゲハは，幼虫からさなぎになり，さなぎからチョウへと羽化します。生き物が成長する過程で，どのような変化をしたか，どのように感じたかなどを聞いてみましょう。

3 生き物が生活している場所を考えさせましょう。魚や水生昆虫のほか，カエルやトンボなど，生まれてすぐは水の中で過ごし，大人になると陸上で生活する生き物もいることに気づかせましょう。生命の不思議やおもしろさを感じる手立てとなります。

ポイント

生き物を飼ったり育てたりしながら，その育つ場所や成長にともなう変化のようすなどを観察させましょう。

生き物にも，自分と同じように命があり，成長しているのだということを気づかせることが大切です。命の大切さや自然への興味や関心を養いましょう。

標準レベル 57 マナーや　ルールを　みに　つけよう 生活⑨

解答

❶ (1)○　(2)×　(3)×
(4)○　(5)×

❷ (例)大きな　声で　話さない。／しずかにする。／本を　ていねいに　あつかう。／本を　よごさない。など

❸ (1)ア・エ
(2)イ・ウ

指導の手引き

❶ (1)信号が青のときでも，横断歩道を渡るときは，左右をよく見て，安全を確認してから渡るように教えましょう。
(2)・(4)電車の中では，ほかの乗客の迷惑にならないよう指導しましょう。また，優先座席は，高齢者や身体が不自由な人，幼児や乳児を連れている人が優先して座る席ということを伝えましょう。

注意　「車は左，人は右」で，歩行者は右側通行です。自転車は車の一種で，左側通行をするように指導しましょう。また，安全に気をつけて乗ることも大切です。

❸ アの点字ブロックは，目の不自由な人が安全に歩行できるようにするために，整備されています。線状のものと点状のものの2種類があり，線状のものは移動の方向を示し，点状のものは道路が交差する場所など，一旦停止が必要な場所を示しています。
　イのスロープ，ウのトイレの広い空間と手すりは，車椅子の人でも利用しやすいように配慮されて作られています。

　エは横断歩道に設置された，音楽で青信号を知らせる設備です。

上級レベル 58 マナーや　ルールを　みに　つけよう
生活⑩

解答

1 ①赤ちゃんを　つれた人
②おなかに　赤ちゃんが　いる　女の　人
③お年より／おじいさんや　おばあさん
④体が　ふじゆうな　人／けがをしている人

2 エ

3 エ→ウ→ア→イ

指導の手引き

1 優先座席の表示には，ほかに心臓にペースメーカー（心臓を動かすための装置）を入れた人の絵などもあります。

2 補助犬の受け入れを示すステッカーを貼っているお店や施設があります。
身近なスーパーマーケットやコンビニエンスストア，公共施設など実際に貼られている施設を探してみると，より理解が深まります。

ポイント
目の不自由な人を助ける盲導犬，耳の不自由な人を助ける聴導犬，身体の不自由な人を助ける介助犬が補助犬として活躍していることを気づかせ，さまざまな人が生活していることを実感させましょう。

3 電車に乗るときは，時刻表と行き先までの料金を確認し切符を買いましょう。改札で切符を通し，ホームに並び，電車に乗ります。

注意 ホームは電車に乗ったり，降りたりする場所です。安全に気をつけて，走ったり，さわいだりしないよう指導しましょう。

標準レベル 59 夏が　きたよ
生活⑪

解答

1 (1)ア　(2)イ
(3)イ　(4)ア

2 (1)アサガオ
(2)トウモロコシ
(3)アジサイ
(4)ナス
(5)ピーマン
(6)ヒマワリ

指導の手引き

1 (1)サワガニは，岸にあがることもありますが，川や池の中で生活しています。
(2)セミは夏に木の幹で鳴いていることが多いです。
(3)クワガタは夏に木の樹液を吸っているようすがよく見られます。
(4)メダカは川や池の中にいます。

ポイント
生き物は，種類によって住むところがちがうことに気づかせましょう。住むところのちがいやえさのちがいに気づき，命の多様性を実感させましょう。

2 夏の植物の名まえと特徴を確認させましょう。また，夏と春や秋のようすを比べて，どのように変化しているかを聞いてみましょう。

ポイント
季節によって，花が咲いたり，実ができたりすることに気づかせ，季節の変化を楽しむ心を育てましょう。また，身近な野菜が，すぐに手に入る理由についても考えさせるとよいでしょう。

上級レベル 60 夏が　きたよ
生活⑫

解答

1 (1)(例)カブトムシ／クワガタ／セミ　など
(2)(例)虫とり／川あそび／キャンプ　など
(3)(例)人の　いない　ところに　行かない。／雨ぐを　もって　行く。／大人と　いっしょに　行どうする。など

2 (1)○　(2)○　(3)×　(4)○　(5)×

指導の手引き

1 (1)山には，さまざまな生き物が住んでいます。実際に見つけた生き物を，図鑑などを使ってからだのつくりや住んでいる所を調べさせましょう。
(2)山でできる遊びを考えましょう。きまりやルールを守って遊ぶように指導しましょう。
(3)山には，危険な生き物がいることもあります。安全に遊ぶために，あらかじめきまりなどを決めておくとよいでしょう。

2 夏休みを楽しく過ごすためには，どのような注意点があるのか，会話をしながら確認しましょう。

注意 夏休みは期間の長い休暇になります。生活習慣を乱さないように，計画を立てて過ごさせましょう。

ポイント
自分で計画を立てて，実行させることで，自立する心を育てましょう。実行できたときに，ほめてあげることで，達成感が得られ，次の計画につながります。子どもの考えた計画や行動を尊重し，促すことも大切です。

標準レベル 61 うごく おもちゃを 作ろう
生活⑬

解答

❶ (1)エ (2)ウ
(3)ア (4)オ
(5)カ (6)イ

❷ (1)，(2)

指導の手引き

❶ (1)クリップをつけた魚を，磁石でつるおもちゃです。クリップをつけていない魚はつることができません。
(2)紙コップとたこ糸を使った糸電話です。振動を利用して，遠くから話している声が聞こえるおもちゃです。
(3)紙コップと輪ゴムを使ったおもちゃです。輪ゴムの力を利用して，高く飛ばすことができます。
(4)乾電池をおもりとして，前へ進むおもちゃです。
(5)牛乳パックと輪ゴムを利用したおもちゃです。裏返した状態から手をはなすと，高く跳びあがります。
(6)水の上に浮かべて遊びます。風を送るなどして，速く進めることができます。

ポイント
身近な材料を使ったおもちゃを作る楽しさや，自分で作ったおもちゃで遊ぶおもしろさを実感させましょう。工夫して作ることで，発想力や創造力を培いましょう。

❷ トレイを利用したおもちゃです。風を送ったり，帆を大きくしたりすることで，速く走らせることができます。他にも，タイヤを丸くしたり，軽くしたりするなど，さまざまな工夫を考えさせましょう。

ポイント
道具の使い方や，後片づけの仕方も指導するとよいでしょう。

上級レベル 62 うごく おもちゃを 作ろう
生活⑭

解答

❶ (1)トレイ／ダンボール／ペットボトルのふた など
(2)(例)風を たくさん おくる。／ほを大きく する。など

❷ (1)イ
(2)(例)クリップが ないので，じ石に つかないから。など

指導の手引き

❶ (1)絵からどのような材料が使われているかを読み取りましょう。
(2)どのような工夫をすればおもちゃが速く走るかを考えることができるとよいでしょう。おもちゃが動くしくみに気づくことも大切です。

ポイント
トレイやダンボールだけでなく，身近な材料からいろいろなおもちゃができる可能性があることに気づかせましょう。自ら考えて工夫し，動くしくみなどを実感することが大切です。実際にどのように作ろうと考えているのか聞いてみましょう。

❷ (1)クリップが，磁石に引き寄せられて，くっつく力を利用したおもちゃです。クリップがないと，魚はつりあげられません。
(2)つれた魚とつれなかった魚のちがいを考えさせ，なぜつれなかったのかを考えさせましょう。

ポイント
身の回りのものの不思議さやおもしろさに気づかせましょう。自ら考えて作ったおもちゃを通して，考えることに楽しみを覚え，工夫する力が身につきます。

標準レベル 63 秋が きたよ 冬が きたよ
生活⑮

解答

❶ (1)秋 (2)秋
(3)秋 (4)秋
(5)冬 (6)冬

❷ (1)冬 (2)春
(3)夏 (4)秋

指導の手引き

❶ (1)ススキはイネ科の植物です。秋の野原や河原でよく見られます。
(2)トンボは夏の終わりから秋にかけて見られます。
(3)サツマイモは，春に苗を植えて，秋に収穫をします。
(4)カキは，秋に実る果物です。
(5)カモは冬を越すために日本に来る渡り鳥です。
(6)ツバキの花は冬によく見られます。

ポイント
生き物の変化から，四季の変化を気づかせましょう。季節が自分の生活に深く関わっていることに興味をもつことが大切です。

❷ サクラは春にピンク色の花を咲かせ，夏に青葉を茂らせます。秋になると，紅葉した葉っぱが落ち，冬は枯木立となります。サクラの木を通して，季節の変化を感じさせましょう。

ポイント
サクラだけでなく，身の回りの植物や生活の変化から，季節の変化を意識させましょう。気温や雲，風，日が出ている時間など，自分の生活と自然との関わりに気づかせ，自然に親しむ心を育てましょう。

上級レベル 64 秋が　きたよ　冬が　きたよ

生活⑯

解答

1 ⑴①夏

②秋

⑵（例）ヒマワリは　夏に　見られるから。／入道雲は　夏に　見たことが　あるから。など

⑶①冬

②春

⑷（例）花が　さくのは　春だから。／冬には　花が　さかないから。など

2 イ

指導の手引き

1 ⑴①ヒマワリは夏に咲く花です。入道雲は夏の空でよく見られます。

②ススキは秋の植物です。うろこ雲は，秋のようにだんだん気温が低くなっていく季節によくあらわれるようになります。

⑶・⑷タンポポは葉を地面に伏せた状態で春になるのを待ちます。タンポポの花が咲くのは，春になってからです。

2 日々の生活の中で，季節の変化を体感し，生き物や気候の変化などに気づくことが大切です。秋から冬へと季節が移るとき，学校や家，自然の中でどのような変化があったか，また何に気づいたかを聞いてみましょう。

ポイント

動物や昆虫，植物だけでなく，自分の生活も，季節とともに変化していることを気づかせましょう。また，季節を感じるとともに，自然の恵みや力に興味，関心をもたせ，身近な環境と自分の関わりを考えさせるとよいでしょう。

標準レベル 65 道ぐを　つかおう

生活⑰

解答

1 ⑴はの　おくの　方で　切る。

⑵はの　通り道に　手を　おかない。

⑶ふたは　すぐに　しめる。

⑷もとの　ところに　もどす。

2 ⑴ア　⑵イ

⑶ア　⑷イ

⑸ウ　⑹ウ

指導の手引き

1 ⑴はさみは，刃の奥の方を使って切るとよく切れ，正しい使い方になります。道具の正しい使い方を学ばせましょう。

⑵カッターナイフは，切るのに必要なだけ刃を出して使うようにします。

切るときに，刃の通り道に手を置いてしまうと，手が切れてしまうことを教えましょう。

⑶のりは，ふたをあけたままにすると，乾燥してしまいます。ふたはすぐにしめるように教えましょう。

⑷使い終わった道具は，元にあった場所にきちんと片づけましょう。また，汚れたときは，きれいにしてから片づけることも教えるとよいでしょう。

2 道具の使い方を考えさせましょう。日常の中で使っている道具の役割に気づかせましょう。ほかにどのような道具を使うか，どのように使うかなど聞いてみるのもよいでしょう。

注意　はさみやカッターナイフなどの刃物を使うときは，けがをすることもあります。子どもが安全に遊ぶために，道具を正しく使えるように指導しましょう。

上級レベル 66 道ぐを　つかおう

生活⑱

解答

1 ⑴○　⑵○　⑶×　⑷×

2 ⑴（例）かたいものに　あなを　あける　道ぐ。など

⑵（例）とがっている方を　人に　むけない。など

3 ⑴（例）もつ方を　むけて　わたす。など

⑵（例）はを　出しすぎない。など

指導の手引き

1 ⑴・⑶のりは，必要な分だけ出して，うすくのばして使いましょう。

⑵机にのりがつかないように，新聞紙などを下に敷くように指導しましょう。

⑷ふたをあけたままにすると，のりが乾燥し，使えなくなってしまいます。ふたはすぐにしめて，道具を大切に使うように教えましょう。

2 きりは，どんぐりや板などの固いものにあなをあけるための道具です。きりを使うときは，先端に気をつけて使うようにさせましょう。

3 ⑴はさみを人に渡すときは，もつ方を相手に向けるように指導しましょう。なぜ刃を相手に向けてはいけないのかを考えさせてもよいでしょう。

⑵刃を出しすぎない，机を傷つけないように下にカッターマットを敷く，刃の通り道に手を置かないなど，さまざまな注意があげられます。

ポイント

道具を正しく，安全に使うことの大切さに気づかせましょう。道具を安全に使うために，どのようなことに気をつければよいか，考えさせるとよいでしょう。

標準レベル 67 きせつの　行じや　あそび
生活⑲

解答

❶ (1)夏　(2)秋
(3)冬　(4)春

❷ (1)オ　(2)エ
(3)イ　(4)カ
(5)ウ　(6)ア

指導の手引き

❶ (1)海水浴やプールなど水を使った遊びは，夏の遊びです。
(2)サツマイモや落ち葉は秋に見られるものです。
(3)雪が降るのは冬のようすです。雪だるまを作ったり，雪合戦をしたりして遊ぶように教えましょう。
(4)シロツメクサの花は春に咲きます。春には，さまざまな種類の花が咲きます。

❷ (1)７月７日の七夕は，ササに短冊をかざります。おりひめとひこぼしの話，天の川などを教えてあげるとよいでしょう。
(2)ひなまつりは，３月３日の行事で桃の節句と呼ばれています。ひな人形をかざります。
(3)盆踊りのようすです。夏によく見られます。
(4)節分は，２月３日頃の行事です。「鬼は外，福は内」と唱え，豆をまきます。
(5)子どもの日には，こいのぼりがかざられ，かしわもちが食べられます。
(6)お正月に遊ばれるはねつきのようすです。お正月にどのような遊びをするのか，おじいさんやおばあさんから聞くように教えるとよいでしょう。

ポイント
季節の行事を通して，身の回りの四季を感じ，親しむ心を育てましょう。

上級レベル 68 きせつの　行じや　あそび
生活⑳

解答

1 (例)おせちりょうりを　食べる。／はつもうでに　行く。／おぞうにを　食べる。など

2 (1)(例)かまくら作り／雪がっせん／雪だるま作り　など
(2)(例)スイカわり／すなあそび／海水よく　など

3 (1)秋　(2)夏
(3)春　(4)冬

指導の手引き

1 お正月に家庭でしていることを思い出しながら，書くとよいでしょう。お雑煮は，地方ごと，家庭ごとに特色がある料理であることを教えましょう。

2 冬や夏に実際にしたことのある遊びを書かせるとよいでしょう。冬と夏のちがいを考えさせ，どのようにちがうのかを聞いてみましょう。

ポイント
季節によって，ちがう遊びができることに気づかせましょう。日々の生活を楽しみ，親しみをもつ心を育てることが大切です。

3 (1)十五夜は，旧暦８月15日の月を観賞するための行事です。だんごや，ススキをお供えします。
(2)盆踊りは祖先の霊をむかえ，送り出すお盆の期間に，全国各地で踊られています。
(3)５月５日は，端午の節句と言われていましたが，今は男女を区別することなく子どもの成長を祝う日になっています。
(4)季節の変わり目に生じる邪気を払うための行事です。現在は，立春の前日(２月３日頃)を指します。

69 最上級レベル ①
生活㉑

解答

1 (1)ね　(2)くき
(3)み

2 (1)ア　(2)イ
(3)ウ

3 (1)セリ
(2)⑥カブ
⑦ダイコン
(3)(１月)7(日)

指導の手引き

1 (1)サツマイモのよく食べられるイモの部分は根です。葉や茎も食べることができます。
(2)ジャガイモは，茎に養分がたまってイモができます。
(3)キュウリは実を食べます。実の中に若い種が入っていることに気づかせましょう。

注意 生活の中で食べている野菜が，どのようなつくりをしているのかなど，野菜の特徴について関心をもたせることが大切です。

2 (1)カブトムシは，木のみつを好んで食べます。
(2)ダンゴムシは，落ち葉などをおもに食べています。
(3)スズメは，小さな木の実を食べます。虫を食べることもあります。

3 春の七草について，興味をもたせましょう。季節の食べ物として，七草がゆの役割を教えてあげましょう。秋の七草も調べさせるとよいでしょう。

ポイント
身の回りの生き物にも命があることに気づき，自分の生活を支えていることを実感させましょう。

70 最上級レベル ②

生活㉒

解答

1 (1)ウ

(2)エノコログサ，ススキ

(3)ア

2 (1)しちゅうを　立てている。

(2)(例)つるが　のびて　きた　ため。／となりの　しょくぶつと　からまないようにするため。など

指導の手引き

1 (1)トウモロコシのように，葉の筋(葉脈)が平行になっている植物を，単子葉類といい，トマトやナス，サツマイモなど葉脈が枝分かれしている植物を双子葉類といいます。

(2)エノコログサやススキはトウモロコシと同じ単子葉類の植物です。葉の形などに注目させましょう。また，他にどのような植物と似ているかを聞いてみましょう。

(3)サツマイモは，土の中で育ち，秋になってから収穫します。トウモロコシ，ナス，キュウリは，夏に収穫します。

注意 根や葉の区別は上級学年で学習します。野菜の根や葉のちがいや育ち方のちがいに気づかせましょう。

2 (1)絵を読み取り，植物を育てるときの工夫を考えさせましょう。

(2)つるが伸びることにふれて書けているとよいでしょう。

ポイント

栽培した野菜が，どのように成長したか，どのように育ててきたかなどを聞いてみましょう。生き物を育てた経験を振り返り，新たに感じたことや考えたことを聞いてみましょう。

71 最上級レベル ③

生活㉓

解答

1 (1)ア　カブトムシ

イ　カエル

ウ　アゲハ

エ　トンボ

(2)ウ

(3)イ，エ

2 (1)②

(2)(例)おもりが　ついて　いる　から。など

指導の手引き

1 (1)アのカブトムシの幼虫は，土の中や落ち葉の下で，さなぎになります。夏に成虫になります。

イのおたまじゃくしは，池の中で生活しています。成長しカエルになると陸上でも生活ができるようになります。

ウのアゲハの幼虫は，脱皮を繰り返して，やがてさなぎになります。春になると，さなぎが羽化して成虫になります。

エのやごは，水の中で生活し，脱皮を繰り返して，夏に羽化します。

(2)さなぎになるものとならないものがいます。

2 空気を入れ，飛ばして遊ぶおもちゃです。テープをまくなどして，先端を重くすると，より遠くまで飛ばすことができます。絵を見て，２つのおもちゃのちがいを読み取りましょう。

ポイント

１年間で，どのようなことを学んだか，どのようなことができるようになったか，聞いてみましょう。自分の成長を実感し，今後の生活をより楽しむ心を育て，自立する心を養うための基礎を培います。

72 最上級レベル ④

生活㉔

解答

1 (1)じどうかん

(2)図書かん

(3)交番

2 (1)(例)線の　内がわに　立っている。／れつに　ならんでいる。／電車から　人が　おりるまで　まっている。など

(2)①○

②×

3 エ→ウ→オ→イ→ア

指導の手引き

1 (1)児童館は，子どもに健全な遊びの場を提供するための施設です。図書室や遊戯室などが設けられています。

(2)図書館では，本を借りたり，読んだりすることができます。さまざまな人が利用をしているので，マナーを守ることの大切さを教えましょう。

(3)交番にいるおまわりさんが町の安全を守っていることや，困っているときに力になってくれることなどを気づかせましょう。

2 電車やバスに乗るときのマナーについて考えさせましょう。公共の交通機関はさまざまな人が利用していることに気づかせ，ゆずりあう心をもつことが大切です。

3 行事を通して，１年の流れや季節の移り変わりを感じさせましょう。

ポイント

１年間で，どのような行事があったかを振り返らせましょう。行事を通して，できるようになったことや学んだことを振り返り，自分の成長を実感させましょう。

標準レベル 73 国語① 漢字の　読み (1)

☑解答

❶ ①はは・うた　②そら・ほし
③ひる・ちゃ　④うみ・かぜ
⑤うま・とり

❷ ①ごご・こうえん　②がんせき・げんや
③かいが・きょうしつ
④ぎゅうにく・ばいばい
⑤まいしゅう・にちよう

❸ ①すく・すこ　②あか・あき
③ほそ・こま　④い・おこな
⑤まじ・ま　⑥い・う
⑦おし・おそ　⑧とお・かよ
⑨ある・あゆ　⑩あたら・あら

❹ ①こくご　②しょくぜん　③ちょくせん
④だいち　⑤とうばん　⑥しんぶん
⑦でんち　⑧えんきん　⑨せいめい
⑩こうさく

指導の手引き

❶ ③「茶」以外はすべて訓読みです。読み方だけで意味がわかる読み方を訓読みといいます。音読み，訓読みという言い方は小学３年で学習します。

❷ 二字からなる熟語の読みを練習します。漢字は熟語の形で覚えさせておくのが，とても効果的です。

❸ 訓読みを書く場合，送り仮名に間違いがないかも見てあげてください。

❹ 音読みからなる二字の熟語を読みます。

上級レベル 74 国語② 漢字の　読み (1)

☑解答

1 ①くび・かんが　②ゆき・くも
③く・はし　④おな・か
⑤あに・みせ

2 ①げんこう　②しんゆう　③じゃくてん
④しゅんぶん　⑤こんかい
⑥どうじょう　⑦てんさい　⑧としょ
⑨にんげん　⑩きしゃ

3 ①とうざいなんぼく
②しゅんかしゅうとう

4 ①こう・ひろ　②し・と
③せい・は　④ちょう・あさ
⑤たい・からだ　⑥きょう・つよ
⑦か・いえ　⑧し・かみ
⑨とう・あたま　⑩とう・こた

指導の手引き

1 訓読みの練習をします。文をよく読んで，前後の言葉に合うように漢字を読ませてください。

2 音読みからなる二字の熟語を読みます。意味のわからない言葉が出てきたら，その意味も確認しながら練習させましょう。

3 小学２年で習う漢字には，同じグループになるものが多くあります。「東西南北」や「春夏秋冬」のほかには，「国算理社」や「赤青黄」などがあります。

ポイント
漢字を習ったら，どんな読み方があるかを確認させましょう。

標準レベル 75 国語③ 漢字の　読み (2)

☑解答

❶ ①ただ・こた　②つの・つよ
③うま・ゆみ　④とり・な・こえ
⑤たに・みち・ある

❷ ①じぶん・きょうしつ・い
②てんとう・ゆうじん・かいわ
③ばんちゃ・ちゅうしょく
④さいく・こうさく
⑤ごぜん・せいてん
⑥かいがい・きせん

❸ ①ご・こう　②けい・ぎょう・かたち
③ぼく・もく・こ・き　④かん・げん
⑤が・かく　⑥え・かい

❹ ①たなばた　②じょうず　③きょう

指導の手引き

❶ ①「直」には他に「なお(す)」「なお(る)」という訓読みがあります。②「角」には他に「かど」という訓読みがあります。

❷ ①「行く」以外はすべて音読みです。④「エ」は「ク」「コウ」いずれも音読みです。「エ」に訓読みはありません。

❸ 読み方が多い漢字を集めてあります。一つ一つの読み方に対して，例文を作らせてみましょう。

❹ 特別な読み方をする言葉です。誤って覚えてしまわないように，十分注意しましょう。

上級レベル 76 漢字の　読み (2)

国語④

解答

1 ①もん　②にく　③こころ　④ひ
⑤いわ　⑥や　⑦むぎ　⑧ゆき　⑨たか
⑩みなみ　⑪ほし　⑫てん

2 ①しゅんぶん　②ほくとう
③ごうけい　④たしょう
⑤がか　⑥しこう　⑦たいせつ
⑧きょうだい　⑨ばんち　⑩りか

3 ①あか　②くろ　③しろ　④き　⑤はは
⑥ちち　⑦さかな(うお)　⑧うし

4 ①ふぼ　②らいしゅう　③ここ
④なんかい　⑤かいしゃ　⑥でんき
⑦こうつう　⑧ひろば　⑨かもく
⑩しんまい　⑪さんすう　⑫ちゅうしょく

指導の手引き

1 漢字の読みの練習をします。送り仮名に気をつけて，正しく答えさせてあげてください。

2 熟語の勉強をするときは，辞書をかたわらに備えておくと便利です。

3 ①～④，⑤と⑥，⑦と⑧は，仲間の言葉になるように集めてあります。互いに関連づけて覚えるといいでしょう。

4 熟語を読む場合は「訓＋訓」，「訓＋音」，「音＋訓」，「音＋音」のいずれかになりますが，「訓＋音」を湯桶《ゆとう》読み，「音＋訓」を重箱《じゅうばこ》読みといいます。

ポイント
熟語は，意味と一緒に覚えさせましょう。書きのときも同様です。

標準レベル 77 漢字の　書き (1)

国語⑤

解答

1 ①友・家　②夜・明　③考・言　④海・絵
⑤矢・弓　⑥店・米

2 ①時計・売買　②外国・会社
③午後・読書　④高原・昼食
⑤算数・毎週

3 ①北　②南　③東　④西　⑤馬　⑥牛
⑦魚　⑧鳥

4 ①原　②心　③半　④顔　⑤体　⑥星

指導の手引き

1 ①「家」は三画目をハネましょう。②「夜」の字形に注意しましょう。③「考」は最後の画をハネましょう。④「海」の字形に注意しましょう。⑤「弓」は最後をハネましょう。⑥「店」の字形に注意しましょう。

2 ①「売」は五画目をハネましょう。②「会」は一画目，二画目をくっつけましょう。③「読」は最後の画をハネましょう。④「高」は七画目をハネましょう。⑤「週」のしんにょうを注意して書きましょう。

3 仲間になる漢字を書きましょう。「魚」は注意して字形を整えましょう。

4 音読みでも，訓読みでも，どちらでも漢字が思い浮かぶようになりましょう。

注意 漢字を書く時には，特にハネに注意しましょう。

上級レベル 78 漢字の　書き (1)

国語⑥

解答

1 ①少　②走　③思　④歩　⑤通
⑥分　⑦長　⑧切　⑨弱　⑩細

2 ①公園　②生活　③国語　④新聞
⑤遠近　⑥汽船　⑦電池　⑧直線
⑨図画　⑩当番　⑪岩石　⑫色紙

3 ①道・同　②理・里　③用・曜

4 春夏秋冬

5 ①自　②教　③交　④記

指導の手引き

1 ①「少」は一画目をハネましょう。②「走」は字形に注意しましょう。③「思」は「心」の字形に注意しましょう。④「歩」は字形に注意しましょう。⑤「通」は，しんにょうの形に注意しましょう。⑨「弱」は下の部分のハネに注意しましょう。

2 ③「国」は「玉」の点に注意しましょう。④「聞」は六画目をハネましょう。⑦「電」は三画目と十三画目のハネに注意しましょう。⑨「図」は字形に注意しましょう。⑪「岩」は字形に注意しましょう。⑫「紙」は下の部分のハネに注意しましょう。

3 音読みが同じ漢字はたくさんあります。使い分けは難しいですが，例文と一緒に覚えさせるとよいでしょう。

4 四季を表す言葉を覚えさせましょう。

5 傍線がなくても，送り仮名がどこから始まるのかわかるようにしておきましょう。やはり，何度も書かせることが効果的です。

標準レベル 79 国語⑦ 漢字の　書き (2)

解答

❶ ①細かい　②直ちに　③通う
④用いる　⑤交わる　⑥教わる
⑦記す　⑧止まる　⑨行う　⑩明らか
⑪外す　⑫近い　⑬古い

❷ ①今週　②雪原　③絵画　④夜食
⑤校歌

❸ ①色・光線　②朝顔・当番　③南東・風
④船・帰国　⑤池・歩道　⑥公園・歩
⑦知人・会

指導の手引き

❶ ①「細い」としないように注意しましょう。②「直に」としないように注意しましょう。③「通」の字形に注意しましょう。④「用ちいる」としないように注意しましょう。⑥「教」は「おし(える)」，「きょう」と読みます。⑦「記」の字形に注意しましょう。⑨「行なう」としないように注意しましょう。⑩「明か」としないように注意しましょう。⑪「外ずす」としないように注意しましょう。⑫「近かい」としないように注意しましょう。

❷ ①「週」の字形に注意しましょう。②「雪」の字形に注意しましょう。④「食」は下の部分をハネましょう。⑤「歌」の字形に注意しましょう。

❸ 書けなかった漢字は，何度も書いて，確実に書けるようになるまで，練習しましょう。

ポイント

訓読みの漢字の送り仮名は，間違えて覚えてしまいやすいものです。漢字だけでなく，送り仮名も一緒に書いて覚えさせてください。

上級レベル 80 国語⑧ 漢字の　書き (2)

解答

1 ①楽　②数　③晴　④答　⑤強　⑥売
⑦遠　⑧鳴　⑨分　⑩思

2 ①午後　②牛肉　③台地(大地)　④父母
⑤兄弟　⑥野鳥　⑦言語　⑧理科
⑨内外　⑩万年　⑪茶室　⑫秋分　⑬西北
⑭前後

3 ①国　②寺　③同　④市　⑤毛

4 ①考える　②回す　③弱い　④少ない
⑤親しい　⑥自ら　⑦新たな

指導の手引き

1 ①「楽」は字形に注意しましょう。②「数」は字形に注意しましょう。③「晴」はハネに注意しましょう。④「答」は字形に注意しましょう。⑤「強」は「弓」のハネに注意しましょう。⑦「遠」はしんにょうの字形に注意しましょう。⑧「鳴」は「鳥」のハネに注意しましょう。⑩「思」は「心」のハネに注意しましょう。

2 ②「肉」の字形に注意しましょう。⑤「弟」の字形に注意しましょう。⑨反対の意味の漢字からなる熟語です。⑩一万年ほどの極めて長い時間のことです。

3 訓読みをヒントにして考えると分かりやすいでしょう。

4 送り仮名は，規則に合わないものも多いので，間違えたものを確実に覚えた方が，よりよいでしょう。

標準レベル 81 国語⑨ かたかな

解答

❶ ①ライオン　②パンダ　③チューリップ
④ナイフ　⑤セロハンテープ
⑥ティッシュ　⑦コンピューター
⑧キャッチボール

❷ ①エプロン
②レストラン・オレンジジュース
③カンガルー・コアラ
④プレゼント・イヤリング

❸ ①オ　②イ　③エ　④ア　⑤ウ

❹ ①バイオリン　②アスパラガス
③スタジオ　④スキー　⑤ブランコ

指導の手引き

❶ 「ス」と「フ」，「テ」と「チ」，「ワ」と「ウ」，「ツ」と「シ」など，形のよく似たものに注意しましょう。小さく書く「ャ・ュ・ョ」にも気をつけましょう。

❷ かたかなで書き表す言葉には，外国から入ってきたものの名前や外国の国名・地名・人名，擬音語などがあります。長音を表す「ー」は，原則として，かたかな表記でしか使いません。

❹ 一字一字をよく見て，声に出して読んでみましょう。③「ジ・ヂ」「ズ・ヅ」の使い分けは，ひらがなと同じです。注意して書きましょう。④長音は，「ー」を使って表します。

上級レベル 82 かたかな

国語⑩

解答

1 ①ラジオ　②マシュマロ　③トナカイ　④カスタネット　⑤オーストラリア　⑥チョコレートパフェ　⑦クリスマスツリー

2 ①ト　②ゾ　③ドッ　④ポッ　⑤ロー　⑥ゴォ

3 びる・びゅうびゅう・ごろごろ

4 ①オ　②ア　③エ　④ウ

5 （しょうりゃく）

指導の手引き

1 「コ」と「ユ」，「シ」と「ツ」など，形の似ているかたかなを書き分けます。⑥かたかなでは，「フェ」と表記する言葉もあるので注意しましょう。

3 ひらがなで書いてしまいやすい言葉に注意しましょう。「カッパ」（外国から入ってきた言葉），「サラサラ」（物音）などはかたかなで書きます。

5 苗字と名前の間は，少し空けて書くとよいでしょう。

注意　形がにているかたかなや，のばす音など，ひらがなとはちがう表し方を確認しておきましょう。

標準レベル 83 かなづかい・おくりがな

国語⑪

解答

1 （○をつけるもの）①へ　②を　③は

2 ①ず　②ず　③づ　④ず　⑤ず

3 ①ぢ　②ぢ　③じ　④じ　⑤じ

4 ①切れる　②光る　③自ら　④当たる　⑤明るい　⑥細かい

5 ①新しい　②遠く　③楽しい　④明らか　⑤少し　⑥分かれる

指導の手引き

1 助詞の「は・へ・を」に注意しましょう。「ワ・エ・オ」音の含まれる言葉のうち，ものの名前や，動きをあらわす言葉などの一部のものには「わ・え・お」を，助詞には「は・へ・を」を使いましょう。

2 ②「図」，④「ぼうず」，⑤「ずつう」など，言葉の意味や漢字の読み方から判断できます。たとえば⑤「ずつう」の「ず」は，漢字「頭」の音読みは「ズ」ですので，かなづかいも「ず」になります。

5 送りがなを間違えやすい漢字の問題です。漢字の練習をするときは，送りがなも書くようにしましょう。④「明かり」とも読むことから，「明かるい」「明きらか」と間違えやすいので注意しましょう。⑥「分れる」としないようにしましょう。

上級レベル 84 かなづかい・おくりがな

国語⑫

解答

1 ①かたづける　②みじかい　③ことばづかい　④おおぜい　⑤おうさま　⑥こおり　⑦おやこづれ　⑧おねえさん　⑨せいかつ

2 （○をつけるもの）①右　②左　③左　④右　⑤左　⑥左　⑦右

3 ①つずり・づ　②かなずち・づ　③つずく・づ　④ちじむ・ぢ　⑤ひこおき・う　⑥しずかに・ず

指導の手引き

1 ①・②・③・⑦言葉の意味を考えて「づ・ず」「ぢ・じ」を使い分けましょう。「かたづける」は「片」「付ける」，「ことばづかい」は「言葉」「使い」，「おやこづれ」は「親子」「連れ」のように，「つ」で始まる言葉がほかの言葉のあとについてにごった場合は「づ」を使います。④・⑤・⑥・⑧・⑨お段の長音は，原則「う」を添えて書きます。ただし「大きい」という意味の「おお」や「こおり」「とおい」のように，「お」を添える例外がいくつかあるので覚えましょう。え段の長音は原則「え」を添えて書きますが，原則にあてはまっていないものが多く，「おねえさん」と，呼びかけや応答の「ねえ」「へえ」以外は，「い」を添えて作ると覚えましょう。

ポイント
「づ・ず」「じ・ぢ」「おお」や「こおり」「とおい」など，かなづかいのルールを正しく覚えましょう。

標準レベル 85 同じ　いみの　ことば・はんたいの　いみの　ことば

国語⑬

解答

❶ ①体　②寺　③戸　④絵　⑤母
⑥道

❷ (〇をつけるもの)①左
②右

❸ ①さむい　②くらい　③ちかい
④ひくい　⑤ふるい　⑥すてる
⑦おわる　⑧いく

❹ ①強大　②雨天　③国内
④草食

指導の手引き

❶ 一つのものを，複数の言葉で言い表す練習をします。傍線部分を漢字を用いて直すと①「身体」，②「寺院」，③「扉」，④「絵画」，⑤「お母さん」，⑥「道路」となります。

❷ 選択肢の文章を言い換えて，同じ意味のものを探しましょう。①右の選択肢「くわしく　道を　たずねる」，中の選択肢「弟の　ねがいを　かなえる」，②中「海の　なみが　起こる」，左「大きな　市が　開かれる」のような意味になります。

❸ 様子や状態を表す言葉の場合，打ち消しの語「ない」をつけてみましょう。そして，「あつくない」「明るくない」などは，どういう言葉で表せるか，と考えてみます。「ひろう」「はじまる」「くる」など，動作や行為を表す言葉の場合，その行為をしている場面を思い浮かべて，その行為の反対の行為を考えてみましょう。

上級レベル 86 同じ　いみの　ことば・はんたいの　いみの　ことば

国語⑭

解答

❶ ①原　②石　③画　④語　⑤考
⑥同　⑦黒　⑧地　⑨行　⑩売

❷ ①子　②地　③母　④少　⑤外
⑥後　⑦近　⑧右　⑨西　⑩弱

❸ ①エ　②ア　③ウ　④オ
⑤イ

❹ (例)夏は　すいとうが　すぐに　空っぽになる。

指導の手引き

❶ それぞれの漢字がもつ意味を考えると，解きやすくなります。たとえば②は，「岩」「石」ともに，石のことを表す漢字です。

❷ 漢字の持つ意味を考えて，反対の意味の漢字を探しましょう。熟語として使われることも多いので，しっかり覚えましょう。

❸ 意味のわからない言葉が出てきたら，調べて意味を確認していきましょう。文章を読むときにも，ことばの意味を知っていると読みとりができるようになります。

❹ 「空っぽ」とは，入れもののなかみがなくなることをいいます。

注意　分からない言葉は，出てくるたびにことばの意味や使い方を調べましょう。

標準レベル 87 し

国語⑮

解答

❶ (1)木・緑・花(順不同)
(2)木や草花
(3)(かくれた)根

❷ (1)かお
(2)(例)しらん　かお　して　とおりすぎる。

指導の手引き

❶(1)第二連に「木がすきです／緑がすきです／花がすきです」とあります。ここから，答えましょう。
(2)第三連の「どれだけ／わかっているといえるのだろう／木や草花のこと」と第四連の「かくれた根のこと／いつもは忘れている」をもとに，(　　)にあてはまる言葉を考えます。

❷(1)詩の第二連に注目しましょう。鏡のそばを通る時には，ちょっとのぞいてみた後に，わらったり，おこったり，すましてみたりすると言っています。鏡に映った自分の顔を見ながら，いろいろな表情がどのように映るのかを見て，楽しんでいる様子が読み取れます。
(2)鏡の前で，いろいろな顔をしてみたあとは，「しらん　かお　して／とおりすぎる」と書かれています。いろいろな顔をして，さんざん楽しんだあとに，すました様子にもどっているというところにおかしさが感じられます。

上級レベル 88 し

国語⑯

解答

1 (1)てつぼう
(2)さかあがり・しりあがり・あしかけあがり・まえまわり・うしろまわり・だいしゃりん
(3)ただ・さみしい
(4)こさめ

指導の手引き

1 (1) 「ひくい　ほうのも／たかい　ほうの　てつぼうも／きみを　まって　います」とあります。二つの鉄棒が置かれていて，「きみ」がいつもそれらで遊んでいることがわかります。

(2) 第二連および，第四連の内容に注目しましょう。「きみ」が鉄棒でしそうなことが六つ並べられています。それぞれのことを「きみ」がしている様子をおさえましょう。

(3) 第三連に着目しましょう。「ただの　てつぼう」，「さみしい　てつぼう」とあります。「きみ」が来ないために，鉄棒がそれ一つでさみしそうにしている様子を理解します。

(4) 「こんな　こさめの　ふる　ひ」とあります。鉄棒が「きみ」を待っているときのさびしそうな様子が，雨の中に立っているという情景によって，よく表現されています。

ポイント

詩を読む時には，描かれている情景をよく想像してみることが大切です。

標準レベル 89 物語（1）

国語⑰

解答

1 (1)あみものやさん
(2)(例) サンタクロースに　プレゼントを　いれて　もらう　くつしたの　注文。
(3)(例) お店の　まえに　かけて　おいた。
(4)(○をつけるもの)中
(5)(例) おし花や，ほした　くだものや，きれいな　貝がら。

指導の手引き

1 (1) 「ナナさんは　あみものやさんです」とあります。「ナナさん」は，お店を持っていて，いろいろなあみものの注文をこなしている人であることがわかります。

(2) 「サンタクロースに　プレゼントを　いれて　もらう　くつしたの　注文が　たくさん　きます」とあります。冬になると，「ナナさん」は注文に追われて，忙しいのです。

(3)・(4) 「ナナさんは　お店の　まえに　かけて　おきます」とあります。「ナナさん」は，注文の他にもくつしたをたくさん作って，お店の前で「おこころざし」と交換に，人にあげようとしています。

(5) くつしたを持っていった人が置いていった「おこころざし」とは，花やくだものであったり，貝がらであったりしました。自然が豊かにある場所の，おだやかな世界がよく感じられます。

ポイント

物語は，どのようなことが起きているかを読み取ることが大切です。

上級レベル 90 物語（1）

国語⑱

解答

1 (1)(○をつけるもの)中
(2)(○をつけるもの)左
(3)すな
(4)(○をつけるもの)中

指導の手引き

1 (1) 「そんな　ふうに　口を　きいたり，あるきまわったり　する　びん」とあります。「のりちゃん」が話している相手は，人間ではなく，「びん」なのですが，それは，人間であるかのように行動できることがわかります。

(2) 「のりちゃん」が「びん」に「はじめてだよ」と言うと，「びん」はすましています。それは，自分が話したり歩き回ったりすることができる，特別な「びん」であることをよくわかっているからです。

(3) 「びん」は，「わたしは，この　中に　だいじなものを，あずかってるんです」と言い，それは「すな，です」と言っています。「びん」は，自分の体の中に入っている「すな」を特別なものだと説明しています。

(4) 「くびを　かしげる」とは，疑問に思う様子を表現する言葉です。ここでは，「のりちゃん」が，「びん」があずかっている「だいじな　もの」とは，どんなものだろうと，不思議がっている様子を表しています。

ポイント

物語を読む場合，人物の気持ちを，文章中の表現を手がかりにして読み取り，理解することが大切です。

標準レベル 91 説明文 (1)

国語⑲

解答

❶ (1)(例) 小さな　葉が，みるみるうちに　とじて　いく。

(2)(○をつけるもの) 動く

(3)(例) 葉に　さわると，おじぎを　するように　葉を　下げる

(4)(例) 先の　方から　つけ根に　向かって

(例) ほかの　葉の　つけ根から　先に　向かって

指導の手引き

❶(1) 「オジギソウの　葉を，指先で　そっと　さわって　ごらん。小さな　葉が，みるみるうちに　とじて　いきます。」とあることから考えます。

(2) 〝(　　)植物〟の直前に，「さわると　急に　動くので」とあるので，「〝動く　植物〟の　代表」がふさわしいと考えられます。

(3) 「オジギソウと　いう　名前は，葉に　さわると，おじぎを　するように　葉を　下げる　ことから　つけられました。」とあることから読みとります。

(4) 「葉は，熱を　加えられた　先の　方から　つけ根に　向かって　とじて　いきます。つけ根まで　とじてしまうと，つぎは，ほかの　葉の　つけ根から　先に　向かって，葉が　とじて　いきます。そして，葉が　全部　とじると，葉と　茎との　つけ根の　部分が　たれ下がります。」とあるので，この部分から，葉がとじる順序にしたがって，あてはまる部分をぬき出して答えます。

上級レベル 92 説明文 (1)

国語⑳

解答

1 (1)おびきよせる

(2)いい

(3)(例) 虫を　よぶ　ため。

(4)(例) めしべの　ねもとが　ふくらんで，実が　できる。

(5)虫

(6)みつ

指導の手引き

1(1) 「花の　かおりは，虫を　おびきよせる　ための　ものです」とあります。この文章は，香りによって虫を呼び寄せて，花粉を運ばせる植物について書かれたものです。

(2) 「バラ」，「キンモクセイ」，「ユリ」，「クチナシ」は，いずれも，「いいかおりの　する　花」の例として挙げられています。これらの花はいい香りを出すことによって，虫を呼び寄せます。

(3) 花によっては，いい香りを出すのではなく，人間にとっては「くさい　におい」を出すものもあります。しかし，その「くさい　におい」もまた，虫を呼び寄せるためのものであることを説明しています。

(4) 直後の段落の内容に注目しましょう。「めしべに花ふんが　つく」と「めしべの　ねもと」がふくらみ，「実」ができると言っています。

(5) 「虫」が「実を　つくる　てだすけ」をすると言っています。

(6) 植物は「におい」ばかりでなく，「あまい　みつ」でも，虫を呼び寄せると言っています。

標準レベル 93 かざりことば

国語㉑

解答

❶ ①楽しい　②白い　③あさい　④くるしい　⑤かたい

❷ ①とぼとぼ　②ざあざあ　③ぺろぺろ　④ふわふわ　⑤かちかち

❸ ①大きく　②元気に　③しずかな(しずかに)　④赤く　⑤小さかっ

❹ ①どんな　②とても　③まったく

指導の手引き

❶ 「かざりことば」とは，ほかのことばの意味や内容をより詳しく説明することばです。ここでは，人やものの性質や状態をかざることばを多く出題しています。

❷ ものの様子を表すことばも，かざりことばの一種です。どのような様子を表しているのかを考え，それにもっともふさわしいものを選びます。様子を表すことばは数多くありますので，様々な本を読んで，それにふさわしいことばを選びましょう。

❸ 動きや様子を表すことばが，形を変えて，かざりことばとして使われる場合もあります。このとき，ポイントになるのは，直後にどのようなことばが使われているかです。直後にあることばにつながる形をよく考えて，動きや様子を表すことばの形を変えてみましょう。

❹ 「とても」「まったく」は，ものの程度を表すことばで，かざりことばとして用いられます。

上級レベル 94 かざりことば 国語㉒

解答

❶ ①なだらかな　②なめらかな
③はなやかな　④細やかな
⑤おごそかな　⑥正直な

❷ ①チューリップ　②ジュース
③うかんで　います　④走ります
⑤来ないように

❸ ①どうか　②もし　③ぜんぜん
④あたかも　⑤よもや
⑥いったい

❹ (例) なぜ　ぼくは，友だちに　あんな　ことを　言って　しまったのか。

指導の手引き

❶ 様子をあらわすことばがかざりことばとして用いられるときは，その形が変わることがあります。なお，それぞれのことばの意味は，次のとおりです。①かたむきがゆるやかなさま。②すべすべしているさま。③目立って美しいさま。④こまごまとよく気がつくさま。⑤重々しく近寄りがたいさま。⑥うそやごまかしがないさま。

❷ かざることばとかざられることばは，それら二つのことばだけ抜き出して読んでも，意味がわかります。例えば，「気持ちよさそうにうかんでいます。」ではおかしくありませんが，「気持ちよさそうに空に」では意味がわかりません。かざる・かざられるの関係を見つける手がかりにしましょう。

ポイント

「かざることば」と「かざられることば」は，組み合わせて読むと，意味が通ります。

標準レベル 95 いみを　たすける　ことば 国語㉓

解答

❶ ①文字が　書かれる。
②絵が　見られる。
③ボールが　おとされる。
④石が　なげられる。
⑤たまごが　わられる。

❷ (○をつけるもの) ①右　②右　③右　④左

❸ ①でも　②も　③のに
④ばかり　⑤と　⑥かしら
⑦から　⑧なら

指導の手引き

❶ 「～を…する。」という文を，「れる・られる」を用いて「～が…れる(られる)」という受身の文に書きかえる問題です。②「絵が見れる」としないように注意しましょう。

❷ ①「へ」は，動きの向かう方向を表しています。②「は」と③④「が」は，主語を表しています。このように，ひらがな一字であっても，それぞれ意味の違いがあります。どのような意味を表しているのかをよく考えることが大切です。

❸ 自然な文の流れを作れるように，日ごろから多くの文章に触れさせましょう。①逆接の働きをする「ても」がにごったものです。②並立の意味を表します。「父も私も行く」など。③後半を省略した形で残念の意を表します。④限定の意味を加えます。⑤結果を示します。⑥疑問の意味を表します。⑦起点を表します。⑧仮定の意味を表します。

上級レベル 96 いみを　たすける　ことば 国語㉔

解答

❶ (○をつけるもの) ①左　②左　③左
④右　⑤右

❷ ①へ　②は　③を　④の　⑤の

❸ ①など　②たり　③で　④より
⑤に　⑥だけ

指導の手引き

❶ ①②「を」は，動作の対象を表しています。③④は，直前に動作の対象を表す「を」があるので，その対象を受ける動作を選びます。⑤は，直前に主語を表す「が」があるので，「足が」どうなったのかを表す言葉を選びます。

❷ 「は」「を」「へ」は使い方に注意しましょう。「は」は主語を示したり，「大きくはない」など強調したりするときに使います。「を」は，「魚を食べる」など動作の対象を表したり，「この町を通る道路」など場所を示したり，「家を出る」など動作の起点を表したりします。「へ」は，「母へ手紙を送る」など対象を表したり，「北へ行く」など方角を示したり，「東京へ着く」など帰着点を表したりします。このようなひらがなを正しく使えることは，正しい文を読み書きするために必要なことです。紛らわしい言い方などに気をつけながら，適切に使えるようになるまで粘り強く教えます。

ポイント

「は」「を」「へ」の使い分けは，さまざまな文章に親しむことで身につくものです。たくさんの，よい文章に触れさせてあげましょう。

標準レベル 97 主語と　述語
国語㉕

解答

❶ ①弟が
②赤ちゃんが
③姉は
④ひろしくんは
⑤給食は
⑥プールは

❷ ①歩く
②あつい
③選手だ
④のむ
⑤かわいい
⑥わたり鳥です

❸ ①イ　②ウ
③イ　④イ
⑤ウ　⑥ア
⑦イ　⑧ア
⑨ウ　⑩ウ
⑪イ　⑫ア
⑬ウ

指導の手引き

❶❷ 主語・述語を見つけるときは，まず述語に着目します。述語は文の終わりにあることが多いです。

❸ 文の「どうする(動作を表します)」「どんなだ(様子を表します)」「なんだ(名称や実体を表します)」「ある(いる・ない)」にあたる語を，述語と言います。主語と述語の間に修飾語が置かれて，主語のすぐ後ろに述語が来ない場合もあるので注意が必要です。

上級レベル 98 主語と　述語
国語㉖

解答

❶ ①ア　テストが
　イ　ある
②ア　かたつむりが
　イ　かくれる
③ア　ケーキやは
　イ　ある
④ア　バラが
　イ　さきました
⑤ア　ゆめは
　イ　かないません

❷ ①雨が　はげしく　ふり出したのを　知った。
②姉は　ノートを　買おうかと　まよっていました。
③雪は　さむく　なると　ふります。
④わたしは　漢字を　書く　れんしゅうを　つづけました。

❸ (○をつけるもの)右

指導の手引き

❶ 「なにが」「誰が」にあたるものを主語,「どうする」「どんなだ」「なんだ」にあたるものを述語といいます。述語はふつう文の終わりにあるので，述語をとらえてから，意味をたどって主語をさがすと，見つけやすくなります。

ポイント
主語になる言葉には，「は」「が」「も」「こそ」などの言葉がつきます。

標準レベル 99 漢字の　組み立て・ひつじゅん・画数
国語㉗

解答

❶ ①道　②秋　③室　④海　⑤線
⑥明　⑦頭　⑧読　⑨京　⑩教

❷ ①2　②4　③3　④6　⑤9

❸ ①3　②4　③6　④7　⑤7　⑥12
⑦8　⑧11　⑨12　⑩13

❹ ①ウ　②イ　③ア　④ウ　⑤ア

指導の手引き

❶それぞれの部首は次の通りです。
①「⻌」，②「禾」，③「宀」，④「氵」，⑤「糸」，
⑥「日」，⑦「頁」，⑧「言」，⑨「亠」，⑩「攵」。

❹①「弓」は，3画。他は，4画。
②「毛」は，4画。他は，5画。
③「近」は，7画。他は，6画。
④「画」は，8画。他は，7画。
⑤「朝」は，12画。他は，11画。

ポイント
画数が正しくわかるようになるためには，漢字を正しい形，書き順で書けることが大切です。日頃から漢字を書く際に，正しく書く気持ちを持つようにしましょう。

上級レベル 100 漢字の　組み立て・ひつじゅん・画数
国語㉘

解答

1 計・切・朝・道・理

2 ①15　②16　③17　④17　⑤23
⑥24　⑦27　⑧31

3 ①(右からじゅんに)5・4・3・2・1
②(右からじゅんに)3・2・4・5・1

4 ①頭(顔)　②組(級)　③弱

指導の手引き

1 漢字は，さまざまな部分が組み合わさってできています。どのような部分からできているか理解しましょう。

2 それぞれの画数は次の通りです。①兄＋羽＋毛＝5＋6＋4＝15　②知＋内＋友＝8＋4＋4＝16　③母＋矢＋来＝5＋5＋7＝17　④行＋角＋公＝6＋7＋4＝17　⑤角＋図＋星＝7＋7＋9＝23　⑥切＋船＋前＝4＋11＋9＝24　⑦体＋昼＋鳥＝7＋9＋11＝27
⑧通＋店＋電＝10＋8＋13＝31

3 それぞれの画数は次の通りです。①東…8画，谷…7画，会…6画，古…5画，工…3画，②黒…11画，夏…10画，買…12画，楽…13画，海…9画

標準レベル 101 物語 (2)
国語㉙

解答

1 (1)(○をつけるもの)右下
(2)(例)きのう，たくさん　ほえたから。
(3)(○をつけるもの)左
(4)(例)ねた　ままで　いる。
(5)(例)ライオンが　ガオーッと　ほえる　ところ。

指導の手引き

1(1) この物語は，朝の動物園で，ライオンとクロヒョウが話し合っている場面を描いたものです。

(2) ライオンは朝から声がよく出なくなってしまいました。困っているライオンに，クロヒョウは「きのう，あんなに　ほえるからだよ」と言いました。ライオンは，昨日たくさんほえすぎたために，ノドをつぶしてしまったことがわかります。

(3) クロヒョウから，ほえすぎるからノドがつぶれるんだと言われて，ライオンは人間の子どもたちのためにほえなければならないのだから，それはしかたがないことだと思っています。

(4) ライオンが人間のためにたくさんほえてみせるのに対して，クロヒョウは「ねてりゃあ　いい」と考えています。

(5) ライオンは「わしが　ガオーッて　ほえる」ところを，子供たちが見たがっていると言っています。

注意 物語文では，登場する人物同士がどのような関係であるかを読み誤らないようにします。

上級レベル 102 物語 (2)
国語㉚

解答

1 (1)(○をつけるもの)右
(2)(○をつけるもの)左
(3)しりもちを　ついた。
(4)(○をつけるもの)中

指導の手引き

1(1) 「ジン」は，跳び箱が得意で，授業参観の体育の日に，お母さんたちの前で見事にとびました。「ジン」が跳び箱を見事にとんだことに，お母さんたちは拍手をしたのです。

(2) 「ジン」は跳び箱をうまくとんで，お母さんたちから拍手を受けています。普通であるなら，得意になって喜ぶところですが，「その　中に，おばあちゃんは，いません」とあります。はっきりとは書かれていませんが，「ジン」は，家の人が来ていないために，悲しく，残念な気持ちでいるだろうことが想像されます。

(3) 「まゆちゃん」もまた，家の人が来ていないままで体育の授業を受けています。そのせいで，得意なはずの跳び箱なのに，助走に元気がなくて，「しりもち」をついてしまっています。

(4) 「まゆちゃん」は，泣きそうになったり，うつむいてしまったりしています。それは，家の人が来てくれていない悲しみとともに，跳び箱をうまくとべなかった悔しさを感じていたからです。

ポイント
物語では，出来事や，その場面の様子から，人物の気持ちを推し量りながら読むことが大切です。

標準レベル 103 説明文 (2)

国語㉛

解答

❶ (1)(○をつけるもの)中
(2)(夏)(例) 水が　じょうはつする　とき，空気を　ひやすから。
(冬)(例) さむい　風を　ふせいで　くれるから。
(3)①ウ　②ア　③イ
(4)(例) 山の　木の　根が　しゃめんの　土や　石を　おさえて　くれるから。

指導の手引き

❶(1)　この文章は，森や林や木々がどのような効果をもたらしてくれるかについて書かれたものです。どれも大切なものであることを言おうとしています。

(2)　夏については第１段落の，冬については第２段落の内容に注目しましょう。夏は葉から水が蒸発して空気を冷やすので気温が下がることを説明しています。冬は気温を保つ効果があることを説明しています。

(3)　第４・５段落の内容に注目します。木々がもつみどりの色や香り，葉が，どのような効果をもたらすかを読み取りましょう。

(4)　第６段落の内容に注目しましょう。山では「たくさんの　根」がのびて，斜面の土や石を「しっかり　おさえて　くれる」ために，大雨や雪が降っても，斜面が崩れたりなだれになったりすることがないと言っています。

ポイント

説明文では，細かな事柄が多く説明されます。文と文，段落と段落のつながりを意識しながら，一つずつ順にていねいに理解していくことが大切です。

上級レベル 104 説明文 (2)

国語㉜

解答

❶ (1)(例) いたの　上に　一本の　ぼうを　たてて　おいて，ぼうの　かげが　さす　ばしょで，じかんを　しる　もの。
(2)(例) たいようが　東から　のぼって，南の　空を　とおって，西に　しずむから。
(3)(○をつけるもの)右
(4)(例) みんなが　右まわりの　とけいに　なれて　いるから。

指導の手引き

❶(1)　この文章は，時計が右回りになっているのは，日時計と関係しているためであることを説明したものです。第２段落では，日時計とはどのようなものかについて説明されています。

(2)　第３段落の内容に注目しましょう。ここでは，日時計とは，太陽がめぐるのに従って，影をつくるものであることから，自然と右回りになることを説明しています。

(3)　地球の北半球と南半球では，太陽の動きが反対になることを，第４段落で説明しています。そのために，本来南半球では日時計や時計は左回りになるように作られねばなりませんが，「みんなが　右まわりのとけいに　なれて　しまった」ために，右回りのままになっていることを説明しています。

注意　説明文は，ある一つの話題について，順を追って説明しています。だから，ある一つの話題が何なのかを考えながら読むことが大切です。これを外してしまうと，文章内容の理解ができなくなるので，注意が必要です。

標準レベル 105 こそあどことば

国語㉝

解答

❶ ①どれ　②どう　③どこ　④どの
❷ ①公園　②行き止まり　③おしろ
❸ ①(右からじゅんに)２・１・３
②(右からじゅんに)３・２・１
❹ (例) まったくねむれなかったこと

指導の手引き

❷　指示語より前の部分からあてはまる内容を探して，あてはまるようにまとめる練習をしましょう。まず，指していると思われる言葉をさがし，指示語の部分にあてはめてみて意味が通るかどうかを確認します。さらに，その言葉がどのようなかざりことばとつながっているかを考えます。指示語は，文と文のつながりを考えるうえで，とても大切な役割をします。指示語が指しているものを丁寧に読み取る習慣をつけましょう。

❸　「こそあど言葉」という言い方を覚えます。❶で学習した「ど」は，たずねる時に使う言い方ですが，「こ」「そ」「あ」から始まるものは，それぞれ，指しているものの距離にちがいがあります。「こ」はいちばん近く，次に「そ」，最も遠いのが「あ」です。

上級レベル 106 こそあどことば 国語㉞

解答

1 ①ウ　②イ　③オ　④ア
⑤エ

2 (〇でかこむもの)①その　②そこ

3 (例) ①新しい　ネクタイ
②テーブルの　上の　おさら
③せ中を　まっすぐに　して，うでを　思いきり　のばして

指導の手引き

2 「そ…」は，話し手からそんなに遠くないものをさすときにつかうことばです。あるいは，近いか遠いかはっきりしなかったり，距離がない，漠然としたものを指す時などに用います。①「その」は，ベンチにすわっていた小さな子を指します。②(　)に入る指示語は，場所を指すものであることを読み取ります。「そこ」は，今度できたプールを指します。

3 ①「それ」は，直接は「ネクタイ」を指しています。その「ネクタイ」とは，父がきょうしめていた，新しいものなのです。②「それら」は，二つ以上のものをさす指示語です。直接は「おさら」を指しています。それらは，テーブルの上にならんでいました。③「そう」は，その前に書かれている内容を指しています。ここでは，「せ中を　まっすぐに　して，うでを　思いきり　のばす」という動作を指しています。うでを思いきりのばすことだけではなく，せ中をまっすぐにのばすことも忘れないようにしましょう。

標準レベル 107 つなぎことば 国語㉟

解答

1 ①しかし—だが　②ところで—さて
③つまり—すなわち　④だから—よって
⑤あるいは—または

2 ①あるいは　②しかし　③つまり
④だから　⑤さらに

3 ①(例) ねつが　ありました。だから，きょうは　学校を　休みました。
②(例) よく　考えた。しかし，答えられなかった。
③(例) さむかった。さらに　風まで　ふき出した。
④(例) こたつに　入りたい。または　上着を　きたい。

指導の手引き

1 「つなぎ言葉」は「接続語」とも言います。接続語には，一つ一つに決められた働きがあり，この決められた働きで，言葉と言葉，文と文，段落と段落をつなぎます。同じ働きであっても，接続語はいくつもあります。①は逆接の接続語，②は転換の接続語，③は要約の接続語，④は理由の接続語，⑤は選択の接続語です。

2 ①は「カバン」「ふくろ」のどちらかを選ばせています。②は風は吹いたが，ぼうしはとばされなかったので，2つの内容が逆接になっています。③は「お父さんの　お兄さん」を「おじさん」と言い換えています。④は雨が降ったのでぬれた，という当然の内容が書かれています。⑤は勉強した内容として，「国語」に「算数」をつけ加えています。

上級レベル 108 つなぎことば 国語㊱

解答

1 ①のに　②から　③ても　④ながら

2 ①ところで　②ただし
③おまけに　④なぜなら
⑤もしくは

3 (じゅんに)でも・また・だから・また・だから

指導の手引き

1 言葉と言葉，文と文を，決められた働きでつなぐひらがなも，つなぎ言葉の一つです。①は前後の内容が反対になっています。②は「行った」ことが原因で，「会えた」という結果に結びついています。③は「仮に」という意味をそえています。④は「行く」「話す」という二つの動作を同時に行う意味を表しています。

2 ①は新しい話題に変わっています。②は，「帰ってもいい」が，「わすれものを　しないように」と条件を述べています。③は，「楽しかった」に「おみやげまで　もらいました」と，つけ加えています。④は，「いそがしかった」理由を述べています。⑤は，「おやつを　食べる」「テレビを　見る」を選ばせています。

ポイント
接続語の働きを理解して，文章を正しく読み取れるようになりましょう。

標準レベル 109 記ろく文・意見文

国語㊲

解答

❶ (1)(例)水鳥の　えさあつめ

(2)ウ → イ → ア

(3)(例) 水鳥(たち)

(4)(○をつけるもの)中

指導の手引き

❶(1) 「メンバーは，活動の　ひとつとして　水鳥の　えさあつめを　やろうと　かんがえました。」とあることからとらえます。

(2) 「そこで，萱原の　家いえに，〈水鳥の　えさに　なる　ものが　あれば　提供して　ください〉と　いう　ビラを　つくって　くばりました。」「それから　四班に　わかれて，萱原を　まわります。野菜の　くず，りんごの　皮，米ぬか，パンなど　たくさん　だして　くれました。郷働クラブの　メンバーは，一輪車を　おして，その　えさを　あつめて　いきました。」という部分から，ウ→イの順番がわかります。また，この後に，えさやりをしたと考えられます。

(3) 「そう　した　みんなの　努力が，水鳥たちを　ダム湖に　よんだのです。」とあることからわかります。

(4) 文章では，あつめたえさが具体的に挙げられています。また，最後の段落に，具体的な鳥の名と数が挙げられています。

ポイント

記録文は，説明文と同じように，文章に書かれていることを丁寧におさえて読み取りましょう。

上級レベル 110 記ろく文・意見文

国語㊳

解答

❶ (1)友だち

(2)楽しみ

(3)(例) ひとりで　過ごす　時間の　あいだだけに　育つ　エネルギー。

(4)(例) 電池の　なかに　電気を　ためこむこと。

(5)本

指導の手引き

❶(1) 「自分の　好きな　歌手」は，「本や　マンガ」と同じように，好きなものの例であることから考えましょう。「本や　マンガの　なかには，たくさんの　友だちが　います」とあります。

(2) ひとりの時間にしかできない「楽しみ」を見つければ，ひとりでいても「さびしく　なく　なる」と言っています。

(3) ひとつ前の段落に着目します。この段落で述べている「エネルギー」を読み取ります。

(4) 「ひとりで　過ごす　時間の　あいだだけに　育つエネルギー」を，自分の中にためこむことを「充電」と言っています。ここでは，「電気」をためることについて，まとめましょう。

(5) 最後の段落では「本を　読む　こと」をすすめています。

ポイント

意見文とは，あることがらについて，文章を書いた人が，自分の考えを述べている文章です。何について，どういう考えを述べているかをおさえます。

標準レベル 111 日記・手紙

国語㊴

解答

❶ (1)春

(2)わたしは　つぼみだけでも　きれいだなあ，早く　さかないかなあと　思いました。

(3)(つぼみ)赤むらさき

(くき)ちゃ色

(は)きみどり色(と)みどり色

指導の手引き

❶(1) 最後の一文に「わたしは　もう　春が　すぐ　そこまで　きて　いるんだなあ，と　思いました。」とあることに着目します。

(2) つぼみについて書いている二番目の段落に「わたしは　つぼみだけでも　きれいだなあ，早くさかないかなあと　思いました。」とあり，つぼみがどうなってほしいかに関する気持ちが書かれているので，ここをぬき出して答えます。

(3) 「つぼみ」と「くき」の色は二番目の段落，「は」の色は三番目の段落から読みとります。

ポイント

日記や手紙を読む時には，どのような出来事について書かれているか，書き手の気持ちが述べられているかに，注目しましょう。

上級レベル 112 日記・手紙

国語㊵

解答

1 (1)ウサギ・ササ(さん)　クマ・タクマ(さん)

(2)クマ・タクマ　(例)バッグを　ひろって　くれた

(3)(例)れっしゃに　のる　ことも，しょくじを　する　ことも，ホテルに　とまる　ことも，できなく　なる

(4)一しゅうかん

指導の手引き

1(1) 手紙の初めに「クマ・タクマさま」と，手紙を出した相手の名前があります。手紙の終わりに日付や住所の後に，「ウサギ・ササ」とあるので，「ウサギ・ササ」さんが手紙を出したとわかります。

(2) 最初から二文目に，「この　あいだは，わたくしの　おとしものを　ひろって　くださいまして，ありがとう　ぞんじます。」とあり，ウサギ・ササがクマ・タクマにお礼を言っていることからとらえます。

(3) 「あの　とき，バッグが　もどって　こなかったら，わたくしは，れっしゃに　のる　ことも，しょくじを　する　ことも，ホテルに　とまる　ことも，できなく　なる　ところでした。」とあることから読みとります。

(4) 「おかげさまで，あれから　ぶじに　たびを　つづけ，ゆうべ，一しゅうかんぶりに，わがやへ　かえって　まいりました。」とあるので，一週間たったとわかります。

標準レベル 113 物語(3)

国語㊶

解答

1 (1)①エ　②ウ

(2)はじめの　うちは　一つきりだった　ひが，二つに　なり，三つに　なり，はては，十にも　ふえました。

(3)㋐町の　ひ　㋑表の　かん板　㋒自転車の　かん板や，めがねの　かん板

(4)ぼうし屋

指導の手引き

1(1) つなぎことばなどを当てはめる問題です。前後の関係をよくつかみ，自然に文がつながるようなものを選びます。

(2) 「ぬきだして」ということに注意します。正確に文中からその部分をぬきだしましょう。

(3) 指示代名詞が何をさしているかを選ぶ問題です。ふつうは，その代名詞の前にさしている言葉があります。

(4) 全体の流れをつかんで，設問文が何を求めているかをさぐりあてましょう。ここでは第３段落の４～５行目に「ぼうし屋を　さがして…」とあることに注目しましょう。

ポイント

長い文章を読んで設問に答える問題は，「問題の意味を的確につかむ」→「文中からその答えを見つけ出す」という過程に慣れるように経験を積ませることが大切です。

上級レベル 114 物語(3)

国語㊷

解答

1 (1)(○をつけるもの)右

(2)(○をつけるもの)中

(3)(例)　あたらしい　自転車を　買ってもらえる　(例)　いちばん　なかの　いい　友だち

(4)　(例)　ときどき　自転車を　きらいに　なった　ことが　ある

指導の手引き

1(1) 子どもべやにはいってきたおとうさんは，「おい，元気を　だせよ。」と言っています。その後に，「しょんぼりして　いる　マサシの　頭を　おとうさんは　やさしく　なでました。」とあるので，頭をやさしくなでたのは，「マサシを　元気づける　ため。」です。

(2) (　)の前には，「マサシは，とびあがって　よろこんで　いいはずでした。」とあり，後ろには，「マサシは，うれしいのが　半分，かなしいのが　半分でした。」とあるので，反対の内容をつなぐ「でも」がふさわしいとわかります。

(3) うれしいことは，二文前にある「あたらしい　自転車を　買って　もらえる」ことです。悲しいことは，自転車がぬすまれたことですが，「ブルーの　自転車とは　四か月もの　あいだ，毎日　いっしょでした。いちばん　なかの　いい　友だちだったのです。」とあるので，「いちばん　なかの　いい　友だち」の部分をぬき出して答えます。

(4) 「ぼくは　ときどき　自転車を　きらいに　なった　ことが　ある。だから，自転車は，ひとりで　遠くへ　いったんじゃないかな。」と，マサシがひとりごとを言っていることから考えを読みとります。

標準レベル 115 説明文 (3)

国語㊸

解答

1 (1)(○をつけるもの)左
(2)(例)緑色で　ふつうの　形を　した　大きな　葉を　広げて　いる。
(3)(○をつけるもの)右
(4)太陽のめぐみ

指導の手引き

1(1)　この文章は，石によっておおわれていたもやしが，石をどかされると，どのように変わるかについて説明したものです。「植物は　どことなく　緑色に　かわって　くるに　ちがいありません」と言っています。それまでは，茎は「白かった」，葉は「黄色い」のです。

(2)　石をどかされたことで，日の光をあびたもやしは，どんどんと元気になると書かれています。小さかった黄色い葉は，「緑色で　ふつうの　形を　した　大きな　葉」になっているだろうと言っています。

(3)　もやしは急に光を得たために，枯れてしまうかもしれないが，「根は　しっかり　残って　いるはず」なので，ちゃんと育っていくだろうと言っています。

(4)　石をどけることによってもやしが元気に成長するということから，植物にとって日の光がどれほど大切なものかがわかります。そのために「めぐみ」という言葉が使われています。

ポイント

説明文では，具体的な例が，どのようなことを表すために用いられているかを理解しながら読むことが大切です。

上級レベル 116 説明文 (3)

国語㊹

解答

1 (1)ごちそう
(2)いろいろな虫
(3)あまいかおり・アルコールのにおい
(4)(例)(昼)ゴマダラチョウ，キマダラヒカゲ，などの　チョウ，コガタスズメバチ，モンキアシナガヤセバエと　いう　ハエの　一種，カナブン，ヒメスズメバチ
(例)(夜)ガ，クワガタムシ，カブトムシ，カナブン，ヒメスズメバチ

指導の手引き

1(1)　この文章は，クヌギがいい香りの樹液を出すために，さまざまな虫が一日中集まってくることについて説明したものです。そのような樹液のことを「ごちそう」と表現しています。

(2)　クヌギの樹液が出るところには「いろいろな虫」が集まるために，「クヌギ酒場」とよばれると言っています。

(3)　クヌギの樹液は「あまいかおり」で，時には「アルコールのにおい」が混ざると言っています。

(4)　最後の２つの段落には，夜または昼にクヌギに集まってくる虫たちの種類が書かれています。「すべて」とあるので，漏れることのないように書きましょう。また，「カナブン」と「ヒメスズメバチ」は，昼と夜の両方にあてはまるので，注意しましょう。

ポイント

説明文では，どのような具体例が挙げられているかをおさえ，文章に書かれている内容を読み取りましょう。

117 最上級レベル 1

国語㊺

解答

1 ①かみ・せん　②とり・な　③くろ・くも
④ふゆ・は　⑤おとうと・いもうと
⑥さかな・うみ

2 ①こうえん　②ごご　③かいが
④きょうしつ　⑤こうつう　⑥なんぼく
⑦ぶんや　⑧とうばん　⑨ばいばい
⑩かいわ

3 (○をつけるもの)①左　②右　③右　④左

4 ①直ちに　②親しむ　③新しい
④考える　⑤楽しむ　⑥細かい　⑦半ば

指導の手引き

1　漢字にはさまざまな読み方があります。文の中での漢字の使われ方や，送り仮名に着目して，正しく読めるようになることが大切です。

2　二字の熟語を読みましょう。意味のわからないものは，辞書で調べましょう。

3　①「じ」とは書かない，例外のものです。②「透」は「とう」と表します。③「月」は「つき」と表すので，「三日月」は「みかづき」となります。④長音を「お」と表す，例外のものです。

4　送り仮名の部分に注意しながら書きましょう。
①「直」は字形に注意しましょう。②「親」は最後の画のハネに注意しましょう。③「新」は字形に注意しましょう。④「考」は最後の画のハネに注意しましょう。⑤「楽」は字形に注意しましょう。⑦「中ば」と書かないように注意しましょう。

118 最上級レベル②

国語㊻

解答

1 ①太　②数　③晴　④答　⑤弱　⑥同
⑦高原　⑧来週　⑨東西　⑩工作
⑪歩行　⑫売買

2 (－をひくことば)①ふる　②出かける
③ポスト　④日曜日　⑤いない

3 (主《しゅ》語・述《じゅつ》語の順で)
①音が・きこえる　②これは・ものです
③言った　ことは・本当ですか
④スーパーが・ある

4 ①地　②頭　③交　④雪　⑤答　⑥海

5 ①八　②十一　③七　④十一

指導の手引き

1 ②「数」は字形に注意しましょう。⑤「弱」は，「弓」のハネに注意しましょう。⑥「同」は二画目のハネに注意しましょう。⑪「行」の最後の画のハネに注意しましょう。

2 かざる言葉とかざられる言葉を理解することで，文の意味をより理解しやすくなります。かざる言葉の意味によって，文の意味が大きく変わることもありますので，わからない言葉は，辞書を引くなどして覚えましょう。

3 文の主語と述語をおさえることは，文の理解の基本です。ふつう文にはかざり言葉が多く含まれているので，主語と述語を理解することは，簡単ではありませんが，練習を重ねることで，上達していきます。また，③の文のような，主語と述語の順が逆になる倒置にも注意しましょう。

4・**5** 漢字を習うたびに部首と画数，そして筆順をきちんと確認しましょう。

119 最上級レベル③

国語㊼

解答

1 (1)(○をつけるもの) 中
(2)(例) 投げたり，おいたり
(例) よって　くる
(3)(例) 魚が　近づくのを　まって　いる
(例) にせの　えさを　投げる　ことで，いつでも　魚を　つかまえられる
(4)(○をつけるもの) 中

指導の手引き

1 (1) 「日本にも　一種だけ，道具を　使って　魚を　とる　鳥が　いた。熊本市の　水前寺公園に　いる　ササゴイである。」とあることに着目します。魚をとることや，サギのなかまであることは，水前寺公園以外にいるふつうのササゴイにもあてはまるので，水前寺公園のササゴイは「道具を　使う　鳥」の例として挙げられているのです。

(2) 「岩の　上や　木の　上から，ササゴイは，小石，木の葉，小枝，羽毛，ハエ，トンボなどを　水面に　投げたり，おいたり　した。そして，よって　きた　魚を，すばやく　くちばしで　つかまえて　食べて　いた。」とあります。ここからふさわしい部分を答えます。

(3) 「ふつう　ササゴイは，岸で　じっと　魚が　近づくのを，まって　いる。それが　ここの　ササゴイは，にせの　えさを　投げる　ことで，いつでも　魚を　つかまえられるように　なった。」という部分から，ふつうのササゴイと水前寺公園のササゴイとの違いが読みとれます。

(4) 「『食べる』と　いう　しごとの　ため，鳥は　頭を　はたらかせ，しっかり　学習を　するのだ。」という最後の一文に着目して，筆者の主張をとらえます。

120 最上級レベル④

国語㊽

解答

1 (1)(例) 食べつくして　しまう。
(2)ムギ・ヒエ・アワ・やさい
(3)むね・はね
(4)(○をつけるもの)右上
(5)へんしん

指導の手引き

1 (1) 「さくもつを　食べつくし，また　とびさって　ゆく」とある。文章の初めで，「とびバッタ」がどのような被害をもたらすかを説明しています。

(2) 第一段落に書かれている「さくもつ」の例に注目します。

(3) 第二段落の内容に注目します。「とびバッタ」と「トノサマバッタ」は，「むねの　形や　はねの　長さ」がちがうので，「べつの　種るい」だと考えられていたと書かれています。

(4) 【④】の前では，「とびバッタ」と「トノサマバッタ」は別の種類だと考えられていたとあります。あとでは，「トノサマバッタ」には「ふつうの　型」「『とびバッタ』型」の二種類があると書かれています。つまり，「とびバッタ」と「トノサマバッタ」は同じ種類なのであり，【④】の前後で反対の内容が書かれていることがわかります。

(5) 第二段落に，「せまい　ところで　たくさん　いっしょに　飼うと」という条件下では，「トノサマバッタ」が「とびバッタ」にへんしんすることが書いてあります。そのことから「とびバッタ」と「トノサマバッタ」は，「おなじ　トノサマバッタ」の仲間だとわかったのです。